राज्य सरकार और जनसम्पर्क

पत्रकारिता एवं जनसंचार ग्रन्थमाला-10

राज्य सरकार
और
जनसम्पर्क

कालीदत्त झा

रघुनाथ प्रसाद तिवारी

डॉ. महेन्द्र मधुप

सम्पादक

प्रो. वहीद अहमद क़ाज़ी

राधाकृष्ण प्रकाशन

ISBN : 978-81-7119-847-4

राज्य सरकार और जनसम्पर्क

पहला संस्करण : 1991
परिवर्तित और परिवर्द्धित संस्करण : 2003
दूसरा संस्करण : 2006
पहली आवृत्ति : 2022
मूल्य : ₹ 495

प्रकाशक

राधाकृष्ण प्रकाशन प्राइवेट लिमिटेड
जी-17, जगतपुरी, दिल्ली-110 051
शाखाएँ : अशोक राजपथ, साइंस कॉलेज के सामने, पटना-800 006
पहली मंज़िल, दरबारी बिल्डिंग, महात्मा गांधी मार्ग, प्रयागराज-211 001
36 ए, शेक्सपियर सरणी, कोलकाता-700 017
वेबसाइट : www.radhakrishnaprakashan.com
ई-मेल : info@radhakrishnaprakashan.com

मुद्रक

बी.के. ऑफसेट
नवीन शाहदरा, दिल्ली-110 032

RAJYA SARKAR AUR JANSAMPARK
by Kalidutt Jha, Raghunath Prasad Tiwari & Dr. Mahendra Madhup
Edited by Prof. W.A. Quazi

दो शब्द

लोकतान्त्रिक मूल्यों की महत्ता को देखते हुए 'लोक' और 'जन' अभिव्यक्तियाँ किसी भी संगठन या गतिविधि को सम्मान दिलाने के लिए कारगर विशेषण या उपसर्ग बन जाती है। कई बार ये अभिव्यक्तियाँ सम्मान का स्थान प्राप्त करने का औजार मात्र बनकर रह जाती है। उसकी मूल भावना का नितान्त अभाव सम्बन्धित संगठन या गतिविधि में होता है।

सरकार जनसम्पर्क के कार्य को उच्च प्राथमिकता देती है। आखिर लोकतान्त्रिक व्यवस्था में लोगों से, जनता से निरन्तर सम्पर्क ही तो सरकार की प्राणवायु है। अच्छी सरकारें जनता से सम्पर्क के जरिये जनता की भावनाओं को लगातार जानने की कोशिश और तदनुसार अपनी नीतियों, कार्यक्रमों और गतिविधियों में बदलाव के उपक्रम में लगी रहती हैं। जो सरकारें जनता का केवल उपयोग करना चाहती हैं और चुनाव के बाद जनहित को भुला देना चाहती हैं, वे जनसम्पर्क के कार्य को केवल सांकेतिक और दिखाने की गतिविधि बनाकर सन्तुष्ट हो जाती हैं।

वैश्वीकरण के दौर में अर्थव्यवस्था राज्य व्यवस्था पर हावी होती जा रही है। प्रत्यक्ष और परोक्ष रूप से विभिन्न वर्गों के जरिये इस सिद्धान्त की जोरदार वकालत की जा रही है कि सरकार की भूमिका निरन्तर कम होनी चाहिए। इसमें कई अन्तर्राष्ट्रीय संस्थाएँ और उनके स्थानीय सहयोगी जी-जान से लगे हुए हैं।

भारतीय संविधान में सरकार के लिए जो भूमिका निर्धारित की गई है उसके चलते, वैश्वीकरण की आँधी के बावजूद सरकार आनेवाले बहुत समय तक समाज की सबसे अधिक महत्त्वपूर्ण संस्था के रूप में स्थापित रहेगी। सच कहा जाए तो सरकार की भूमिका का दायरा बढ़ता ही जा रहा है, बहुत बार सही ढंग से कई बार प्रश्नास्पद तरीके से। यह प्रवृत्ति भारत की तरह लोकतान्त्रिक विकासशील देशों में जारी रहेगी, तेज भी हो सकती है, पर घटेगी नहीं।

समाज पर बाजार के हावी होने की कोशिश के बावजूद राज्य की

महत्ता के अक्षुण्ण रहने के परिप्रेक्ष्य में समाचार के क्षेत्र में सरकार के सम्पर्क में आनेवाले, सरकार से जूझनेवाले और सरकार में सेवा करनेवाले सभी प्रकार के लोगों के लिए इस उपयोगी पुस्तक को प्रस्तुत करते हुए हमें प्रसन्नता हो रही है।

दूसरे संस्करण के प्रकाशन के लिए राधाकृष्ण प्रकाशन, नई दिल्ली, ने जो उत्साह दिखाया है उसके लिए हम आभारी हैं।

जून, 2003
भोपाल

–शरद चन्द्र बेहार
पूर्व महानिदेशक

प्राक्कथन (प्रथम संस्करण)

यह पुस्तक क्यों ?

आजादी मिलने के बाद हिन्दी भाषा और साहित्य बहुत समृद्ध हुआ है और उसमें अभिव्यक्ति की क्षमता व अभिव्यक्ति का दायरा बढ़ा है। लेखन में विविधता भी आई है, तथा विज्ञान अथवा दर्शन से सम्बन्धित अनेक विषयों पर हिन्दी में बहुत कुछ लिखा जाने लगा है, लेकिन कड़वी सच्चाई यह है कि आज भी कई विषयों के अध्ययन के लिए अधिकतर अंग्रेजी भाषा में लिखी गई पुस्तकों का सहारा लेना पड़ता है। पत्रकारिता एवं जनसंचार जैसे विषयों पर भी हिन्दी में पाठ्य एवं सन्दर्भ पुस्तकें बहुत कम हैं। जो हैं, उनमें से जिन्हें पूर्ण कहा जा सके, ऐसी पुस्तकें नगण्य हैं। इसीलिए माखनलाल चतुर्वेदी राष्ट्रीय पत्रकारिता विश्वविद्यालय ने अपने उद्देश्यों एवं कार्यक्रमों में इस बात को महत्त्व दिया है कि वह हिन्दी एवं अन्य भारतीय भाषाओं में पत्रकारिता, जनसंचार तथा विज्ञापन सम्बन्धी पाठ्य-पुस्तकें एवं सन्दर्भ-ग्रन्थ तैयार कराएगा। कोशिश तो यही है कि हिन्दी में मौलिक ग्रन्थ लिखे जाएँ, लेकिन अधिकृत माने जानेवाले कुछ ग्रन्थों का अंग्रेजी या दूसरी भाषाओं से हिन्दी में रूपान्तर भी कराया जाएगा ताकि उच्च स्तर पर अध्ययन के लिए हिन्दी में पर्याप्त सामग्री उपलब्ध हो सके। इससे शोध के कार्य को बढ़ावा मिलेगा तथा भाषा की कठिनाई के कारण उच्च अध्ययन की कठिनाई भी दूर हो जाएगी। मौलिक लेखन को प्रोत्साहित करने के लिए यह जरूरी है।

इस उद्देश्य की पूर्ति के लिए हमारा कार्य शुरू हो चुका है। फिलहाल तीन कार्यक्रम हाथ में लिये गए हैं–(1) पाठ्य-पुस्तकों का प्रकाशन, (2) सन्दर्भ-ग्रन्थों का प्रकाशन, और (3) देश में जनजागृति, समाज-सुधार एवं राष्ट्रीय उत्थान के क्षेत्र में उल्लेखनीय योगदान करनेवाले अखबारों और लेखनी के धनी पत्रकारों पर पुस्तकों का प्रकाशन। इसमें सभी भारतीय भाषाओं के ख्यातनामा पत्रों एवं पत्रकारों पर लिखा जाएगा। तीनों ही प्रकार की पुस्तकों के लेखन में हमने तत्परता से पहल की है और यह पुस्तक पाठकों के हाथ में सौंपते हुए हमें अत्यधिक हर्ष हो रहा है। विद्यार्थियों को इससे विशेष लाभ होगा। नए विषयों की पुस्तकें तैयार होते ही प्रकाशित होंगी। साधन सुलभ होते ही इन

पुस्तकों का रूपान्तर दूसरी भारतीय भाषाओं में शुरू किया जाएगा। इसी क्रम में अन्य भारतीय भाषाओं की इन विषयों की महत्त्वपूर्ण पुस्तकों का हिन्दी में रूपान्तर कराया जाएगा। इससे भारतीय भाषाओं में परस्पर आदान-प्रदान से आपसी तालमेल स्थापित होगा तथा वे अधिक समृद्ध एवं सक्षम बनेंगी।

अपनी स्थापना के पहले ही वर्ष में इस विश्वविद्यालय ने इस महत्त्वाकांक्षी योजना को हाथ में लिया है, जिससे देश के अन्य हिस्सों के विद्यार्थी भी लाभान्वित होंगे। पत्रकारिता के व्यवसाय में लगे मित्र खासकर नए पत्रकार भी इससे लाभ उठा सकेंगे। हमारी योजना फेलोशिप देकर कुछ उपयोगी एवं आवश्यक विषयों पर बड़े ग्रन्थ तैयार कराने की भी है। इस प्रकार पत्रकारिता एवं जनसंचार की विधाओं में कुशलता बढ़ाने में तथा उन्हें ज्यादा ऊँचाई पर पहुँचाने में मदद मिलेगी।

इस पुस्तक को तैयार करने में लेखक के अलावा इस विश्वविद्यालय के मेरे सभी सहयोगियों ने बहुत कम समय में सारे कार्य को अंजाम दिया है। वे सभी बधाई के पात्र हैं। प्रकाशक मित्रों ने जिस उत्साह से कम समय में छपाई का काम किया, वह प्रशंसनीय है।

–राधेश्याम शर्मा
पूर्व महानिदेशक

भोपाल
1991

विषय-सूची

आयाम

डॉ. महेन्द्र मधुप

सम्पादकीय

जिस प्रकार हर मनुष्य की समाज में अपनी एक छवि होती है, उसी प्रकार प्रत्येक समाज की, देश की एक छवि जनता के सामने रहती है। जनता के विभिन्न वर्गों में यह छवि भी भिन्न-भिन्न हो सकती है। यह छवि सदा स्थिर नहीं रहती है। कभी यह सुन्दरता का रूप ले लेती है और कभी उसके विपरीत।

छवि को कायम रखने के लिए हर व्यक्ति को सदा कोशिश करनी पड़ती है। उसी प्रकार समाज और देश को भी सदा प्रयत्नशील रहना पड़ता है।

इस छवि को बनाने में कथनी और करनी दोनों का योगदान होता है। आपकी कथनी में कितनी सच्चाई है ? आप पर जनता कितना विश्वास कर सकती है ? इसी के आधार पर आपको समझा जाता है, सराहा जाता है। यही बात देश पर भी लागू होती है। आज के सन्दर्भ में भारत पाकिस्तान के शासक के कथन को शक की नजर से देखता है। इसीलिए कहा जाता है कि समाचार देनेवालों को तथ्य, टिप्पणी और अनुमान के अन्तर को समझते हुए सूचना देना चाहिए !

कथन के साथ-साथ करनी का भी बहुत अधिक योगदान होता है। आपके कार्यों, व्यवहार तथा बरताव से भी लोग आकर्षित होते हैं और उनके आधार पर आपकी छवि अपने मन में बनाते हैं।

कथनी और करनी का जितना अधिक समन्वय होगा उतना ही वह सही छवि बनाने में सहायक होगा। इस सन्दर्भ में सचिन तेंदुलकर और अमिताभ बच्चन का नाम लिया जा सकता है।

सरकार भी सदा कोशिश करती रहती है कि जनता के बीच उसकी छवि सुन्दर बनी रहे। इसके लिए सरकार सूचना माध्यमों का सहारा लेती है। मन्त्रियों, अधिकारियों और नेताओं को जनता के सामने पेश करती है। सूचना क्रान्ति ने सरकार को अपने सभी रूप, चाहे वह राजनीतिक हो, आर्थिक, सामाजिक अथवा सांस्कृतिक हो, जनता के सामने उपलब्ध कराने में सहायता पहुँचाई है। विचारों का आदान-प्रदान, समस्याओं पर चर्चा, उन्नति और विकास योजनाओं आदि की सूचना जल्द से जल्द उपलब्ध कराने में सूचना माध्यमों ने महत्त्वपूर्ण कार्य किया है। साथ ही साथ जनता की इच्छा, उनके विचारों को भी जानने में संचार माध्यमों का सरकार को बहुत अधिक योगदान रहा है। इसी के आधार पर कहते हैं कि सरकार एक पारदर्शिक सरकार है।

भारत में सरकार की छवि, विभिन्न दलों और लोगों के लिए भिन्न-भिन्न हो सकती है, जैसे–

- लक्ष्य अभिप्रेरित सरकार
- परिणाम अभिमुखी सरकार
- ग्राहक अभिप्रेरित सरकार
- जोखिम उठानेवाली सरकार
- विकेन्द्रीयकृत सरकार
- बाजार अभिमुखी सरकार
- समाज स्वामित्व वाली सरकार

इसी प्रकार प्रदेशों की सरकारों की, तथा बड़ी-बड़ी संस्थाओं की छवि भी बनती और बिगड़ती रहती है।

सूचना माध्यमों के कार्यों के बारे में दूसरे प्रेस कमीशन ने सुझाव दिया था कि प्रेस को न तो हमेशा सरकार के 'पेट डाग' की भूमिका निभानी चाहिए, न ही 'वाच डाग' की। विषय की महत्ता, जनहित और राष्ट्रहित को देखते हुए और अपने विवेक का इस्तेमाल करते हुए, जहाँ सरकार के समर्थन की जरूरत है, वहाँ समर्थन देना चाहिए और जहाँ सरकार के निर्णय के विरुद्ध आवाज उठाने की आवश्यकता हो, वहाँ वैसा ही करना चाहिए।

सरकारी क्षेत्र से जुड़े जन संचार के साधनों में दो प्रमुख साधन हैं–आकाशवाणी और दूरदर्शन।

आकाशवाणी का मूल मन्त्र है : बहुजन हिताय, बहुजन सुखाय। इसी प्रकार दूरदर्शन का मूल उद्‌देश्य है : सत्यम्, शिवम्, सुन्दरम्।

इन दोनों साधनों तथा समाचार पत्रों और पत्रिकाओं का मुख्य ध्येय जनता को पूर्ण सजग, सचेत और विवेकवान बनाना है। ये साधन बहुविचारों का एक वातावरण कायम कर जनता को अपनी आवश्यकताओं को देखते हुए अपना निर्णय स्वयं लेने में सहायता पहुँचाते हैं।

सरकार द्वारा प्रचार करने के निम्न मुख्य सिद्धान्त हैं :

1. जनता को जानने का अधिकार है। वह यह जानना चाहती है कि सरकार क्या सोच रही है? क्या कर रही है ? क्या करने जा रही है ?

2. जनता को उसकी आवश्यकताओं से सम्बन्धित सारी जानकारी मिलनी चाहिए।

3. सरकार जनता के सहयोग और सहायता से चलती है और सरकार और सरकारी कर्मचारी जनता के प्रति उत्तरदायी हैं।

4. लोकतन्त्र में जनता को सरकार की नीतियों के विरुद्ध बोलने और सुझाव देने का अधिकार है।

5. जनता को जनहित के कार्यों में भाग लेने का अधिकार है; चाहे वह प्रत्यक्ष हो या अप्रत्यक्ष।

इन सभी कार्यों में मीडिया का शामिल होना जरूरी है।

लोकतन्त्र जनता की सहायता और सहयोग से ही जिन्दा रह सकता है। इसी कारण सरकार जनता से हमेशा सौहार्द्रपूर्ण सम्बन्ध रखती है।

भारत सरकार का सूचना और प्रसारण मन्त्रालय विभिन्न जन संचार माध्यमों के जरिये जानकारी उपलब्ध कराकर जनता को उसके अधिकारों को दिलाने में एक महत्त्वपूर्ण भूमिका निभाता है। इसके कार्यकलापों को मुख्य रूप से तीन हिस्सों में बाँटा गया है : प्रसारण क्षेत्र, फिल्म क्षेत्र और सूचना क्षेत्र। इन तीनों क्षेत्रों के कार्य एक-दूसरे के पूरक हैं। इन कार्यों के लिए जिन जन संचार माध्यमों का सहारा लिया जाता है, उनमें रेडियो, टेलीविजन, फिल्में, समाचारपत्र, प्रकाशित सामग्री विज्ञापन और गीत एवं नाटक जैसी परम्परागत विधाएँ शामिल हैं। अब इंटरनेट का माध्यम भी इसमें शामिल हो गया है।

राष्ट्रीय विषयों पर अक्सर बहुमाध्यम द्वारा प्रचार किया जाता है तथा विशेष मीडिया अभियान भी आयोजित किए जाते हैं। इसमें प्रदर्शनी, सचल प्रदर्शनी वाहन का भी सहारा लिया जाता है। सूचना और प्रसारण मन्त्रालय ने सरकारी मीडिया इकाइयों को दस सूत्री नीतिगत दिशा-निर्देश दिए हैं। इनका महत्त्व उनके उपयोग के द्वारा ही समझा जा सकता है। इन दिशा-निर्देशों का मुख्य उद्देश्य सूचना व्यवस्था को लोकतन्त्र का एक अनिवार्य अंग बनाकर उसकी दिशा व गति जन-कल्याण के मार्ग की ओर अग्रसर करना है।

दिशा-निर्देश संक्षेप में इस प्रकार हैं :

कवरेज

1. सरकार के कार्यक्रमों, नीतियों और उपलब्धियों को प्रभावी कवरेज देना।

2. व्यक्तियों, समाचार के उत्पन्न होने के स्थानों और स्रोतों के सन्दर्भ में कवरेज में अधिक से अधिक विविधता लाना।

रिपोर्टिंग

3. सूचनाओं, समाचारों एवं टिप्पणियों को निष्पक्ष, तथ्यात्मक और सन्तुलित रूप में प्रसारित करना।

4. श्रोताओं में रुचि पैदा करने के साथ, उनकी जरूरतों एवं अपेक्षाओं को पूरा करने के लिए यथार्थ रूप में स्थानीय रुचि के क्षेत्र आधारित समाचारों की रिपोर्टिंग के लिए प्रयास करना। इस रिपोर्टिंग में बिना हिचक स्वस्थ आलोचना की जा सकती है।

श्रोता

5. युवाओं से सम्बन्धित उपयुक्त कार्यक्रम, इनमें विभिन्न क्षेत्रों में रोजगार के अवसरों और उनके सृजन से सम्बन्धित समस्याएँ शामिल हैं।

6. ग्रामीणों, अल्पसंख्यक समुदायों, महिलाओं, बच्चों और निरक्षरों के साथ-साथ समाज के अन्य कमजोर वर्गों से सम्बन्धित कार्यक्रम।

7. नेत्रहीनों, बधिरों व विकलांगों द्वारा समय-समय पर किए जानेवाले व्यक्तिगत और सामूहिक प्रयासों के साथ-साथ समाज के इस वर्ग के लिए कार्यरत संस्थाओं को प्रोत्साहन देना।

सामाजिक कुप्रथाओं का उन्मूलन

8. छुआछूत, संकीर्ण दृष्टिकोण, असमानताओं और शोषण जैसी सामाजिक बुराइयों के उन्मूलन हेतु उपयुक्त कार्यक्रम। इस दिशा में सरकार द्वारा उठाए जा रहे कदमों को प्रमुखता दी जानी चाहिए।

व्यावसायिक समन्वय

9. मीडिया इकाइयों के बीच सतत संवाद कायम रहना चाहिए। उन्हें एक-दूसरे के कार्यक्रमों में सहायता देने और संसाधनों की कमी पूरी करने के लिए प्रभावी समन्वय कायम करना चाहिए।

मूल्यांकन

10. हर मीडिया इकाई में अपने विशिष्ट लक्ष्यों, संसाधनों एवं कार्यक्रमों के निर्धारित समय में सन्दर्भ में अपने प्रदर्शन के सतत मूल्यांकन एवं पूर्ण आकलन के लिए उपयुक्त तन्त्र होना चाहिए।

राज्य के परम्परागत तीन अंगों—कार्यपालिका, विधायिका और न्यायपालिका के समान पत्रकारिता को शक्तियुक्त चौथे अंग की संज्ञा दी गई है। इलेक्ट्रॉनिक माध्यमों ने इस चौथे अंग को अत्यधिक शक्तिशाली बना दिया है, जिसका प्रभाव जीवन के हर क्षेत्र में नजर आ रहा है। संचार माध्यम के तीन उद्देश्य—सूचना देना, शिक्षा देना और मनोरंजन करना हैं। परन्तु देखा गया है कि व्यावसायिक होड़ के कारण मनोरंजन पर अधिक ध्यान दिया जाता है।

वास्तव में सामाजिक विकास के लिए संचार माध्यमों को सकारात्मक भूमिका निभानी चाहिए।

भारत जैसे देश में जहाँ जनसंख्या पहले से अत्यधिक है और निरन्तर तेजी से बढ़

रही है, प्रति व्यक्ति आय कम है, अशिक्षा का अनुपात ज्यादा है, सूचना प्रौद्योगिकी परिवर्तन के लिए उत्प्रेरक का कार्य कर सकती है। इस जनसंख्या के बोझ के कारण विकास में बहुत रुकावट आ रही है। महिलाएँ जनसंख्या का लगभग आधा भाग हैं। प्रत्येक 1000 पुरुषों के मुकाबले महिलाओं की संख्या 933 है जो जनसंख्या का 48 फीसदी से कुछ अधिक है।

एक समय था जब नारी शक्ति कहलाती थी। उसे दुर्गा शक्ति, लक्ष्मी और सरस्वती कहकर सम्बोधित किया जाता था परन्तु आज, प्रधानमन्त्री के शब्दों में, "सरस्वती शिक्षा से वंचित है। लक्ष्मी शोषण का शिकार है और दुर्गा है तो पुरुषों के भरोसे किसी अँधेरी कोठरी में मिट्टी का दीया जलाकर भविष्य की राह देखने की कोशिश कर रही है। मित्रो, इस स्थिति को बदलना होगा, यह हम सबके लिए चुनौती है।" यह चुनौती संचार माध्यमों के लिए भी है। यह केवल एक उदाहरण है, और भी कई विषय हैं देश के सामने। समस्याओं को सामने रखते हुए प्रधानमन्त्री ने उनको सुलझाने के उपाय भी बताए। "बराबरी का युग है। लेकिन समानता के साथ, समता के साथ ममता भी चाहिए। स्नेह चाहिए। सेवा की भावना चाहिए।"

नारी को अधिकार के साथ सम्मान भी चाहिए। संविधान में संशोधन करके स्थानीय पंचायत संस्थाओं में महिलाओं को साढ़े 33 फीसदी प्रतिनिधित्व दिया गया है। नारी के उत्थान के लिए संचार माध्यमों को और अधिक कोशिश करनी चाहिए। तभी हम कह सकेंगे कि पत्रकारिता एक पवित्र व्यवसाय है। समाज सेवा की भावना ही पत्रकार को समाज में पथ प्रदर्शक के रूप में पहचानेगी। एक निष्पक्ष, निर्भीक तथा प्रतिबद्ध पत्रकार का कोई और विकल्प नहीं हो सकता।

सूचना प्रौद्योगिकी का अधिक से अधिक उपयोग न केवल छोटे परिवार का सन्देश फैलाने में होना चाहिए, बल्कि प्रजनन आयु—समूह के प्रत्येक दम्पति को जन्म रोकने के बढ़िया और आसान तरीकों की जानकारी भी दी जानी चाहिए। इसमें कंडोम के प्रसार में भी मदद मिलती है। रेडियो, समाचार-पत्रों तथा दृश्य-श्रव्य मीडिया का उपयोग इस काम में बहुत सफलतापूर्वक हो रहा है और अधिक होना चाहिए। जन-संचार के लिए यह एक लोक-सेवा है, जिसके द्वारा लोगों को समृद्धि और अच्छे जीवन-स्तर के लिए मीडिया एक पथ-प्रदर्शक का काम अंजाम दे सकता है।

भारतीयों के जीवन में प्रकृति का अटूट सम्बन्ध है। जमीन और पानी के प्रति हमारे मन में आत्मीयता का भाव सदा बना रहता है। शायद इसी कारण इस पर झगड़े भी होते रहते हैं। भारतीय किसानों का जीवन सदा ही बीज, बिजली, पानी, उर्वरक तथा ऋण आदि उपलब्ध कराने में बीत जाता है। इस सम्बन्ध में खलील जिब्रान का वह वाक्य याद आता है कि जिस देश के लोग अपने देश में उगा हुआ अन्न नहीं खाते, उनकी भूख कभी नहीं जाती, वे हमेशा भूखे रहते हैं। जिस देश के लोग अपने देश के बुने हुए वस्त्र नहीं पहनते उनकी नग्नता कभी नहीं छिपती, वे हमेशा नग्न रहते हैं। किसी भी देशवासी के लिए ये शब्द बहुत ही महत्त्वपूर्ण हैं। पत्रकारों के लिए इनका महत्त्व कम

नहीं है। इन शब्दों के पीछे छुपा सवाल न केवल राजनीतिक, आर्थिक और सामाजिक है वरन् राष्ट्रीयता का है, भारतीयता का है।

यह खुशी की बात है कि भारतीय कृषि ने अनाज का उत्पादन बढ़ाने में शानदार कामयाबी हासिल की है। इसी की बदौलत देश खाद्यान्न उत्पादन में आत्मनिर्भर हो सका है। इसके बावजूद मौजूदा योजनाओं, जो विभिन्न क्षेत्रों में चल रही हैं, का निष्पादन आशानुरूप नहीं हो रहा है।

स्वतन्त्र मीडिया, स्वतन्त्र टी.वी. चैनलों ने नए-नए कार्यक्रम, नए-नए तरीके लाकर जनता को लुभाने के लिए अपने कार्य क्षेत्र का विस्तार किया है। उसी प्रकार पत्रकारों ने भी सूचना जमा करने के नए-नए तरीके खोज निकाले हैं। खोजी पत्रकारिता के क्षेत्र में 'तहलका डॉट कॉम' भी इसी दिशा में एक नया प्रयास है। तहलका-प्रकरण में जो लक्ष्य सामने आए हैं, उन्हें जीते-जागते रूप में वीडियो द्वारा दिखाया गया है। कहा जाता है कि भ्रष्टाचार और अन्याय का विरोध करना काफी नहीं होता, आवश्यक होता है। ईमानदारी और न्याय के पथ पर चलने वाले का साथ देना ही स्वस्थ समाज के निर्माण के लिए जरूरी है। वरिष्ठ पत्रकार प्रभाष जोशी कहते हैं, "अगर सत्य को उजागर करना प्रेस का पवित्र कर्तव्य है तो तहलका डॉट कॉम ने भी अपना कर्तव्य ही पूरा किया है।" भूमंडलीकरण और बाजारवाद से उत्पन्न विडम्बना को रेखांकित करते हुए उन्होंने कहा कि ब्रह्म की जगह पूँजी और मोक्ष की जगह मुनाफे का भाव लेकर ही हम आज के युग में स्वर्ण पा सकते है।

जून, 2003

—प्रो. वहीद अहमद क़ाज़ी

"अत्यन्त शक्तिशाली शासक भी
बिना शासितों के सहयोग के
शासन नहीं कर सकता।"

—महात्मा गांधी

जनसम्पर्क

काली दत्त झा

1

विषय-प्रवेश

मनुष्य यूथवासी, सामाजिक प्राणी है। स्वाभाविक ही उसे परस्पर संवाद करना होता है। आदिम युग में मनुष्य छोटे-छोटे समूहों में रहता था। उसकी आवश्यकताएँ सीमित थीं और थोड़ी-सी सामूहिक पहल से फल तोड़ने या बीनने या शिकार खेलने जैसे काम बन जाते थे। जब वह खेती करने और बसने लगा तो जीवन कुछ जटिल हो गया। सामूहिक विचार-विमर्श का दायरा बढ़ा। परिवारों के मुखिया मिल-बैठकर पहल का स्वरूप तय करने लगे।

ऐसी जिस पहल को सफलता मिली वह अनुकरणीय बनी और जिसे असफलता मिली उसका निषेध किया गया। समाज के बड़े बूढ़ों ने स्वीकार्य आचरण के पालन पर ज़ोर दिया और त्याज्य आचरण का निषेध किया। परस्पर सहमति बनाने और उसके अनुसार आचरण करने के लिए अपने समुदाय को प्रेरित करने के मनुष्य के इस प्रयास को हम जनसम्पर्क का आदिम प्रयास कह सकते हैं।

जनसम्पर्क शब्द भले ही नया हो, इसमें निहित सोद्देश्य संवाद की परम्परा भारतीय संस्कृति का अभिन्न अंग रही है। हमारे मनीषियों ने शुरू से ही यह समझ लिया था कि जिन आदर्शों, मूल्यों, मान्यताओं आदि की समाज में प्रतिष्ठा करनी है और जिन्हें लोक जीवन में उतारना है, उन्हें जनता के बीच प्रचारित और प्रसारित कर समाज में स्वीकार्य बनाए बिना लोगों के आचार-व्यवहार में नहीं उतारा जा सकता। यही कारण है कि इन उद्देश्यों की प्राप्ति के लिए लोगों से संवाद करने की हमारे देश में सुदीर्घ वाचिक परम्परा है। शास्त्रों में निबद्ध ज्ञान इसी परम्परा में जनसाधारण तक निर्बाध पहुँचता रहा है और उसे सामाजिक स्वीकृति मिलती आई है। भारत में राजपुरुषों से लेकर साधारण जन तक सभी के बीच व्यास पीठ समादृत रहा है और उस पर बैठनेवाले मनीषी का सदा सम्मान हुआ है।

प्रवचन की यह परम्परा सभी धर्मों में समान रूप से प्रतिष्ठित है और प्रवचनकारों के उपदेशों को अनुकरणीय माना जाता है। हमारे धर्मग्रन्थ भले ही संस्कृत, पाली, अरबी या लेटिन में लिखे गए हों, व्यास पीठ से उन्हें हमेशा जनता की बोली में समझाया गया

है और शास्त्रों के निर्देशों को इसी तरह जनता के बीच स्वीकार्य बनाया गया है। जनसम्पर्क कर्मियों के लिए इसमें बहुत बड़ा सबक निहित है।

हमारे देश में सदा से यह माना गया है कि केवल विधान बना देने से वांछित उद्‌देश्य प्राप्त नहीं किए जा सकते। इसीलिए वाचिक परम्परा में जनता के बीच उनका सघन प्रचार-प्रसार कर लोगों के मन में उन्हें इतनी गहरायी तक उतार दिया जाता है कि वे उनकी मानसिकता का अंग बन गए हैं। यह परम्परा कितनी सशक्त है इसका अनुमान इस बात से लगाया जा सकता है कि धार्मिक विधानों को लोग सहज स्वीकार्य मानते हैं।

स्पष्ट है कि जनसम्पर्क सोद्‌देश्य संवाद होता है, जिसमें यह प्रयास निहित होता है कि जनता को नई जानकारी मिले, वह स्वीकार्य बने, जनता उसे स्वेच्छा से अपनाए और उसका अनुसरण करे। व्यापक अर्थ में जनसम्पर्क का उद्‌देश्य समाज में अनुकूल परिवर्तन लाना है। जनसम्पर्क की प्रक्रिया में जो परस्पर संवाद होता है उसमें जानकारी केवल प्रेषित नहीं होती, वह उपजती भी है और स्वीकार्य भी बनती है। इसमें वैचारिक द्वन्द्व होता है, जिसके समाधान से परिवर्तन के लिए अनुकूल मनःस्थिति बनती है।

सफल जनसम्पर्क कर्मी के लिए यह समझना बहुत ज़रूरी है कि मनुष्य समाज भेड़ों की रेवड़ नहीं होता। मनुष्य में विवेक होता है, प्रत्येक व्यक्ति के अपने आग्रह होते हैं, काम्य की प्राप्ति के लिए प्रेरित करनेवाली आकांक्षा होती है। प्रत्येक मनुष्य का ज्ञान और अनुभव का अपना स्तर होता हैं और उसी पृष्ठभूमि में वह नई जानकारी को देखता और परखता है। इसके बावजूद अपने समाज से जुड़ा होने के कारण वह सामूहिक मान्यताओं, लक्ष्यों, आदर्शों आदि से भी जुड़ा होता है।

कोई भी मनुष्य किसी नई बात को सहज ही स्वीकार नहीं करता। वह उसे अपने परिवेश और अनुभव से जोड़कर तौलता है और उतना ही स्वीकार करता है जितना उसे संगत लगता है। स्पष्ट है कि केवल जानकारी देने से वह स्वीकार्य नहीं बनती। वह तभी स्वीकार्य बनती है जब ऊपर बताए गए सभी पहलुओं का ध्यान रखते हुए संवाद हो और नए के प्रति लोगों के मन में अनुकूल मनोभाव जगाया जा सके।

मनुष्य के सामाजिक और आर्थिक विकास के साथ-साथ उसकी समाज रचना अधिक व्यापक और जटिल होती गई है और सब लोगों तक जानकारी पहुँचाने के काम की जो नई चुनौतियाँ सामने आई हैं, आधुनिक जनसंचार उसी का प्रतिफल है।

2

जनता का स्वरूप

बोलचाल की भाषा में जनता का अर्थ सर्वसाधारण लोगों से होता है, जिसकी कोई विशिष्ट पहचान नहीं होती। जनसम्पर्क के प्रयोजन के लिए जनता का विशिष्ट अर्थ होता है। दूसरे शब्दों में, हमें लोगों के विशिष्ट समूहों की पहचान करनी होती है। एक ही समुदाय में हमें विभेद कर अलग-अलग वर्गों को पहचानना होता है।

उदाहरण के लिए, यदि हम भोपाल शहर को ही लें तो इसमें सरकारी कर्मचारी, सार्वजनिक उपक्रमों के कर्मचारी, व्यवसायी, व्यापारी, संगठित मजदूर, असंगठित मजदूर और स्वरोजगार से जीवन यापन करने वाले लोग रहते हैं। इसी तरह शिक्षा की दृष्टि से भी शहर के लोगों का वर्गीकरण किया जा सकता है, जिसमें उच्च शिक्षा प्राप्त, हाई स्कूल शिक्षा प्राप्त, प्राथमिक या माध्यमिक स्तर तक पढ़े और अशिक्षित लोग अलग-अलग वर्गीकृत किए जा सकते हैं। यदि आय की दृष्टि से देखें तो जनता का अलग ही स्वरूप देखने को मिलेगा। जैसे शहर में एक छोटा वर्ग है जिसकी मासिक आय दस हजार रुपए या इससे अधिक है। इसके बाद एक ऐसा वर्ग है जिसकी मासिक आय पाँच हजार से दस हजार रुपये के बीच है। फिर एक अपेक्षाकृत बड़ा वर्ग है जिसकी मासिक आय दो हजार से पाँच हजार रुपये के बीच है और एक बहुत बड़ा वर्ग है जो गरीबी की रेखा से नीचे जीवन यापन करता है। यदि हम समसामयिक चेतना के लिहाज़ से शहर के लोगों का वर्गीकरण करें, तो शहर में अंग्रेज़ी और हिन्दी समाचारपत्र-पत्रिकाएँ पढ़नेवाला वर्ग है। रेडियो और दूरदर्शन से समचार सुनने व देखनेवाला वर्ग है। एक बड़ा तबका है, जो यहाँ-वहाँ से सुनकर समसामयिक घटनाओं से अवगत होता है और शायद इससे भी बड़ा वर्ग है जिसे समसामायिक घटनाओं की काफी जानकारी होती ही नहीं है।

जनसम्पर्क के प्रयोजनों के लिए ऐसा प्रत्येक वर्ग एक जनता है, जिसकी अपनी विशिष्ट पहचान है। इससे पहले कि हम अपनी बात किसी वर्ग तक पहुँचाने का प्रयास करें, हमें जनता विशेष की जानकारी होना आवश्यक है, क्योंकि केवल ऐसी जानकारी के आधार पर हम अपने सन्देश की रचना करते हैं और उसे प्रेषित करने का उपाय

ढूँढ़ सकते हैं। कई बार हमें एकाधिक वर्ग के लोगों तक अपना सन्देश पहुँचाना होता है। हम इसे प्रभावी ढंग से तभी पहुँचा सकते हैं, जब हम प्रत्येक वर्ग की सही-सही पहचान कर सकें और अपने सन्देश को उनके लिए ग्राह्य बना सकें।

सन्देश की रचना करने में जनसम्पर्क कर्मियों को अक्सर साबुन बेचने का उदाहरण दिया जाता है, जो एक तरह से सन्देश रचना का अतिसरलीकरण है। लेकिन, इस उदाहरण से बुनियादी बातें समझ में आती हैं। बाजार में तरह-तरह के साबुन बिकते हैं। यदि हमें कोई ख़ास साबुन बेचना हो, तो हमें पहले तो यह तय करना होगा कि उसमें ऐसा कौन-सा गुण है जो उसे दूसरे साबुनों से अलग करता है।

मान लीजिए कि हम जिस साबुन को बेचना चाहते हैं उसकी विशिष्टता यह है कि उसकी सुगन्ध मनमोहक है और देर तक बनी रहती है। इसे हम उस साबुन का परिचायक विशिष्ट गुण कहेंगे। इसके बाद हमें यह देखना होगा कि साबुन की कीमत कितनी है और हमारे शहर में ऐसे कितने लोग हैं जो नियमित रूप से साबुन का इस्तेमाल करते हैं और हमारे साबुन की कीमत दे सकते हैं। हमें इस बात पर ध्यान देना होगा कि उनकी अपनी पसन्द बन चुकी है और अपना साबुन बेचने के लिए हमें उनकी पसन्द बदलनी होगी। एक बार ऐसी जानकारी इकट्ठी करने के बाद हम अपने सन्देश की रचना कर सकेंगे और यह तय कर सकेंगे कि किस प्रकार उसे जनता तक पहुँचाया जाए। चूँकि बात भोपाल शहर की है, हम इस साबुन के प्रचार के लिए समाचार-पत्रों, रेडियो और दूरदर्शन के ज़रिये विज्ञापन प्रसारित कर सकते हैं। सिनेमाघरों में सिनेमा के स्लाइड दिखा सकते हैं। दुकानों में साबुन के प्रदर्शन की व्यवस्था कर सकते हैं। अधिकांश घरों में चूँकि महिलाएँ घरेलू सामान खरीदती हैं, उनसे सम्पर्क करने के लिए प्रचारक भेज सकते हैं।

हो सकता है कि हमारे इस प्रयास के नतीजे में बहुत से लोग प्रयोग के तौर पर या केवल बदलाव के लिए हमारा साबुन खरीदें। हमें यह सुनिश्चित करना होगा कि इसकी गुणवत्ता ठीक वैसे ही हो जैसा आपने प्रचारित किया है। दूसरे शब्दों में, हमारा प्रचार सच्चाई पर आधारित होना चाहिए। यदि जनता को हमारा साबुन पसन्द आया तो सम्भव है कि वह उसे दोबारा खरीदे और धीरे-धीरे उसका नियमित उपयोग करने लगे। लेकिन, हमारे प्रयास का यहाँ अन्त नहीं होता। हमें लगातार इस बात का ध्यान रखना होगा कि हम समय-समय पर उन्हें बताते रहें कि उनका निर्णय उचित है और हमारा साबुन सचमुच उतना ही अच्छा है जैसा हम बताते हैं। इस तरह हम अपने साबुन की लगातार बिक्री सुनिश्चित कर सकते हैं और यह भी कि जनता में उसके लिए रुचि बनी रहेगी।

इस अतिसरलीकरण से यदि आप तुलना करें, तो किसी वैचारिक बदलाव को जनता में प्रतिष्ठित करने के लिए कितना सघन प्रयास जरूरी होगा इसकी आप शायद कल्पना कर सकते हैं। लोकतान्त्रिक जीवन-पद्धति या सबको समान अवसर देनेवाला आर्थिक विकास ऐसे बुनियादी मुद्दे हैं, जिन्हें समाज में सहज स्वीकार्य बनाना निश्चय ही चुनौती

भरा काम है।

भारतीय समाज का नियमन सदियों से वर्ण व्यवस्था के अधीन होता आया है। यहाँ तक कि इस व्यवस्था की छाया हिन्दुओं के अलावा अन्य धर्मावलम्बियों की समाज-व्यवस्था पर भी पड़ी है। यह व्यवस्था संघर्ष का शमन करने और विभिन्न वर्गों के हितों को स्थायित्व देनेवाली है। इस व्यवस्था में एक छोटा वर्ग है जो सदियों से जीवन के सारे सुख अधिकार के रूप में प्राप्त करता आया है, जबकि एक बड़ा वंचित और शोषित वर्ग अपने अधिकारों के लिए संघर्ष करने की सोचता भी नहीं है, क्योंकि वह इसे अपनी नियति स्वीकार करता है। ऐसी विसंगत समाज व्यवस्था में समता, समान अधिकार, समान अवसर जैसे मूल्यों का प्रतिरोपण लोगों की मानसिकता में बुनियादी बदलाव लाये बिना नहीं किया जा सकता। यह भी उतना ही सही है कि जब तक सभी लोगों का मनोभाव बदल नहीं जाता, वैकल्पिक व्यवस्था की स्थापना हो ही नहीं सकती।

हमें इन मूल्यों को यदि स्वीकार्य बनाना है तो हमें प्रत्येक वर्ग को अलग-अलग ढंग से समझना होगा। जिन्हें अपनी विशिष्ट स्थिति और उससे मिलनेवाली सुविधाओं का परित्याग करना होगा, उन्हें बहुमत के हित में त्याग करने के लिए प्रेरित करना होगा और इसके ठीक विपरीत उन वंचित वर्गों को जो असमानता को अपनी नियति मान बैठे हैं, उनके अधिकारों के प्रति जागरूक बनाना होगा उनमें यह चेतना जगानी होगी कि उपलब्ध सुविधाओं में उनका भी अधिकार है और उनहें अपना अधिकार पाने के लिए संघर्ष करना चाहिए।

इस तरह हम देखते हैं कि जनसम्पर्क के प्रयोजन के लिए हम जिसे जनता कहते हैं उसका निश्चित स्वरूप, चरित्र, आशा और आकांक्षाएँ, आर्थिक दशा और मनोभाव होता है। हमारा सन्देश चाहे ऐसी किसी एक जनता के लिए अभिप्रेत हो या एकाधिक जनता के लिए, हमें अपने सन्देश का सम्प्रेषण प्रत्येक जनता को ध्यान में रखते हुए करना होगा। तभी हमारा सन्देश सही अर्थों में जनता तक पहुँचेगा और उसमें अनुकूल मनोभाव जगाएगा।

3

जनसम्पर्क के साधन

जनसम्पर्क का एकमात्र साधन प्रभावी संवाद है। यहाँ जिन साधनों की चर्चा की जाएगी वे केवल मूल साधन का विस्तार हैं। जनसंचार के आधुनिक साधनों में समाचारपत्र, रेडियो, टेलीविज़न, विडियो कैसेट्स, सिनेमा आदि शामिल हैं। इनके अलावा वे पारम्परिक साधन भी हैं, जिनकी सहायता से हमारी सांस्कृतिक धरोहर सदियों से अक्षुण्ण चली आई है। इनमें व्यास पीठ से प्रवचन, लोक-गाथाओं की आवृत्ति, लोकनृत्य, लोकसंगीत आदि शामिल हैं। इस तरह हम देखेंगे कि चाहे आधुनिक साधन हों या पारम्परिक साधन, वे मूलतः बोले गए शब्द का विस्तार हैं। इनकी उपयोगिता इसमें है कि उनकी पहुँच अधिक लोगों तक है।

मार्शल मैकलुहन जैसे जनसंचार के शिखर पुरुष ने तो यहाँ तक कहा है कि माध्यम ही सन्देश है। लेकिन, माध्यम तभी सार्थक हो सकता है, जब सन्देश सारगर्भित हो और वह प्रभावी ढंग से लोगों तक पहुँच सके। ऐसा तभी सम्भव है जब उद्‌दिष्ट जनता का ध्यान रखते हुए माध्यम का चुनाव किया जाए और उसी के अनुरूप सन्देश की रचना हो। सन्देश की रचना चाहे कितनी ही चमत्कारिक क्यों न हो, जब तक वह जनता से नहीं जुड़ती और उसके मन को नहीं छूती तब तक वह निरर्थक ही रहेगी। बड़ी देसी कहावत है, "भैंस के आगे बीन बजाये, भैंस खड़ी पगुराय।" जनसम्पर्क कर्मियों के लिए इसमें बहुत बड़ा सबक निहित है। बीन का आनन्द संगीत के मर्मज्ञ ही ले सकते हैं।

जिन आधुनिक संचार माध्यमों का यहाँ उल्लेख किया गया है, उनके चरित्र के बारे में भी कुछ कहना ज़रूरी है। भारतीय और अन्य विकासशील समाजों में लोगों की ग़ैरबराबरी कई वंचनाओं को जन्म देती है। इनमें संचार माध्यमों की पहुँच भी शामिल है। हमारे समाज में सुविधाभोगी वर्ग बहुत छोटा किन्तु बहुत प्रभावी है। समाचारपत्र, रेडियो, टेलीविज़न, सिनेमा जैसे माध्यम इसकी पहुँच के भीतर हैं। इसके विपरीत समाज का बहुत बड़ा हिस्सा ऐसा है जिन तक इन तथाकथित जनसंचार माध्यमों की पहुँच लगभग नहीं है।

हमारे देश में लगभग 40 करोड़ लोग निरक्षर हैं, जिसके यह माने हुए कि मुद्रित

शब्द से उन तक पहुँचा ही नहीं जा सकता। अन्य दृश्य-श्रव्य माध्यम भी वंचित वर्गों तक पहुँचने में बौने सिद्ध हुए हैं, क्योंकि पहले तो इस वर्ग के पास वे साधन ही नहीं हैं जिनके ज़रिये इन्हें देखा और सुना जा सकता है। दूसरे, उस वर्ग की वह मानसिकता भी नहीं है, जो इन माध्यमों से प्रेषित सन्देश को ग्राह्य बनाए। इस स्थिति का एक और उल्लेखनीय पहलू यह है कि संचार माध्यम वर्ग निरपेक्ष नहीं हैं। स्वाभाविक ही उनमें वही वर्गहित प्रतिबिम्बित होता है, जिन तक उनकी पहुँच है। इससे भी कहीं अधिक जटिल समस्या साधनों की कमी है, जिसकी वजह से, सारी सदिच्छाओं के बावजूद, इनका वैसा उपयोग नहीं हो पाता, जैसा कि होना चाहिए।

उदाहरण के लिए, हमारे देश की लगभग 77 प्रतिशत जनता गाँवों में रहती है और इनमें से अधिकांश खेती-किसानी और उससे जुड़े उद्योग-धन्धों से अपनी गुज़र-बसर करते हैं, लेकिन चाहे समाचारपत्र हों या रेडियो या टेलीविजन कार्यक्रम, इनके लिए उपयुक्त कार्यक्रमों को इन माध्यमों में सबसे कम स्थान और समय दिया जाता है और अक्सर जैसा सम्प्रेषण होता है उसे संवाद तो कहा ही नहीं जा सकता। यह विरोधाभास इसलिए भी है कि इन माध्यमों की पहुँच नागर लोगों के बीच अधिक है और बरबस उन्हें इनकी अभिरुचियों का ध्यान रखना होता है।

जनसंचार के पारम्परिक माध्यमों की उपयोगिता को दुर्भाग्यवश बहुत कम कर आँका गया है। विडम्बना यह है, कि आधुनिक संचार माध्यमों की चमक-दमक ने इनकी लोकप्रियता को दुष्प्रभावित किया है। शहर तो क्या, गाँवों में भी इनके अस्तित्व पर संकट आया हुआ है। इसके बावजूद पारम्परिक माध्यम आज भी ग्रामीण अंचलों में सार्थक संवाद करते हैं। यह और बात है कि परम्परा के पोषक होने के नाते वे यथास्थिति के समर्थक हैं। ऐसा नहीं है कि उनमें नया सोच और प्रयोगधर्मिता नहीं है अथवा यह कि वे वर्तमान सामाजिक विसंगतियों पर टीका-टिप्पणी नहीं करते, लेकिन किसी सुविचारित रीति से सामाजिक परिवर्तन की प्रक्रिया को आगे बढ़ाने के लिए ऐसा किया जाता हो, ऐसी भी स्थिति नहीं है।

जनसंचार माध्यमों की पृष्ठभूमि का यह उल्लेख इसलिए अनिवार्य है कि जनसम्पर्ककर्मी को अपने प्रयास में तभी सफलता मिल सकती है, जब वह इन माध्यमों की पहुँच और उपयोगिता को सही-सही समझे और उद्दिष्ट जनता तक पहुँचने के लिए उनका सार्थक उपयोग कर सके। एक बार उद्दिष्ट जनता की पहचान हो जाने पर ऐसा किया जा सकता है।

अब यहाँ जनसंचार माध्यमों की क्षमता और कमियों की चर्चा करना उपयोगी होगा।

समाचारपत्र

अधिकांश समाचारपत्र उन शहरी लोगों तक पहुँचते हैं जो अखबार खरीद सकते हैं।

इनके अलावा एक छोटा-सा ऐसा वर्ग है, जो माँगकर या वाचनालयों में जाकर अखबार पढ़ता है। फिर, पाठकों की भी अपनी अभिरुचियाँ हैं। अधिकांश पाठक विश्व में घटनेवाली मुख्यतः राजनीतिक घटनाओं के प्रमुखता से प्रकाशित समाचारों के अलावा अपनी अभिरुचि के अनुसार खेलकूद, सांस्कृतिक कार्यक्रम या व्यापार-व्यवसाय के समाचार पढ़ते हैं। खेती-किसानी के समाचार शहरी पाठकों द्वारा लगभग पढ़े ही नहीं जाते। इसी तरह शहरी पाठक अपनी कठिनाइयों, समस्याओं आदि के बारे में समाचारपत्रों को पत्र लिखते हैं, लेकिन ग्रामीण अंचलों की शिकायतें बहुत कम छपती हैं। शायद इसलिए भी कि उनके बारे में लिखा ही नहीं जाता। शहरों में भी ऐसा बहुत बड़ा वर्ग है जो न तो समाचारपत्र खरीद पाता है और न उन्हें पढ़ने में उसे कोई दिलचस्पी है। थोड़े बहुत समाचारपत्र कुछ गाँवों तक पहुँचते अवश्य हैं, लेकिन केवल इस कारण उनका स्वरूप या चरित्र नहीं बदलता। नतीजा यह है कि गाँव का पाठक भी समाचारपत्र से शहरों के बारे में ही अधिक जानकारी पाता है, अपने परिवेश के बारे में बहुत कम।

रेडियो

हमारे देश में पिछले कुछ वर्षों में रेडियो की पहुँच काफी बढ़ी है, लेकिन जहाँ तक कार्यक्रमों का सम्बन्ध है, उनके नागर स्वरूप में बहुत बदलाव नहीं आया है। रेडियो कार्यक्रमों में बोलियों का स्थान काफी गौण है। अक्सर लोगों पर यह दोषारोपण किया जाता है कि जब रेडियो पर जानकारीमूलक कार्यक्रम प्रसारित किए जाते हैं, तब लोग या तो रेडियो बन्द कर देते हैं या सूई घुमाकर विविध भारती जैसे कार्यक्रम सुनने लगते हैं। संवादहीनता की ऐसी स्थिति क्यों बनती है, इस पर शायद ही कभी गम्भीरता से विचार किया जाता है। रेडियो के सामने भी वही बाधा है। कितने लोगों के पास अपने रेडियो हैं और उन्हें सुनने के लिए उनके पास कितना समय है ? क्या उन्हें मनपसन्द कार्यक्रम सुनने को मिलते हैं ? छोटे-छोटे किन्तु कल्पनाशील उद्यमियों ने पिछले कुछ वर्षों में स्थानीय बोलियों और लोक-शैलियों पर आधारित आडियो कैसेट् बनाए हैं, जो गाँवों और कस्बों की चाय की दुकानों, पान के ठेलों, मोटरलारी चालकों की गाड़ियों में अक्सर सुने जा सकते हैं। श्रोता इन्हें रेडियो के ऊपर वरीयता देते हैं। ऐसे बहुत से कैसेट् शील-अश्लील के नागर मूल्यों से बाधित नहीं होते और उनके श्रोता खुले मन से उनका आनन्द लेते हैं।

दूरदर्शन

टेलीविज़न प्रसारण पर भारत में दूरदर्शन का एकाधिकार है। उप महाद्वीपीय विस्तार वाले विविधता से भरे भारत जैसे देश में केवल एक चैनल द्वारा राष्ट्रीय स्तर पर प्रसारण चाहे जो करे, जनता से संवाद नहीं कर सकता। फिर इसकी पहुँच भी अत्यन्त सीमित है।

दूसरी ओर यह उल्लेख भी महत्त्वपूर्ण है कि सबसे अधिक सम्भावना सम्पन्न और संवाद करने में सफल यही माध्यम हो सकता है। भविष्य में ऐसा होगा इसके बारे में सन्देह करने का कोई कारण नहीं है, लेकिन निकट भविष्य में यह जनता से संवाद का माध्यम बन सकेगा इसमें सन्देह है।

सिनेमा

टेलीविज़न के देश में आने के बावजूद सिनेमा मनोरंजन का लोकप्रिय साधन अब भी बना हुआ है। इसकी भी पहुँच अधिकांशतः शहरों तक सीमित है, लेकिन इसका एक उल्लेखनीय पहलू यह है कि इसे वह गरीब तबका भी देखता है जो न तो अखबार पढ़ता है, न रेडियो सुनता है, न टेलीविजन देखता है। कमज़ोर वर्ग के लोग बहुधा सिनेमाघरों में इसलिए जाते हैं कि वे अपने कठिन दैनन्दिन जीवन की वर्जनाओं से कुछ देर के लिए निजात पा सकें और ऐसे स्वप्न लोक का आनन्द ले सकें, जिसे वे यथार्थ में भोगने की कल्पना भी नहीं कर सकते।

पिछले चार-पाँच वर्षों में गाँवों में खुले विडियो पार्लरों ने सिनेमा को गाँव तक पहुँचाने में महत्त्वपूर्ण योगदान किया है, लेकिन ग्राम्य-जीवन में सिनेमा लगभग उतना ही अप्रासंगिक है।

पारम्परिक माध्यम

हमारे देश में सदियों से लोक माध्यमों के ज़रिये हमारे सामाजिक और सांस्कृतिक मूल्यों का प्रचार-प्रसार होता आया है। धर्मगुरु और दूसरे प्रवचनकार नियमित रूप से व्यासपीठ से धर्म, नीति, आचार, व्यवहार आदि का प्रचार-प्रसार करते आए हैं और यह इतना प्रभावी रहा है, कि इसने समाज को एक सूत्र में बाँधे रखा है। इसी तरह लोकनाट्य और लोकगीतों आदि के ज़रिये सामाजिक विसंगतियों पर रचनात्मक टीका-टिप्पणी की जाती रही है और सामाजिक मूल्यों के प्रति आग्रह भी व्यक्त किया गया है। लोक माध्यमों की एक विशिष्टता यह है कि उनकी पहुँच बहुत सीमित होने के बावजूद वे लोगों से सीधे संवाद करते हैं।

4

संचार माध्यमों का चुनाव

जिस जनता तक हमें पहुँचना है, उसकी ठीक-ठीक पहचान कर लेने के बाद, उस तक पहुँचने के लिए हम उपयुक्त संचार माध्यम का चुनाव कर सकते हैं और उसके अनुरूप सन्देश की रचना कर सकते हैं। जनता से सीधे संवाद करना यद्यपि प्रभावी माध्यम है, लेकिन जनसम्पर्क कर्मियों को यह हमेशा सुलभ नहीं होता। ऐसी स्थिति में उन्हें परोक्ष माध्यमों का सहारा अधिक लेना पड़ता है।

परोक्ष माध्यमों की बड़ी खामी यह है कि जनता संवाद करनेवाले के सामने उपस्थित नहीं होती और उसकी प्रतिक्रिया तत्काल प्राप्त नहीं होती। प्रत्यक्ष संवाद करते समय हम जनता का रुख पहचान सकते हैं और यह प्रत्यक्ष देख सकते हैं कि हमारी बात उन्हें किस सीमा तक समझ में आ रही है और उन्हें रुचिकर लग भी रही है या नहीं। परोक्ष माध्यमों में यह सम्भव नहीं है। इस कमी को अनुसंधान द्वारा लोगों को प्रतिक्रिया प्राप्त कर पूरा करने का प्रयास किया जाता है। इस तरह जो नतीजे प्राप्त होते हैं, उनके प्रकाश में सन्देश को संशोधित करना होता है। लोगों की प्रतिक्रिया की सतत निगरानी किए बिना कई बार परोक्ष संवाद सन्देश को प्रभावी ढंग से लोगों तक नहीं पहुँचा पाता। जनसंचार माध्यमों के ज़रिये सन्देश का प्रसारण कई बार केवल इसीलिए अपेक्षित परिणाम नहीं देता।

जनसम्पर्क कर्मियों को चूँकि जनसंचार माध्यमों का ही उपयोग करना होता है, उन्हें इस दिशा में सतत सचेष्ट होना चाहिए कि क्या प्रसारित सन्देश लोगों तक ठीक-ठीक पहुँच रहा है और क्या उनकी अनुकूल प्रतिक्रिया हो रही है।

समाचारपत्र

सबसे पहले समाचारपत्रों को ही लें। यदि हम समाचारपत्र के माध्यम से अपना सन्देश लोगों तक पहुँचाते हैं, तो हमें यह स्पष्ट जान लेना चाहिए कि हमारा सन्देश मुख्यतः समाचारपत्र के पाठकों तक ही पहुँचेगा। अतः यह आवश्यक है कि हमारा सन्देश उन्हीं

के लिए रचा जाए और उनके हितों और मनोभावों के अनुकूल हो। यदि हमारा सन्देश पाठकों के हितों के प्रतिकूल है या उनकी मान्यताओं को आघात पहुँचाता है, तो वह सहज स्वीकार्य नहीं होगा। इसके विपरीत यदि वह उनके मनोनुकूल हुआ, तो यह सम्भावना बढ़ जाती है कि वे उसके बारे में आपस में चर्चा करेंगे, जिसके नतीजे में न केवल उनका मनोभाव और सुपुष्ट होगा बल्कि उनकी चर्चा से बात फैलेगी और उन तक पहुँचेगी जो पाठक नहीं हैं। इस प्रकार हमारे सन्देश का परोक्ष विस्तार होगा और उसकी पहुँच उन लोगों तक बढ़ेगी जो अखबार नहीं पढ़ते। दूसरी ओर, यदि पाठकों के मन में हमारे सन्देश की विपरीत प्रतिक्रिया होती है, तो वे आपसी चर्चा में या तो उसकी उपेक्षा कर देंगे या उसके विरुद्ध टीका-टिप्पणी करेंगे। तब उनकी केवल यह प्रतिक्रिया उन लोगों तक पहुँचेगी जो समाचारपत्र के पाठक नहीं हैं। इसके यह माने हुए कि हमारे सन्देश का विस्तार तो नहीं ही होगा, उसके विरुद्ध कही गई प्रतिकूल बातों का फैलाव अवश्य होगा। ऐसी प्रतिकूलता का निराकरण समाचारपत्र के माध्यम से करना सम्भव नहीं होगा।

समाचारपत्र जनसंचार का मुद्रित माध्यम है अतः इसमें दिए गए सन्देश को भाव-भंगिमाओं द्वारा सुपुष्ट नहीं किया जा सकता, न ही तत्कालिक स्पष्टीकरण दिया जा सकता है। सन्देश की रचना करते समय हमें इन बातों का ध्यान रखना होगा। इसके यह माने हुए कि समाचारपत्र के माध्यम से जो सन्देश दिया जाए वह सम्पूर्ण हो, अर्थात् पृष्ठभूमीय जानकारी के साथ उसे प्रस्तुत किया जाए और उसके बारे में जो भी सम्भावित प्रश्न उठ सकते हैं उनका निराकरण भी उसमें सन्निहित हो। यदि सन्देश एकांगी हुआ या उससे उपजने वाले सभी प्रश्नों का समाधान न कर सका तो वह सन्देहों को जन्म देगा और उसकी विश्वसनीयता कम होगी। एक बार अविश्वास का मनोभाव बन जाने पर लोगों का विश्वास अर्जित करना कहीं अधिक कठिन होता है। इसीलिए बाद में दिए गए स्पष्टीकरण कई बार कारगर नहीं होते।

रेडियो

रेडियो भी सन्देश प्रसारण का परोक्ष माध्यम है। यहाँ भी जनता की पहचान करने का बड़ा महत्त्व है। रेडियो के लिए सन्देश की रचना करते समय हमें इस बात का सर्वोपरि ध्यान रखना होगा कि यह बोले गए शब्द का माध्यम है और यदि बोला गया शब्द पहली बार में ही समझ में न आया तो उसे दोबारा सुनने का श्रोता को कोई अवसर नहीं होता। जनसम्पर्क कर्मियों के लिए यह बहुत बड़ी चुनौती है। रेडियो के माध्यम का उपयोग करते समय उन्हें इस बारे में बहुत जागरुक होना पड़ेगा कि वह केवल ऐसे सरल शब्दों और सरल वाक्य-विन्यासों का उपयोग करें जो एक बार सुनने पर ही श्रोताओं की समझ में आ जाए। यदि कोई नई बात कही जाती है, तो उसे सुगम बनाना होगा और श्रोता के अनुभवों से जोड़ते हुए उसका प्रसारण करना होगा ताकि वह नई बात व नए अर्थ को

आत्मसात कर सके। हमें इस बात का भी ध्यान रखना होगा कि रेडियो सुनने वाला बहुत देर तक एकाग्र होकर रेडियो नहीं सुनता। वह केवल थोड़े समय के लिए, वह भी प्रेरित किए जाने पर, एकाग्र हो सकता है, इसलिए रेडियो द्वारा प्रसारित होनेवाला सन्देश ऐसा होना चाहिए जो पहले तो श्रोता का ध्यान आकर्षित करे और थोड़े शब्दों में इस तरह सन्देश दे कि श्रोता एकाग्र हो उसे सुन सके और आत्मसात कर सके।

टेलीविज़न

टेलीविज़न दृश्य-श्रव्य माध्यम है, इसलिए यह अपेक्षाकृत अधिक गहरा प्रभाव डाल सकता है। यहाँ भी जनता की सही-सही पहचान उतनी ही आवश्यक है, क्योंकि तभी सन्देश की ठीक-ठीक रचना की जा सकती है। यह माध्यम अपेक्षाकृत खर्चीला है, लेकिन इसकी विशिष्टता यह है हम दृश्यों से अपने सन्देश को स्पष्ट कर सकते हैं और बोले गए शब्द को लिखे हुए शब्दों की सहायता से रेखांकित कर सकते हैं। यह इस माध्यम की क्षमता का द्योतक है, लेकिन इस क्षमता का सही-सही उपयोग इसलिए और भी कठिन है कि इस माध्यम में हमें दृश्यबन्ध और शब्दों का ऐसा तालमेल बैठाना होता है, जो वांछित मनोभाव जगाए और सन्देश को लोगों के मन में उतार सके। ठीक रेडियो की तरह यहाँ भी यह उल्लेख ज़रूरी है कि यह दर्शक के वश में नहीं होता कि वह किसी बात को दोबारा देख या सुन सके। दर्शक का चित्त यहाँ भी बहुत देर एकाग्र नहीं रह सकता, इसलिए संक्षेप में प्रभावी ढंग से सन्देश के सम्प्रेषण का इस माध्यम में भी उतना ही महत्त्व है।

सिनेमा और विडियो

सिनेमाघरों या विडियो पार्लरों में लोग मूलतः मनोरंजन के लिए जाते हैं इसलिए इनमें जो सन्देश दिया जाता है, उसमें यह क्षमता होनी चाहिए कि वह मनोरंजन के मनोभाव के बीच दर्शक का ध्यान खींच सके। उसमें कथ्य और कहन में इतना आकर्षण होना चाहिए कि वह देखनेवाले के मन में अपनी छाप छोड़ सके। इस लिहाज़ से इन माध्यमों का प्रयोग और भी अधिक चुनौतीपूर्ण है।

पारम्परिक माध्यम

पारम्परिक संचार माध्यमों से सम्प्रेषित करने के लिए सन्देश की रचना बिल्कुल अलग ही ढंग से करनी होगी। इसके लिए हमें पहले तो सूत्रधार अथवा कलाकार को अपनी बात समझानी होगी और फिर उसके साथ मिल-बैठकर उसे उपयुक्त लोकरूप में विकसित करना होगा और यह जाँचना होगा कि इस तरह प्रत्युत्पन्न सन्देश सही प्रभाव

पैदा करता है।

हम अपनी बात कहने के लिए चाहे जो भी संचार माध्यम चुनें, हमें इस बारे में पूरी जागरुकता बरतनी चाहिए कि हमारे सन्देश की रचना उपयुक्त हो, सही प्रभाव पैदा करे और इससे भी महत्त्वपूर्ण कि वह लोगों को उसका अनुसरण करने की प्रेरणा दे सके। इसके लिए यह अनिवार्य है कि लोगों की प्रतिक्रिया का सतत मूल्यांकन हो और उसे समझने के बाद सन्देश में आवश्यक संशोधन और सुधार होता रहे। सन्देश के प्रसार का दूसरा महत्त्वपूर्ण पहलू यह है कि वह लोगों के मन में घर कर सके, इसलिए सन्देश बार-बार दिया जाना चाहिए और जहाँ तक सम्भव हो उसका कलेवर हर बार बदला जाना चाहिए ताकि वह नया और आकर्षक बना रहे।

5

जनसम्पर्क की तैयारी

जनसम्पर्क करने से पहले उसकी तैयारी का बहुत महत्त्व है। इससे पहले कि जनता से कुछ बात की जाए, जनसम्पर्ककर्मी को उसकी पूरी-पूरी जानकारी होनी चाहिए। जनसम्पर्क की अग्रिम तैयारी के रूप में इन बातों पर ध्यान देना होगा :

(1) सन्देश की विषयवस्तु
(2) उद्दिष्ट जनता का स्वरूप
(3) वे माध्यम जिनका उपयोग किया जाना है और
(4) जनता की प्रतिक्रिया प्राप्त करने के उपाय।

सन्देश और उसका सम्प्रेषण

हम जनता तक जो सन्देश पहुँचाना चाहते हैं, वह हमें प्राप्त जानकारी से उपजता है। जनसम्पर्ककर्मी को ऐसे सन्देश के सभी पहलुओं की जानकारी एकत्रित करनी चाहिए और उसे पूरी तरह आत्मसात कर लेना चाहिए। इसके लिए उपयोगी होगा कि वह उस सन्देश से उत्पन्न होनेवाले सभी तरह के प्रश्न अपने आपसे पूछे और उपलब्ध जानकारी से अथवा जानकारी देनेवालों से सम्पर्क कर उनके सन्तोषजनक उत्तर ढूँढ़े। यह जरूरी नहीं कि ऐसी सभी जानकारी का समावेश सन्देश में किया जाए, लेकिन यदि सन्देश को लेकर प्रश्न उठते हैं तो उसका पूरा-पूरा समाधान करने में उसे सक्षम होना चाहिए।

इसके बाद जनसम्पर्ककर्मी को उस जनता की पहचान करनी होगी जिसे सन्देश दिया जाना है, क्योंकि उसी के अनुसार सन्देश की रचना करनी होगी और माध्यम का चुनाव करना होगा।

यहाँ इस बात का भी ध्यान रखना होगा कि सन्देश के प्रसार के लिए कौन से माध्यम उपयोगी होंगे और क्या वे उपलब्ध हो सकेंगे। उपलब्ध माध्यमों के प्रयोग पर कितना खर्च आएगा और क्या उनके उपयोग की सम्यक व्यवस्था हो सकेगी। इस तरह माध्यमों के उपयोग की योजना तैयार होगी, जिसके अनुसार सन्देश का प्रसार होगा।

अच्छा तो यह होगा कि प्रसारण से पहले इस बात का परीक्षण कर लिया जाए कि सन्देश कितना प्रभावी और बोधगम्य बन सका है। यदि ऐसा लगे कि उसमें कुछ दुरुहता है या कुछ महत्त्वपूर्ण बातें छूट गई हैं, तो सन्देश को संशोधित किया जा सकेगा। एक बार सन्देश प्रसारित होने के बाद यह मूल्यांकन भी आवश्यक है कि उसका लोगों पर क्या प्रभाव हुआ, क्योंकि जनसम्पर्क का बुनियादी उद्देश्य केवल जानकारी देना नहीं वरन् लोगों में उसके प्रति अनुकूल मनोभाव जगाना भी है, ताकि वे उसे स्वीकार करें और उसका अनुसरण करें।

ऐसा अक्सर होगा कि हमें एकाधिक जनता को सन्देश देना पड़े और तब हमें कई माध्यमों का एक साथ उपयोग करना पड़ सकता है। ऐसी स्थिति में प्रत्येक माध्यम के लिए सन्देश की पुनर्रचना करनी होगी।

उदाहरण

उदाहरण के लिए हम नर्मदा घाटी विकास को लें, तो जनसम्पर्क के विभिन्न पहलुओं पर प्रकाश पड़ सकेगा। नर्मदा घाटी के विकास का राष्ट्रीय महत्त्व है, क्योंकि इस परियोजना से बहुत बड़े पैमाने पर पनबिजली बनेगी, सिंचाई का विस्तार होगा और लगभग उतना ही अतिरिक्त ग़ल्ला पैदा होगा जितना पंजाब में पैदा होता है। इसके साथ-साथ कृषि पर आधारित तथा उससे जुड़े हुए बहुत से उद्योग लगेंगे और बड़े पैमाने पर रोज़गार पैदा होगा। इस तरह पूरी नर्मदा घाटी में रहनेवाले लोगों का जीवन स्तर ऊपर उठेगा।

इसका दूसरा पहलू यह है कि नर्मदा घाटी के विकास के लिए प्रस्तावित विभिन्न परियोजनाओं से लगभग एक लाख लोग विस्थापित होंगे, जो अधिकांश गाँवों में रहनेवाले हैं और उनमें भी आदिवासियों की बड़ी संख्या है। स्वाभाविक ही, विस्थापित होनेवाले लोगों के मन में भविष्य के प्रति भय और आशंका है। इसके सिवा बहुत बड़ा कृषि का क्षेत्र और वनों का रकबा बाँधों की डूब में आएगा, जिसके पर्यावरण पर गम्भीर दुष्परिणाम होंगे। इन दुष्परिणामों से निपटने और पर्यावरण को अनुकूल बनाए रखने के जो उपाय प्रस्तावित हैं वे कहाँ तक कारगर सिद्ध होंगे यह भी बताना होगा। इस तरह आप देखेंगे कि नर्मदा घाटी के विकास के दो पहलू हैं। एक सकारात्मक और दूसरा नकारात्मक। नर्मदा घाटी के विकास के लिए अनुकूल जनमानस बनाने में यह आवश्यक होगा कि दोनों ही पहलुओं के बारे में लोगों का समाधान हो और उनके मन में अनुकूल मनोभाव पैदा हो।

नर्मदा घाटी के विकास से जिन्हें लाभ होना है, उनका सहयोग तो सहज ही प्राप्त होगा। यहाँ जनसम्पर्ककर्मी को लगातार यह जानकारी देनी होगी कि विभिन्न परियोजनाओं की प्रगति कैसी हो रही है और उनके लाभ कब तक लोगों को मिलने लगेंगे। इस तरह लोगों के मन में विकास के प्रति आस्था बनी रहेगी और विकास के

काम में उनका सहज योगदान मिलता रहेगा। यहाँ विकास के ठोस स्वरूप का चित्रण उपयोगी होगा जैसे, विभिन्न परियोजनाओं से बननेवाली बिजली कहाँ-कहाँ तक उपलब्ध होगी और उसकी सहायता से कैसे-कैसे उद्योग शुरू किए जा सकेंगे। सिंचाई मिलने पर बहुफसली खेती का स्वरूप कैसा होगा और उससे किसानों को कितना लाभ होगा। परियोजनाओं से बिजली कब से मिलना शुरू होगी और सिंचाई का विस्तार कितने चरणों में होगा। नर्मदा घाटी में कौन-कौन से उद्योगों की सम्भावना बनेगी और उनकी स्थापना के लिए कैसी पूर्व-तैयारी की जा रही है। यह भी बताना होगा कि इनमें कितना सरकारी सहयोग और सहायता मिलेगी। इस तरह नर्मदा घाटी के विकास से लाभान्वित होनेवाले लोगों के सामने भविष्य का चित्र स्पष्ट होगा और नए उद्यमी इस विकास में सहभागी बनने के लिए प्रेरित होंगे।

विकास के नकारात्मक पहलुओं का शमन करना जनसम्पर्ककर्मी के लिए कहीं अधिक महत्त्वपूर्ण और चुनौती भरा है। केवल नर्मदा घाटी के ही नहीं वरन् देश और विदेश के पर्यावरणविद् विभिन्न परियोजनाओं से पर्यावरण को होनेवाली हानियों के प्रति चिन्तित और व्यग्र हैं। उनका यह मानना है कि इन परियोजनाओं से पर्यावरण को जो क्षति होगी, उसकी पूर्ति सम्भव नहीं है। उन्हें आशंका है कि पूरक वनीकरण नैसर्गिक वनों का प्रतिस्थापन नहीं कर पाएगा। बड़े-बड़े जलाशयों के कारण बीमारियाँ फैलेंगी। जलग्रहण क्षेत्रों में भारी कटाव के कारण उपजाऊ ज़मीन नष्ट होगी और जलाशय समय के पहले पुर जाएँगे। विस्थापित होनेवाले लोगों की संख्या अनुमान से कहीं अधिक होगी और पुनर्वास के अभाव में वे बचे-खुचे जंगलों में धँसेंगे और उन्हें भी काटकर बरबाद कर देंगे। उजड़े हुए लोगों में बेरोजगारी बढ़ेगी और उनका जीवन स्तर गिरेगा। लोगों को फिर से बसाने के लिए न तो पर्याप्त खेती की ज़मीन मिलेगी और न वे सुविधाएँ जुटाई जा सकेंगी जिनसे वे सन्तोषजनक ढंग से नई जगहों पर बस सकें और आज की अपेक्षा अधिक अच्छा जीवन जी सकें।

ऐसा नहीं है कि नर्मदा घाटी के विकास की योजना बनानेवालों ने इन पहलुओं पर विचार नहीं किया है अथवा इनके लिए समुचित व्यवस्था नहीं की है। यहाँ प्रश्न विश्वसनीयता का है। इससे पहले प्रदेश में जिन नदी घाटी योजनाओं पर काम हुआ है, उनसे विस्थापित लोगों का जिस तरह पुनर्वास हुआ है (अथवा नहीं हुआ है) उससे लोग आशंकित हैं कि शायद नर्मदा घाटी में वैसा ही होगा। ऐसे माहौल में जनसम्पर्ककर्मी तभी सफल हो सकता है, जब वह प्रभावित लोगों में यह विश्वास पैदा कर सके कि पिछली भूलें भविष्य में नहीं दोहराई जाएँगी। सन्देहों और आशंकाओं को जानकारी देकर ही दूर किया जा सकता है इसलिए पहले तो जनसम्पर्ककर्मी को इस बात की पूरी-पूरी जानकारी देनी होगी कि परियोजनाओं से उजड़ने वाले लोगों को फिर से बसाने की कितनी सुनिश्चित व्यवस्था है, फिर उसे यह भी बताना होगा कि पर्यावरण के बिगाड़ को सुधारने के लिए कितने कारगर उपाय किए गए हैं और उन पर किस तरह काम हो रहा है।

जनसम्पर्क में विश्वसनीयता का महत्त्व सर्वोपरि है। पहले तो जनसम्पर्क सच्चाई पर आधारित होना चाहिए और दूसरे, उसे वास्तविक उपलब्धि से मेल खाना चाहिए, ताकि भविष्य के बारे में जो प्रचार किया जाए उस पर लोगों को भरोसा हो सके।

निष्कर्ष

इस उदाहरण से जो बातें हमारे सामने आती हैं, वे इस प्रकार हैं :

(1) हमें एकाधिक जनता से सम्पर्क करना है जैसे, देश और प्रदेश के जागरूक लोग, प्रदेश के और खासतौर पर नर्मदा घाटी में रहनेवाले किसान, ग्रामीण दस्तकार, मजदूर, व्यापारी और परियोजनाओं से लाभान्वित होनेवाले दूसरे लोग और विभिन्न परियोजनाओं की डूब में आने से प्रभावित गाँवों के निवासी और विस्थापित होनेवाले लोग। इनके अलावा पर्यावरण की अनुकूलता बनाए रखने के आग्रही, देश और विदेश के बुद्धिजीवी भी जनसम्पर्ककर्मी के लिए विशिष्ट जनता है।

(2) नर्मदा घाटी का विकास यद्यपि बुनियादी सन्देश है, लेकिन विभिन्न जनताओं के लिए इसकी रचना बिल्कुल ही अलग-अलग ढंग से करनी होगी। पर्यावरण की रक्षा के प्रति आग्रही बुद्धिजीवियों को हमें यह बताना होगा कि नर्मदा घाटी का विकास पर्यावरण की कीमत पर नहीं वरन् उसमें और सुधार लाने के उद्देश्य से किया जा रहा है। लाभान्वित होनेवाले किसानों को हमें यह बताना होगा कि वे खेती-किसानी के कौन से तरीके अपनाकर विकास का भरपूर लाभ उठा सकते हैं। उद्यमियों को हमें यह बताना होगा कि उनके लिए नर्मदा घाटी के विकास से उद्योग लगाने के कैसे अवसर मिलेंगे और उनके लिए सरकार किस सीमा तक सहायक होगी। बेरोज़गार लोगों को हमें बताना होगा कि परियोजना के निर्माण, वनीकरण और आगे चलकर विकसित अर्थव्यवस्था में बेहतर रोज़गार के कैसे अवसर मिलेंगे। जिन्हें अपना घर-बार छोड़ना पड़ रहा है, उन्हें यह भरोसा दिलाना होगा कि जिस नई जगह पर जाकर वे बसेंगे वहाँ उन्हें आज मिलनेवाली सुविधाओं से कहीं बेहतर सुविधाएँ मिलेंगी और खेती-किसानी के ऐसे अवसर होंगे जो आज की तुलना में अधिक लाभदायी होंगे। उन्हें यह भी समझाना होगा कि उजड़ने से होनेवाले दुख-दर्द को कम करने के कौन-कौन से उपाय किए जा रहे हैं। जनसम्पर्ककर्मी यदि सफलतापूर्वक सन्देश की रचना कर सके और प्रभावी ढंग से उसे लोगों तक पहुँचा सके तो निश्चय ही नर्मदा घाटी जैसी बड़ी परियोजना के सफलतापूर्वक क्रियान्वयन में उसकी महत्त्वपूर्ण भूमिका होगी।

(3) हमने जिन जनताओं की पहचान की है उन सब तक जनसंचार के किसी एक माध्यम से नहीं पहुँचा जा सकता। स्वाभाविक ही सन्देश के प्रसार के लिए हमें

कई माध्यमों का चयन करना होगा। उदाहरण के लिए, समाज के शिक्षित और जागरूक वर्ग तक अपना सन्देश पहुँचाने के लिए हम समाचारपत्रों का उपयोग कर सकते हैं। समाचारपत्रों में तरह-तरह के समाचार छपते हैं और भारतीय समाचारपत्रों में विकास की गतिविधियों को कम ही स्थान मिलता है। इसे देखते हुए समाचारपत्र का उपयोग करते समय हमें इस बात का ध्यान रखना होगा कि उनमें छपनेवाले विभिन्न समाचारों और लेखों के बीच हमारा सन्देश उभरकर सामने आए और पाठकों का ध्यान आकर्षित करे। हमें यह भी सुनिश्चित करना होगा कि हम जो जानकारी दें उससे लोगों के सन्देहों और कुशंकाओं का समाधान हो। नर्मदा घाटी के ऐसे गाँवों में, जहाँ समाचारपत्रों की पैठ कम है, जानकारी देने के लिए हमें वीडियो फिल्मों, विश्वसनीय जननेताओं के भाषणों आदि का सहारा लेना होगा। कुछ सीमा तक स्थानीय रेडियो स्टेशनों से भी सन्देश के प्रसारण में सहायता ली जा सकेगी। जहाँ दूरदर्शन के कार्यक्रम देखे जाते हैं, वहाँ यथासम्भव दूरदर्शन के प्रसारण का उपयोग भी सम्भव होगा। धुर ग्रामीण अंचलों में जनसम्पर्क के पारम्परिक माध्यम कहीं अधिक प्रभावी सिद्ध होंगे। इस तरह जनता की अलग-अलग पहचान कर सन्देश के प्रसार के उपयुक्त उपायों द्वारा हम सारे जनमानस को नर्मदा घाटी के विकास के प्रति अनुकूल बना सकेंगे।

6

जनसंचार साधनों का उपयोग

स्पष्ट है कि जनसम्पर्ककर्मी सभी जनसंचार माध्यमों का विशेषज्ञ नहीं हो सकता, लेकिन उसे सभी माध्यमों से इतना परिचित अवश्य होना चाहिए कि वह उनका युक्तियुक्त उपयोग कर सके। कारण यह है कि माध्यम चाहे जो हो, सन्देश की रचना में जनसम्पर्ककर्मी की महत्त्वपूर्ण भूमिका है।

समाचारपत्र

जनसम्पर्ककर्मी समाचारपत्र में सीधे समाचार प्रकाशित नहीं कर सकता। उसके द्वारा दिया गया समाचार छपे, इसके लिए यह ज़रूरी है कि वह समाचारपत्र के सम्पादक, उप-सम्पादक आदि से अच्छा परिचय बनाए और समय-समय पर उन्हें पृष्ठभूमि-जानकारी देता रहे। ऐसी जानकारी में अपने संगठन की गतिविधियों के प्रतिवेदन, विशिष्ट योजनाओं की रूपरेखा, कार्यान्वित की जानेवाली योजनाओं के चित्र आदि शामिल हैं। बीच-बीच में अपने संगठन के अधिकृत कर्मियों से सम्पादकों और पत्रकारों की भेंट कराई जा सकती है और विशिष्ट अवसरों पर संवाददाता सम्मेलन भी आयोजित किए जा सकते हैं।

इतना सब होने के बाद भी समाचारपत्र तैयार सामग्री की अपेक्षा करते हैं, इसलिए जनसम्पर्ककर्मी को समाचार और समाचार-लेख लिखने का कौशल प्राप्त करना चाहिए। इस बात का हमेशा ध्यान रखना चाहिए कि जब तक जनसम्पर्ककर्मी द्वारा भेजा गया समाचार या लेख उप-सम्पादक और सम्पादक का ध्यान आकर्षित नहीं करेगा, तब तक उसके छपने की सम्भावना नगण्य होगी। ऐसी स्थिति में यह ज़रूरी है कि समाचार और लेख साफ-सुथरे हों, सुवाच्य हों, और इतने सारगर्भित हों कि उनमें काट-छाँट नहीं करनी पड़े। कई बार ऐसे अवसर आते हैं, जब कोई समाचारपत्र ऐसा विशेषांक प्रायोजित करता है जिसमें जनसम्पर्ककर्मी के संगठन को प्रमुख स्थान मिल सकता है। ऐसे अवसरों पर सम्पादक की हर सम्भव सहायता की जानी चाहिए। जनसम्पर्ककर्मी को इस बात का

हमेशा ध्यान रखना चाहिए कि उसके द्वारा भेजा गया समाचार विभिन्न समाचार स्रोतों से समाचारपत्र को मिलनेवाले समाचारों में से केवल एक होगा। समाचारपत्र में स्थान पाने के लिए यह ज़रूरी है कि समाचार समय पर समाचारपत्र के कार्यालय में पहुँचे और वह इतना सारगर्भित हो कि बिना किसी विशेष सम्पादकीय प्रयास के उसे छापा जा सके। जनसम्पर्ककर्मी को विशिष्ट अवसरों जैसे, स्वाधीनता दिवस, गणराज्य दिवस, दीपावली आदि का खासतौर पर ध्यान रखना चाहिए। ऐसे अवसरों पर प्रकाशन के लिए अग्रिम सामग्री पर्याप्त समय रहते सम्पादक के पास पहुँचाई जानी चाहिए और यथासम्भव सम्पादक से व्यक्तिगत सम्पर्क कर भेजी गई सामग्री के बारे में उन्हें अवगत कराया जाना चाहिए। कभी-कभी जब किसी समाचारपत्र के सम्पादक उसके संगठन के बारे में कोई अनुकूल टिप्पणी या समाचार प्रकाशित करते हैं तो उन्हें धन्यवाद देते हुए पत्र लिखा जाना चाहिए।

मुद्रित सामग्री

पढ़े-लिखे लोगों के बीच अपना सन्देश पहुँचाने का एक प्रभावी साधन मुद्रित सामग्री है, जिसमें फोल्डर, ब्रोशर, पोस्टर आदि शामिल हैं। ऐसी सामग्री का रूपांकन और मुद्रण कलाकार और मुद्रक करते हैं, लेकिन उसका कथ्य जनसम्पर्ककर्मी को तैयार करना होता है। जहाँ आवश्यक हो इसके लिए विशेषज्ञ लेखकों का सहयोग लिया जा सकता है, लेकिन यह सुनिश्चित करना जनसम्पर्ककर्मी का काम है कि जो लिखा जाता है उसमें दिया जानेवाला सन्देश ठीक-ठीक उभरकर आए और पाठक के मन पर अनुकूल प्रभाव डाले। ऊपर बताए गए प्रकाशन किस तरह तैयार होते हैं, उनकी छपाई कैसे होती है, उन पर कितना खर्च और कितना समय लगता है, इन बातों की पूरी-पूरी जानकारी जनसम्पर्ककर्मी को होनी चाहिए। प्रकाशनों के रूपांकन, विभिन्न टाइपों के उपयोग आदि की भी उसे इतनी जानकारी होनी चाहिए कि वह कलाकार का मार्गदर्शन कर सके।

रेडियो

जनसंचार के माध्यमों में हमारे देश में रेडियो की पहुँच काफी व्यापक है, इसलिए अपने सन्देश के प्रसारण के लिए जनसम्पर्ककर्मी इसका उपयोग कर सकता है। यहाँ भी अपने रेडियो स्टेशन के अधिकारियों से जनसम्पर्ककर्मी का निकट का परिचय होना चाहिए। समाज के विभिन्न वर्गों के लिए रेडियो से कई विशिष्ट कार्यक्रम प्रसारित किए जाते हैं। ऐसे सभी कार्यक्रमों में नई जानकारियाँ दी जाती हैं। हो सकता है कि उनकी प्रस्तुति का स्वरूप अलग-अलग हो। जनसम्पर्ककर्मी को ऐसे सभी कार्यक्रमों का लाभ उठाना चाहिए। इसके लिए आवश्यक यह होगा कि विभिन्न कार्यक्रमों को प्रस्तुत करनेवाले लोगों को उनके लिए उपयोगी जानकारी लगातार उपलब्ध कराई जाए। जनसम्पर्ककर्मी

के संगठन से लाभान्वित होनेवाले लोगों से साक्षात्कार और संगठन की गतिविधियों के बारे में प्रत्यक्ष भेंट जैसे कार्यक्रम भी प्रायोजित किए जा सकते हैं।

रेडियो मुख्य रूप से मनोरंजन का माध्यम है और उसके संगीत, नाटक आदि के कार्यक्रम लोग बड़ी संख्या में सुनते हैं। आकाशवाणी विज्ञापन भी प्रसारित करता है, इसलिए अपना सन्देश लोगों तक पहुँचाने के लिए रेडियो-विज्ञापन का उपयोग भी बहुत कारगर हो सकता है। अब ऐसे कई प्रतिष्ठान बन गए हैं जो रेडियो विज्ञापन तैयार करते हैं। इनके माध्यम से रेडियो-विज्ञापन तैयार कर उन्हें आकाशवाणी से प्रसारित कराना अपना सन्देश लोगों तक पहुँचाने का प्रभावी उपाय हो सकता है।

दूरदर्शन

दूरदर्शन की पहुँच यद्यपि अभी सीमित है, लेकिन यह अत्यन्त सम्भावना सम्पन्न जनसम्पर्क का माध्यम है। ठीक रेडियो की तरह दूरदर्शन का भी उपयोग अपना सन्देश लोगों तक पहुँचाने के लिए किया जा सकता है। चूँकि यह दृश्य-श्रव्य माध्यम है, इसके ज़रिये संगठन की गतिविधियाँ लोगों को दिखाई और समझाई जा सकती हैं। यहाँ भी जनसम्पर्ककर्मी को इस बात की बुनियादी जानकारी होनी चाहिए कि दूरदर्शन के लिए फिल्में कैसे बनती है, उन्हें कौन बनाता है, उनके प्रदर्शन की क्या व्यवस्था होती है और उस पर क्या खर्च आता है।

इसी का एक और विस्तार विडियो पार्लरों के ज़रिये अपना सन्देश प्रसारित करना है। विडियो पार्लरों में दिखाई जानेवाली फिल्म का कथ्य और प्रस्तुति कैसी हो इसके बारे में भी जनसम्पर्ककर्मी को बुनियादी जानकारी होनी चाहिए। उसे यह भी मालूम होना चाहिए कि उसके क्षेत्र में ऐसी फिल्मों के प्रदर्शन की क्या व्यवस्था है और उस पर कितनी लागत आती है। अब बहुत से गाँवों में विडियो पार्लर खुल गए हैं, इसलिए ग्रामीण जनता तक अपना सन्देश पहुँचाने के लिए इसका उपयोग लाभदायक हो सकता है।

सिनेमा

सिनेमा भी बड़ा प्रभावी दृश्य-श्रव्य माध्यम है, लेकिन इसकी पहुँच मुख्यतः शहरों तक सीमित है। जहाँ शहरी जनता तक कोई सन्देश पहुँचाना हो वहाँ इस माध्यम का उपयोग किया जा कसता है।

पारम्परिक माध्यम

लोकनाट्य, लोकसंगीत, प्रहसन आदि पारम्परिक माध्यम आज भी हमारे देश में खासतौर पर गाँवों में लोकप्रिय हैं। ये माध्यम जनता से बहुत निकट से जुड़े हुए हैं और लोगों

को गहराई तक प्रभावित करते हैं। लोक-कलाकारों के साथ मिल-बैठकर यदि सन्देश को उपयुक्त लोकरूप में ढाला जा सके और इन माध्यमों द्वारा प्रसारित किया जा सके, तो उसे लोगों के मन में बैठाया जा सकता है और उनका स्वयं स्फूर्त सहयोग प्राप्त किया जा सकता है।

विज्ञापन

विज्ञापन मूलतः समाचार है। अन्तर केवल यह है कि जो सामग्री विज्ञापन के रूप में प्रकाशित होती है उसके लिए हमें समाचार पत्र को भुगतान करना होता है। जनसम्पर्ककर्मी को मुख्यतः दो प्रकार के विज्ञापन जारी करने पड़ते हैं :

(1) वर्गीकृत विज्ञापन

(2) प्रदर्शन विज्ञापन

वर्गीकृत विज्ञापन केवल संगठन की विशिष्ट आवश्यकताओं की पूर्ति के लिए जारी किए जाते हैं, जैसे संगठन में नियुक्तियाँ, निर्माण की निविदाएँ, सामान की खरीद आदि के लिए। ऐसे विज्ञापनों में भी बहुत संक्षेप में सन्देश देने की गुंजाइश होती है। विज्ञापन का मानक रूप तैयार कर संगठन की पहचान बनाई जा सकती है और उसमें आधारवाक्य द्वारा सन्देश दिया जा सकता है।

प्रदर्शन विज्ञापन केवल सन्देश देने के लिए प्रकाशित किए जाते हैं। इनमें प्रयास यह होता है कि पाठक संगठन के बारे में जाने और उसके मन में संगठन और उसके कार्यक्रमों के प्रति अनुकूल मनोभाव पैदा हो, इसलिए यह ज़रूरी है कि प्रदर्शन विज्ञापनों का रूपांकन कल्पनाशील और सोद्देश्य हो और उसमें इस तरह बात कही जाए कि वह तुरन्त लोगों का ध्यान आकृष्ट करे और उनमें अनुकूल मनोभाव जगाए। ऐसे विज्ञापनों का रूपांकन कलाकार करते हैं, लेकिन यहाँ भी विज्ञापन के कथ्य का निरूपण जनसम्पर्ककर्मी को करना होता है।

विज्ञापन खर्चीला माध्यम है, इसलिए जनसम्पर्ककर्मी को इस ओर सचेत रहना चाहिए कि किस प्रकार कम-से-कम खर्च में अधिक से अधिक प्रसार सम्भव हो। विज्ञापनों का एक अदृश्य पहलू यह होता है कि जितने स्थान के लिए भुगतान किया जाता है उसके अनुपात में कुछ प्रतिशत स्थान समाचार पत्र निःशुल्क उपलब्ध कराते हैं। ऐसे स्थान का उपयोग उपयुक्त सम्पादकीय लेख अथवा प्रायोजित लेख के प्रकाशन के लिए किया जा सकता है। जनसम्पर्ककर्मी का यह प्रयास होना चाहिए कि इस प्रकार मिलने वाले स्थान का सर्वश्रेष्ठ उपयोग हो।

7

आन्तरिक जनसम्पर्क

जनसम्पर्क का एक महत्त्वपूर्ण पहलू संगठन के भीतर जनसम्पर्क है। जनसम्पर्ककर्मी को अपने संगठन से परिचित तो होना ही चाहिए, संगठन के कार्यकर्ताओं से उसका इतना घनिष्ठ सम्बन्ध होना चाहिए कि उसे पूरे संगठन की जानकारी लगातार मिलती रहे। लेकिन, यहाँ अभिप्राय दूसरा है। जनसम्पर्ककर्मी का पहला उद्देश्य संगठन की छवि बढ़ाना और बनाए रखना तो है ही, यह भी उसका कर्तव्य है कि संगठन के कर्मियों में सद्भावना और मनोबल बढ़ाने में वह सहायक हो।

जनता के बीच काम करनेवाला कोई भी संगठन लगातार जनता की निगाहों में होता है और उसकी गतिविधियों के बारे में जनता में प्रतिक्रिया भी होती है। उदाहरण के लिए, यदि किसी गतिविधि या कार्यक्रम को लेकर जनता में विपरीत मनोभाव बनता है, तो उससे संगठन को हानि होती है और संगठन के कर्मियों का मनोबल टूटता है। ऐसी स्थिति में यदि समय रहते जनता की धारणा को अनुकूल बनाने के प्रयास नहीं किए गए तो संगठन की छवि बिगड़ती है।

मान लीजिए कि संगठन के विरुद्ध ऐसे समाचार छपते हैं जो उसकी गतिविधियों के बारे में विपरीत टीका-टिप्पणी करते हैं, तो जनसम्पर्ककर्मी को संगठन के प्रबन्ध के लिए उत्तरदायी लोगों को उससे अवगत कराना चाहिए, ताकि आलोचना के कारण पहचाने जा सकें और उन्हें दूर करने के लिए संगठन में आवश्यक सुधार किए जा सकें। इस प्रक्रिया में सुधार के जो उपाय किए जाते हैं, उनकी जानकारी समाचारपत्रों, समाचार अभिकरणों आदि को दी जानी चाहिए ताकि लोग जान सकें कि संगठन की जिन कमियों-खामियों को लेकर आलोचना हुई है, उसे दूर करने के लिए संगठन ने समुचित उपाय किए हैं। इस तरह लोगों का मनोभाव फिर से अनुकूल बनेगा। दूसरी ओर संगठन उन कमियों-खामियों को दूर कर सकेगा, जिसके कारण लोगों में उसके प्रति विपरीत मनोभाव बना था।

जब किसी संगठन की आलोचना होती है, तो स्वाभाविक ही उसमें काम कर रहे लोगों का मनोबल टूटता है और उनमें अपने कार्य के प्रति उदासीनता का मनोभाव

जगता है। इसे दूर करने के लिए संगठन के सभी कर्मियों से खुली चर्चा कर उन कारणों की विवेचना की जा सकती है जिनसे प्रतिकूलता पैदा हुई और उनसे विचार-विमर्श कर उसे दूर करने के उपाय खोजे जा सकते हैं। इस तरह जहाँ संगठन के कर्मियों की सहभागिता बढ़ती है, वहाँ उन्हें अपनी बात कहने का प्रोत्साहन भी मिलता है। इस प्रक्रिया में जनसम्पर्ककर्मी की महत्त्वपूर्ण भूमिका हो सकती है।

किसी भी संगठन में सभी कर्मचारी एक जैसे नहीं होते। कुछ उत्साही, कल्पनाशील और कर्मठ होते हैं, जबकि कुछ कर्मचारी अपना सर्वश्रेष्ठ योगदान नहीं दे पाते हैं और उनकी क्षमता का पूरा लाभ संगठन को नहीं मिल पाता। संगठन को सभी कर्मचारियों का पूरा सहयोग मिले इसलिए यह जरूरी है कि दोनों ही प्रकार के कर्मचारियों को प्रोत्साहित और प्रेरित किया जाए। जो अच्छा काम करते हैं, उन्हें प्रशंसित और पुरस्कृत किया जाना चाहिए ताकि दूसरे कर्मचारियों के सामने वे उदाहरण बने रहें। जो कर्मचारी पिछड़े हुए और उदासीन हैं, उनकी निन्दा नहीं की जानी चाहिए, क्योंकि निन्दा से कर्मठता नहीं उपज सकती। ऐसे कर्मचारियों को विशेष रूप से प्रेरित और प्रोत्साहित किया जाना चाहिए और इस बात की भी खोज की जानी चाहिए कि ऐसे कौन से निजी या संगठनात्मक कारण हैं, जिनकी वजह से वे अपना सर्वश्रेष्ठ योगदान नहीं कर पाते।

हो सकता है कि किसी कर्मचारी की पारिवारिक कठिनाइयाँ हों या किसी कर्मचारी को ऐसा काम सौंपा गया हो, जिसे वह सक्षमतापूर्वक करने में असमर्थ हो अथवा जिसमें उसकी रुचि नहीं हो। संगठन के कर्मियों से आत्मीय चर्चा कर जनसम्पर्ककर्मी द्वारा ऐसे कारणों का पता लगाया जा सकता है और प्रबन्धकों द्वारा उन पर विचार कर संगठन के हित में आवश्यक सुधार किए जा सकते हैं। यह सही है कि जनसम्पर्ककर्मी खुद ऐसे सुधार करने का न तो निर्णय ले सकता है और न ही उन्हें कार्यान्वित कर सकता है, लेकिन वह असन्तोष की सही-सही पहचान कर प्रबन्धकों द्वारा समुचित उपाय अपनाने में निश्चय ही सहायक हो सकता है।

आज की प्रतिस्पर्धात्मक सामाजिक और आर्थिक व्यवस्था में अपने संगठन के समतुल्य दूसरे संगठन की सफलता और उपलब्धि की जानकारी भी कर्मचारियों के लिए प्रेरणादायी हो सकती है। आवश्यकता इस बात की है कि जनसम्पर्ककर्मी ऐसी सफलता और उपलब्धियों की पहचान करें और अपने संगठन को उनसे अवगत कराएँ।

आन्तरिक जनसम्पर्क के लिए बहुत से बड़े संगठन अपने निजी समाचारपत्र प्रकाशित करते हैं, जो उस संगठन के कर्मचारियों के बीच परिवहित होते हैं। ऐसी पत्र-पत्रिकाओं में संगठन की गतिविधियों की जानकारी तो दी ही जाती है, उससे जुड़े कर्मियों के मानवीय पहलुओं पर भी लिखा जाता है। उदाहरण के लिए, यदि कोई कर्मचारी किसी क्षेत्र में विशेष उपलब्धि प्राप्त करता है, तो पत्र में उसकी तस्वीर छापी जाती है और उसकी उपलब्धि का विशेष उल्लेख किया जाता है। इतना ही नहीं, यदि किसी कर्मचारी का बच्चा परीक्षा की प्रावीण्य सूची में स्थान पाता है या कोई और सफलता अर्जित करता है, तो ऐसी जानकारी को समाचारपत्र में स्थान दिया जाता है

और बच्चे की प्रशंसा की जाती है। कर्मचारी द्वारा दिए गए उपयोगी सुझाव रचनात्मक पहल आदि को पत्र में प्रमुखता से प्रकाशित किया जाता है। अंग्रेजी में ऐसी पत्र-पत्रिकाएँ 'हाउस जर्नल' कहलाती हैं।

इसके अलावा जनसम्पर्ककर्मी संगठन के कर्मचारियों के लिए ऐसी बैठकों का आयोजन कर सकता है, जिसमें प्रबन्ध के लिए उत्तरदायी अधिकारी और कर्मचारी मिल-बैठकर न केवल संगठन के बारे में वरन् मानवीय कठिनाइयों के बारे में भी चर्चा कर सकते हैं और समस्या के निराकरण के उपाय खोज सकते हैं।

संगठन का मनोबल बढ़ाने के लिए प्रचार के दूसरे उपाय भी अपनाए जाते हैं, जो संगठन के साधनों पर निर्भर हैं। बड़े संगठनों में जहाँ कर्मचारी दूर-दूर तक फैले होते हैं, विडियो फिल्मों के माध्यम से विभिन्न स्थानों पर चल रही गतिविधियों से पूरे संगठन के कर्मचारियों को परिचित कराया जा सकता है। मुद्रित सामग्री जैसे पोस्टर, फोल्डर, पुस्तिकाएँ आदि भी संगठन के उद्देश्य और उपलब्धियों से कर्मचारियों को परिचित कराती हैं और उनकी भूमिका को स्पष्ट करती हैं।

आन्तरिक जनसम्पर्क के इस पहलू के महत्त्व को हमारे देश में पिछले कुछ वर्षों से समझा जाने लगा है और कई संगठन इस दिशा में सक्रिय भी हैं।

हमारे देश में नीति-निर्धारण और कार्यक्रम की रूपरेखा बनाने के स्तर पर जनसम्पर्ककर्मी की भूमिका को अभी भी समुचित महत्त्व नहीं दिया जाता। विकसित देशों में पिछले कुछ वर्षों से जनसम्पर्ककर्मी की सलाह देने की भूमिका को स्वीकारा गया है और उसके बहुत अच्छे परिणाम सामने आए हैं। किसी संगठन के बारे में जनता की क्या आम राय है इसकी नब्ज़ सफल जनसम्पर्ककर्मी अच्छी तरह पहचानता है। नीतियों और कार्यक्रमों के निर्धारण में ऐसे जनसम्पर्ककर्मी की राय को महत्त्व दिया जाएगा। जरूरी यह है कि वह संगठन के प्रबन्धकों को आश्वस्त कर सके कि वह जनता की प्रतिक्रिया का सही-सही पूर्वानुमान प्रस्तुत कर सकता है। एक बार प्रबन्धकों को इस बात का भरोसा हो जाने पर निश्चय ही सलाहकार के रूप में जनसम्पर्ककर्मी की भूमिका उचित स्थान पा सकेगी।

8

संकटकालीन जनसम्पर्क

संगठन चाहे कितना भी अच्छा और सक्षम हो, कभी न कभी उसे संकट का सामना करना ही पड़ता है। ऐसे समय संकट के निवारण में जनसम्पर्ककर्मी की महत्त्वपूर्ण भूमिका होती है। आग लगने पर कुआँ खोदने जैसे प्रयास से संकट पर कभी भी काबू नहीं पाया जा सकता। संकट का तभी कारगर समाधान हो सकता है, जब उसके लिए पहले से तैयारी कर ली गई हो। उदाहरण के लिए, यदि आग बुझाने की मशीन खरीद भी ली गई हो, तो उसकी लगातार जाँच होती रहनी चाहिए, ताकि यह सुनिश्चित हो कि यदि कभी अग्नि-दुर्घटना हो तो वह सचमुच काम कर सके। ठीक यही बात जनसम्पर्क के क्षेत्र में भी लागू होती है।

यदि किसी शहर में दंगा हो जाए और लोग हताहत हों, तो जनसम्पर्ककर्मी को उसकी सही-सही और पूरी-पूरी जानकारी संवाददाताओं को देनी चाहिए। इस तरह दी गई जानकारी पर संवाददाता तभी भरोसा करेंगे जब वे जनसम्पर्ककर्मी और उसके संगठन की विश्वसनीयता के बारे में आश्वस्त हों और उन्हें यह लगे कि उनसे कुछ छुपाया नहीं जा रहा है। इस तरह के सम्बन्ध एक ही दिन में नहीं बनते और न मौका आने पर बन सकते हैं। विश्वसनीयता लम्बे और प्रभावी जनसम्पर्क द्वारा ही अर्जित की जा सकती है और संकट के समय बहुत काम आती है। यदि जनसम्पर्ककर्मी विश्वसनीय हो, तो वह लोक-हित में ऐसे समाचार का प्रकाशन भी रोक सकता है जिससे अहित होने की सम्भावना हो। लेकिन, जानकारी छुपाकर कभी भी ऐसा नहीं किया जा सकता। पूरी-पूरी जानकारी देने के बाद लोक-हित का ध्यान रखने का अनुरोध कहीं अधिक कारगर होता है।

कभी-कभार जब सवारी रेलगाड़ी या हवाई जहाज दुर्घटनाग्रस्त होता है तब स्वाभाविक ही लोग सबसे पहले यह जानना चाहते हैं कि दुर्घटना में कितने लोग हताहत हुए। इसके बाद वे जानना चाहते हैं कि दुर्घटना का कारण क्या था। वे यह भी जानना चाहते हैं कि दुर्घटना के लिए कौन उत्तरदायी था और उसके खिलाफ क्या कार्रवाई की जा रही है। लोग यह भी जानना चाहते हैं कि भविष्य में ऐसी दुर्घटना न हो इसके लिए

कौन से कारगर उपाय किए जा रहे हैं। यह हमेशा सम्भव नहीं होता कि इन सारी बातों की जानकारी तुरन्त दी जा सके, लेकिन महत्त्व के इस क्रम का ध्यान रखते हुए जितनी भी जानकारी दी जा सकती है जल्दी से जल्दी दी जानी चाहिए। उसके बाद तब तक पूरक जानकारी दी जानी चाहिए जब तक ऊपर बताई गई सभी बातों के बारे में लोगों का समाधान न हो जाए।

दुर्घटनाओं के बारे में कई बार अतिरंजित खबरें इसलिए छपती हैं कि संवाददाताओं को दुर्घटना-स्थल पर जाने से रोका जाता है। इस तरह विवश होने पर वे सुनी-सुनाई बातों के आधार पर समाचार देते हैं। यह क़िसी के हित में नहीं होता। दूर खड़ा दर्शक मरे हुए आदमी और गम्भीर रूप से घायल और बेहोश आदमी के बीच फर्क नहीं कर सकता। कई बार इसी कारण मृतकों की संख्या बढ़ा-चढ़ाकर बताई गई है और अपनी बात सिद्ध करने के लिए लोग तरह-तरह की बातें गढ़ते हैं। भोपाल में जब यूनियन कार्बाइड कारखाने से जहरीली गैस रिसी थी, तब यहाँ तक कह दिया गया कि लाशें रातोंरात नर्मदा में बहा दी गईं। सही और पूरी-पूरी जानकारी देकर और संवाददाताओं को दुर्घटना-स्थल का अवलोकन करा ऐसी अफवाहों को प्रभावी ढंग से रोका जा सकता है।

कई बार संकट का स्वरूप राष्ट्र-व्यापी होता है और पूरे देश का जन-मानस उससे आन्दोलित होता है। केवल युद्ध का संकट नहीं, आजकल तो आर्थिक संकट भी पूरे देश को हिला देता है। ऐसे संकट से निबटने के लिए देश-व्यापी पैमाने पर जनसम्पर्क की आवश्यकता होती है, ताकि लोगों को न केवल संकट से अवगत कराया जा सके, वरन् उसके समाधान में उनका स्वयं-स्फूर्त सहयोग भी मिले। पिछले दिनों जब मिट्टी के तेल, डीजल और पेट्रोल के दाम बेतहाशा बढ़े तब स्वाभाविक ही इस मूल्य-वृद्धि का देश-व्यापी विरोध हुआ। सोच-समझकर की गई इस मूल्य-वृद्ध का एक उद्देश्य पेट्रोलियम पदार्थों की खपत में कमी करना था। यह लक्ष्य तभी प्राप्त किया जा सकता है, जब लोगों को संकट के सही-सही कारण बताए जाएँ और उन विवशताओं से भी अवगत कराया जाए जिनके चलते सरकार को ऐसा निर्णय लेने के लिए बाध्य होना पड़ा। यदि ये सारी बातें प्रभावी ढंग से जनता के सामने रखी जाएँ तो पेट्रोलियम पदार्थों की खपत कम करने में उसका स्वयंस्फूर्त सहयोग मिल सकता है।

अपने दैनन्दिन जीवन में हम ग़लत काम करने के लिए सहज ही माफी माँग लेते हैं, लेकिन जब यही बात किसी संगठन में होती है, तब अक्सर माफी माँगने में कोताही की जाती है और दूसरों पर दोषारोपण का प्रयास किया जाता है। जनसम्पर्ककर्मी को यह साफतौर पर समझ लेना चाहिए कि जो बात व्यक्तिगत जीवन में लागू होती है, वही संगठन पर भी लागू होती है। अपनी ग़लती मानकर क्षमा पाना कहीं अधिक श्रेयष्कर है बजाय इसके कि दूसरों पर दोषारोपण कर अपने को निर्दोष सिद्ध करने का प्रयास किया जाए। ऐसी बात किसी के गले नहीं उतरती। जब संगठन से चूक होती है, तो उसका प्रभाव कहीं अधिक व्यापक होता है और जनसम्पर्ककर्मी की भूमिका अत्यन्त

महत्त्वपूर्ण हो जाती है। संगठन के कर्णधारों को पहले तो यह बताना ही कठिन होता है कि उनसे भूल हुई है और फिर उसे स्वीकार करने के लिए उन्हें मनाना और भी कठिन होता है। इसके बावजूद जनसम्पर्ककर्मी को अपनी पूरी सामर्थ्य से ऐसा करना चाहिए और साथ ही प्रबन्धकों को यह बताने के लिए भी राज़ी करना चाहिए कि भूल के निराकरण के लिए क्या उपाय किए जा रहे हैं। एक बार यदि ग़लती स्वीकार कर ली जाए और उसे भविष्य में न दोहराने की प्रतिश्रुति दी जाए तो उसका लोगों पर अनुकूल प्रभाव पड़ता है और भारी भूल भी क्षम्य बनती है।

कई बार बहुत बड़े-बड़े काम हाथ में लिये जाते हैं, जिन्हें पूरा करने की समय-सीमा, लागत आदि की घोषणा की जाती है। ऐसा कई बार होता है कि निर्धारित समय-सीमा और लागत में काम पूरे नहीं होते। यहाँ भी संगठन सही जानकारी देने से गुरेज़ करते हैं और अपनी जवाबदेही से बचने का प्रयास करते हैं। ऐसा प्रयास हमेशा निष्फल होता है। जनसम्पर्ककर्मी को अपने संगठन के प्रबन्धकों को यह साफ-साफ समझाना चाहिए कि यह कहीं अधिक अच्छा होगा कि वे स्पष्ट बताएँ कि समय पर काम पूरा न होने के वास्तविक कारण क्या हैं और विलम्ब क्यों अनिवार्य हुआ है। इसकी पूरी-पूरी जानकारी दिए बिना वे कभी भी लोगों में सही समझ विकसित नहीं कर सकते और न ही अपना औचित्य सिद्ध कर सकते हैं। ऐसे एकाधिक कारण होते हैं जिनकी न पहले से कल्पना की जा सकती है और न जिन पर प्रबन्धकों का वश होता है। कई बार समय-सीमा बाँधते और लागत तय करते समय इसका पूर्वानुमान नहीं लगाया जा सकता कि प्रस्तावित काम को पूरा करने में कैसी अप्रत्याशित बाधाएँ आ सकती हैं। यदि लोगों को ऐसा लगे कि उन्हें सब कुछ साफ-साफ बताया जा रहा है, तो ऐसा नहीं है कि वे उन्हें क्षमा नहीं करेंगे, लेकिन धूर्तता को कभी भी क्षमा नहीं किया जाता।

एक बार संकट टल जाने पर उससे उबरने के लिए किए गए प्रयासों की जानकारी देते रहना भी उतना ही महत्त्वपूर्ण है। ऐसा नहीं होना चाहिए कि संकट टलने के बाद उसे भुला दिया जाए, क्योंकि संकट हमेशा अप्रत्याशित आता है। जनसम्पर्ककर्मी को अपने संगठन का इतना विश्वासभाजन बनना चाहिए कि उससे कोई बात छुपाई न जाए और न उससे कोई दुराव हो। ऐसा जनसम्पर्ककर्मी संकट के समय अपने संगठन की सचमुच उपयोगी सेवा कर सकेगा और अपने संगठन के लिए जनता की सहानुभूति अर्जित कर सकेगा।

राज्य सरकार और जनसम्पर्क

रघुनाथ प्रसाद तिवारी

1

जनसम्पर्क

जनमत निर्माण के सुविचारित प्रयास के संगठित रूप में जनसम्पर्क ने गत सत्तर वर्षों में एक लम्बी विकास यात्रा तय की है। जनसम्पर्क ने प्रचार और लोगों को पटाने की सन्दिग्ध कला से विकसित होकर एक विधा, कौशल और व्यवसाय...वह भी आकर्षक चकाचौंधपूर्ण व्यवसाय के रूप में प्रतिष्ठा अर्जित की है। इस विकास यात्रा के दौरान उसे अनेक तरह से परिभाषित किया गया और सभी सम्बन्धित पक्षों द्वारा अपनी दृष्टि से उसकी व्याख्या की गई है।

जनसम्पर्क एक बहुआयामी, बहुस्तरीय, बहुकेन्द्रीय, बहुमुखी और बहुपक्षीय विधा होने के कारण यह स्थिति स्वाभाविक ही है। वर्तमान स्थिति में इसकी व्यापकतम परिभाषा इस प्रकार की जा सकती है, "किसी व्यक्ति, संस्था या कार्यक्रम के सम्बन्ध में सुविचारित ढंग से नीति निर्धारित कर, उसके पक्ष में जनमत को सूचित, शिक्षित और प्रेरित कर, स्वीकृति और सहयोग प्राप्त करने का योजनाबद्ध प्रयास ही जनसम्पर्क है।"

आधुनिक प्रजातान्त्रिक समाज व्यवस्था में जनमत का महत्त्व निर्विवाद रूप से सर्वोपरि है। हमारे संविधान निर्माताओं ने भी प्रजातान्त्रिक शासन व्यवस्था को ही अंगीकार किया है और इसी व्यवस्था के अन्तर्गत केन्द्र व राज्यों में शासन संचालित हो रहा है। राज्य सरकार के लिए जनसम्पर्क विषय पर विचार करते समय यह तथ्य स्पष्ट रूप से उभरकर सामने आता है कि जनसम्पर्क की उपरोक्त परिभाषा में व्यक्त किए गए तीनों घटक-तत्त्वों—व्यक्ति, संस्था और कार्यक्रम—का राज्य सरकार के लिए जनसम्पर्क में समावेश है। इन तीनों तत्त्वों को दिए जानेवाले महत्त्व और उनके निरन्तर बदलते हुए समीकरणों के अनुरूप ही राज्य सरकार के जनसम्पर्क कार्य के चरित्र व स्वरूप का भी निर्धारण होता है। राज्य सरकार में ये तीनों तत्त्व अविभाज्य रूप से एक दूसरे में गुँथे हुए हैं। किन्तु समय-समय पर इन तत्त्वों को प्राप्त होनेवाले महत्त्व, प्रश्रय और वरीयता के आधार पर व्यावहारिक स्तर पर जनसम्पर्क कार्य में भी मात्रात्मक और गुणात्मक परिवर्तन आता है। इस सबके बावजूद लक्ष्य वही रहता है—सरकार के पक्ष में ऐसी छवि का निर्माण जिसे जनमत का, बहुसंख्यक जनता का समर्थन प्राप्त हो।

चार चरण

जनसम्पर्क की सम्पूर्ण प्रक्रिया को व्यावहारिक स्तर पर चार चरणों में विभाजित किया जा सकता है :–

(1) लक्ष्य, नीति या समस्या का सुस्पष्ट निर्धारण,
(2) इसे जनता तक पहुँचाने के लिए सन्देश, घोषणा की रचना,
(3) इस सन्देश का विविध माध्यमों से प्रचार और सर्वाधिक उपयुक्त माध्यमों का चयन, और
(4) इस सम्पूर्ण प्रयास का अनवरत मूल्यांकन, जन-प्रतिक्रियाओं से नीति निर्धारकों को अवगत कराना और नीति व अभियान में आवश्यक संशोधन।

जहाँ तक राज्य सरकारों का सम्बन्ध है नीति निर्धारण का कार्य मुख्यमन्त्री के नेतृत्व में मन्त्रिमंडल द्वारा शासनारूढ़ दल की रीति-नीतियों के अनुसार किया ज़ाता है। सामान्यतः संविधान के निर्देशक नीति सिद्धान्तों और राज्य सरकारों के दायित्व के कार्यों के अनुरूप ही राज्य सरकारों की नीतियाँ और कार्यक्रम तैयार किए जाते हैं। शासनारूढ़ दल के चुनाव घोषणा-पत्र तथा चुनाव अभियान के दौरान किए गए वायदों के अनुसार सरकार की नई नीतियों का निर्धारण और चालू नीतियों में परिवर्तन-परिवर्धन किया जाता है। चुनाव घोषणा-पत्र और वायदों के अनुरूप चालू नीतियों, योजनाओं और कार्यक्रमों को कम या अधिक महत्त्व दिया जाता है। चुनावी घोषणा-पत्र और वायदों को पूरा करने के कारगर प्रयास नहीं करने या किए गए कारगर प्रयासों की पूरी जानकारी मतदाताओं को प्राप्त नहीं होने की स्थिति में सरकार और शासनारूढ़ दल को आलोचना का शिकार होना पड़ता है। यह स्थिति अधिक समय तक बनी रहने पर जनमत प्रतिकूल बन जाने का खतरा पैदा होता है। इसका परिणाम होता है—जन-आन्दोलन, असहयोग, हड़ताल और अशान्ति। लगातार यही स्थिति रहने पर जनमत की प्रतिकूलता गहरी जड़ जमा लेती है जिसके कारण चुनाव परिणाम प्रभावित होते हैं।

जनमत के प्रति दृष्टिकोण

प्रजातान्त्रिक शासन और समाज व्यवस्था के अन्तर्गत जनमत की शक्ति सर्वोपरि होते हुए भी वर्तमान समय में अपने देश में नीति निर्धारकों की धारणा जनमत के सम्बन्ध में एक-सी नहीं है। भौगोलिक स्थितियों और ऐतिहासिक कारणों से हमारे समाज में सांस्कृतिक, आर्थिक, शैक्षणिक पृष्ठभूमि और जन जागरण व चेतना के विकास के अनगिनत और विरोधाभासी स्तर हैं। बैलगाड़ी से लेकर अणुयुग और उदात्त दार्शनिक ऊँचाइयों से लेकर बिल्ली द्वारा रास्ता काटने के अन्धविश्वास, एक साथ विद्यमान हैं। ऐसी स्थिति में अन्य बातों के समान ही जनमत के महत्त्व के प्रति भी अलग-अलग दृष्टिकोण हैं।

नीति निर्धारक नेतृत्व के एक वर्ग की धारणा है कि, 'जनमत की बात निरर्थक है।' 'कुर्सी मिल गई है, अपना काम बना लो' (जनता जाए भाड़ में) 'सरकारी काम तो ऐसे ही चलता है।'

इस तरह की धारणा रखनेवाले व्यक्ति पूर्णतः आत्मकेन्द्रित, स्वार्थ भावना से प्रेरित और सामाजिक दायित्व बोध से रहित होते हैं। समाज सेवा का मुखौटा लगाकर, जोड़-तोड़कर, किसी प्रकार महत्त्वपूर्ण पदों को हथिया लेते हैं। लेकिन इनका एकमात्र उद्‌देश्य स्वार्थ साधन ही होता है। जनहित, न्याय, निष्पक्षता आदि के सिद्धान्तों का इनके लिए महत्त्व केवल दिखावटी होता है। इस तरह के स्वार्थी और केवल तात्कालिक लाभ की बात सोचनेवाले, अदूरदर्शी व्यक्ति जीवन के सभी क्षेत्रों में और सभी स्तरों पर पाए जाते हैं। इसी प्रकार के व्यक्तियों के महत्त्वपूर्ण पदों पर पहुँच जाने के कारण ही बार-बार नियमों और स्थापित परम्पराओं का उल्लघंन होता है और पक्षपात, भाई-भतीजावाद और हर तरह के भ्रष्टाचार को बढ़ावा मिलता है। फिर जब वे किसी महत्त्वपूर्ण पद या संस्था में पहुँच जाते हैं तो वहाँ उनके निहित स्वार्थ बन जाते हैं और फिर उन स्थानों पर जमे रहने के लिए वे हर तरह की जोड़-तोड़ करते हैं।

स्वाभाविक रूप से ही ऐसे तत्त्व अपनी गतिविधियों को गोपनीय रखना चाहते हैं। अपनी संस्था, विभाग या पद से सम्बन्धित कार्यों की जानकारी भी जनता तक नहीं पहुँचने देना चाहते हैं। इसमें उनकी कोई रुचि नहीं होती। जनता के अज्ञान में ही उनकी सुरक्षा है। खुलापन उन्हें रास नहीं आता। इसीलिए वे प्रचार या जनसम्पर्क के अनिच्छुक ही नहीं विरोधी होते हैं। जनसम्पर्क या जनता को जानकारी देने के काम को, अनावश्यक और निरर्थक व्यय बताकर उसका विरोध करते हैं। ऐसे व्यक्ति जहाँ पदासीन हों, उन उपक्रमों, संस्थाओं, विभागों, कार्यालयों के लिए आन्तरिक और बाह्य जनसम्पर्क या प्रचार कार्य करना अत्यधिक दुष्कर कार्य हो जाता है। ऐसी स्थिति में जनसम्पर्क कार्यकर्ता को अत्यधिक तनाव और टकराहट की स्थितियों से गुजरना पड़ता है। टकराहट से परिस्थितियों में कोई विशेष अन्तर नहीं आता है। टकराहट की स्थितियों से बचकर सामान्य जानकारी देने तक ही अपने दायित्वों को सीमित रखना पड़ता है। प्रजातान्त्रिक समाज में अनेक शक्तियाँ कार्यरत रहती हैं और उनके प्रभाव के कारण ऐसे जनविरोधी तत्त्वों को या तो अपनी नीति बदलनी पड़ती है या वे स्वयं बदल दिए जाते हैं।

नीति निर्धारक नेतृत्व का दूसरा वर्ग सोचता है कि 'प्रचार ही सब कुछ है।' 'सुनहरे सपने दिखानेवाली नई-नई नीतियों और कार्यक्रमों की खूब घोषणाएँ करते रहो और काम जो करना चाहो, वही करो। नीतियाँ तो घोषणा के लिए ही होती हैं। अमल में लाने के लिए नहीं होतीं। जनता की याददाश्त कमजोर होती है। थोड़े दिन में सब कुछ भूल जाती है।'

इस तरह कुछ लोगों को थोड़े समय के लिए बरगलाया भले ही जा सके लेकिन सभी को हमेशा के लिए भुलावे में नहीं रखा जा सकता और न ही बेवकूफ बनाया जा सकता। दूसरे प्रतिद्वन्द्वी राजनीतिक दल, खोजी पत्रकार, बुद्धिजीवी, समाज सेवक और

विभिन्न लोककल्याणकारी नीतियों के लिए समर्पित कार्यकर्ता भी समाज में रहते हैं। कथनी और करनी का यह अन्तर अधिक दिनों तक छिपा नहीं रहता। जीवन्त समाज इस स्थिति को अधिक समय तक बर्दाश्त भी नहीं करता। जनता में असन्तोष फैलता है और शीघ्र ही यह प्रतिकूल जनमत आन्दोलन का रूप ले लेता है। चुनाव के समय इसका परिणाम भुगतना पड़ता है। चुनाव में प्रतिकूल परिणाम आने के बाद फिर यह नेतृत्व कहता है कि, 'हमने नीतियाँ तो बहुत अच्छी बनाई थीं किन्तु प्रशासनतन्त्र ने उन्हें क्रियान्वित नहीं किया।' जैसे प्रशासनतन्त्र से नीतियाँ क्रियान्वित कराने का दायित्व उनका नहीं, किसी और का था।

नीति निर्धारक नेतृत्व के तीसरे वर्ग की धारणा होती है कि, 'नीतियों का अच्छे ढंग से क्रियान्वयन किया जाना चाहिए—उसका ढोल पीटने की जरूरत नहीं है।' 'गाँव की सड़क पर बिजली का खम्भा लगेगा और रोशनी होगी तो सबको दिखेगी—अलग से बताने की क्या उपयोगिता है ?' यानी 'नेकी कर और दरिया में डाल।'

दुनियादारी छोड़ चुके सन्त-महात्माओं का यह दृष्टिकोण हो सकता है। लेकिन जो चुनाव घोषणा-पत्रों के माध्यम से भविष्य निर्माण की आशा-आकांक्षाएँ जगाकर और अनेक प्रकार के वायदे कर बहुमत के आधार पर सत्तारूढ़ हुए हैं, उनके लिए अपने वायदे पूरे करने के साथ आम मतदाता को यह सूचित करना भी आवश्यक है कि उन्होंने अपने वायदे पूरे किए हैं। इस आधार पर पुनः सत्ता पाने और अधिक अच्छा काम करने की कामना है। उनके लिए यह धारणा लाभकारी नहीं है। 'न्याय किया जाना ही पर्याप्त नहीं है, न्याय किया जा रहा है यह दिखना एवं महसूस भी होना चाहिए।' रोशनी जहाँ हुई है, वहाँ तो दिखेगी ही, लेकिन और लोगों को भी मालूम होना चाहिए कि वहाँ रोशनी हो गई है तथा फिर बिजली की रोशनी के साथ केवल कार्यकारी घंटे ही नहीं बढ़े हैं, उसके साथ चौपाल भी सजी है, रेडियो, दूरदर्शन भी आया है, कुएँ पर पम्प लगा, पीने और खेती के लिए पानी भी मिला, उद्योग भी शुरू हुए। क्या कहा था, क्या किया और आगे क्या हो सकता है—विकास की पूरी प्रक्रिया इस प्रकार चालू हो जाती है।

सभी राजनीतिक दल सत्ता प्राप्त कर सरकार चलाने के लिए हर सम्भव प्रयास करते हैं। आम चुनावों में अनेक बार ऐसी स्थितियाँ निर्मित हुई हैं कि अच्छे काम के बावजूद सत्तारूढ़ दल अच्छे काम को मतदान में बदलने में असफल रहा है। चुनाव परिणामों के बाद उन्हें यही कहते पाया गया है कि—'सरकार ने काम तो बहुत किया था, किन्तु उसका प्रचार नहीं हो पाया।'

नीति निर्धारक नेतृत्व के चौथे वर्ग की धारणा रहती है कि 'कार्य की उत्तमता के साथ, उत्तम प्रचार भी आवश्यक है।' यह आदर्श स्थिति है। प्रजातान्त्रिक शासन व्यवस्था के अन्तर्गत मतदाताओं का बहुमत प्राप्त करनेवाला राजनीतिक दल सरकार का गठन करता है। चुनाव घोषणा-पत्र में विभिन्न विषयों के सम्बन्ध में नीतियों और कार्यक्रमों की घोषणा की जाती है। चुनाव अभियान के दौरान भी अनेक मुद्दों पर दल की स्थिति स्पष्ट रूप से रेखांकित की जाती है। जन आकांक्षाओं और अपेक्षाओं की पूर्ति के लिए

अनेक तरह के वायदे किए जाते हैं और कार्यवाही के आश्वासन दिए जाते हैं।

विभिन्न दलों द्वारा सामान्य दिनों में किए गए रचनात्मक कार्यों से अर्जित प्रतिष्ठा, चुनाव घोषणा-पत्र की नीतियाँ और कार्यक्रम, चुनाव अभियान के दौरान किए गए वायदों और प्रचार अभियान के अन्तर्गत किए गए सघन प्रचार और जनसम्पर्क के द्वारा जनमत को प्रभावित कर बहुमत प्राप्त किया जाता है। चुनाव परिणामों के रूप में मतदाता द्वारा प्रदत्त बहुमत का अर्थ विजयी दल के घोषणा-पत्र को स्वीकृति या जनादेश माना जाता है।

सत्तारूढ़ दल से यह स्वाभाविक अपेक्षा रहती है कि वह अपने चुनाव घोषणा-पत्र में सम्मिलित नीतियों और कार्यक्रमों को क्रियान्वित करेगा और वायदों को निभाएगा। प्रत्येक दूरदर्शी राजनीतिक दल जो सत्तारूढ़ होने पर अच्छे और सक्षम प्रशासन के द्वारा दुबारा शासनारूढ़ होने का इच्छुक रहता है, वह अपनी नीतियों को दृढ़ता के साथ क्रियान्वित करता है। जब क्रियान्वित करता है तो उस प्रयास को प्रचारित भी करता है। योजनाओं के क्रियान्वयन की सूचना देना आवश्यक है किन्तु केवल सूचना देना पर्याप्त नहीं है। इस सूचना को संचार के विभिन्न माध्यमों के द्वारा जन-जन तक पहुँचाने के साथ ही उन्हें इतना अभिप्रेरित करना चाहता है कि जनमत उसके पक्ष में बना रहे। अनुकूल जनमत रहने पर योजनाओं के क्रियान्वयन में सक्रिय जन सहयोग आसानी से उपलब्ध हो जाता है।

उत्तम कार्य के साथ उत्तम जनसम्पर्क और प्रचार सरकार की उत्तम छवि और लोकप्रियता के लिए अनिवार्य आवश्यकता है।

2

जनमत

मर्यादा पुरुषोत्तम भगवान राम द्वारा अपनी धर्मपत्नी सीता के परित्याग की घटना को जनमत के प्रति सम्मान और जनमत के महत्त्व के भारतीय इतिहास के श्रेष्ठतम उदाहरण के रूप में प्रस्तुत किया जाता है। प्रतिकूल जनमत के दबाव के कारण अमेरिकी राष्ट्रपति रिचर्ड निक्सन द्वारा पदत्याग और दो वर्ष की अल्पावधि में पूर्वी योरोप के पोलैंड, पूर्वी जर्मनी, हंगरी आदि साम्यवादी देशों में बिना हिंसा या चुनाव के सत्ता परिवर्तन और सोवियत रूस में तख्ता पलटने के प्रयासों की विफलता की घटनाएँ, जनमत के महत्त्व को, जनमत की शक्ति को रेखांकित करनेवाली आधुनिक इतिहास की उल्लेखनीय घटनाएँ हैं।

"जनता की इच्छा और जनभावना का ध्यान रखा जाना चाहिए"—यह सिद्धान्त रूप में सभी प्रकार की शासन प्रणालियों में स्वीकार किया जाता रहा है तथा कथित ईश्वरीय शक्ति से अलंकृत वंशानुगत राजशाही से लेकर सामन्तशाही और यहाँ तक कि तानाशाही शासन-व्यवस्था तक में इसे शासन के निर्देशक—आदर्श के रूप में स्वीकार किया जाता रहा है, लेकिन जनहित के नाम पर ही जनता की इच्छा, जनभावना और जनमत को सबसे अधिक कुचला गया है। आम जनता की भलाई और उसके हितों की रक्षा के नाम पर ही तानाशाही की स्थापना की जाती है और फिर जनता को ही सर्वाधिक और सर्वांगीण शोषण, उत्पीड़न और अत्याचार को भुगतना पड़ता है। इन शासन प्रणालियों के अन्तर्गत जनभावना और जनमत की अभिव्यक्ति के वैधानिक माध्यम उपलब्ध नहीं किए जाते हैं। इस प्रकार की, शासन के प्रतिकूल अभिव्यक्ति को विद्रोह का नाम देकर सख्ती से दबा दिया जाता है।

प्रजातान्त्रिक शासन व समाज-व्यवस्था में जनमत को सर्वोपरि शक्ति के रूप में मान्यता प्रदान की गई है। चुनाव और मतदान उसका संवैधानिक स्वरूप ही है। प्रजातान्त्रिक शासन व समाज-व्यवस्था का विकास, मानव समाज की अब तक की श्रेष्ठतम उपलब्धि मानी जाती है। आज प्रायः सारी दुनिया में इस प्रजातान्त्रिक शासन प्रणाली की श्रेष्ठता को स्वीकार किया जा चुका है और उसके विभिन्न स्वरूपों के माध्यम

से ही शासन-प्रणाली का संचालन हो रहा है। यह जनमत की ही श्रेष्ठता को रेखांकित करता है।

जनमत का सीधा सम्बन्ध जनता की मानसिकता, भावना और विचारों से है। मनोवैज्ञानिकों और समाजशास्त्रियों ने जनमत के विकास और उसे प्रभावित करनेवाले तत्त्वों के सम्बन्ध में विस्तृत और गहन अनुसन्धान कार्य किया है और दिशा-निर्देशक मान्यताएँ विकसित की हैं। जनमत के विकास में देश, काल, इतिहास, धार्मिक और सामाजिक मान्यताएँ, रूढ़ियाँ, रीति-रिवाज, सांस्कृतिक और शैक्षणिक स्तर, सामाजिक व आर्थिक स्थिति, प्रवृत्तियाँ, समस्याएँ एवं तत्कालीन घटनाचक्र का विशेष महत्त्व रहता है। संचार माध्यमों का विस्तार और प्रभाव, धार्मिक, सामाजिक, राजनीतिक नेताओं के प्रयास और इन सबसे गठित और विकसित जनता की आशा, आकांक्षा-अपेक्षाओं का जनमत के निर्माण में योगदान रहता है। इतने विभिन्न अवयवों से गठित होनेवाले इस जनमत को नापने, तौलने के औजारों का विकास अभी जारी है। इन सबको ध्यान में रखते हुए और इन सब समाविष्ट तत्त्वों के आधार पर विकसित जनमत का आकलन और उसे अपने पक्ष में प्रभावित करने का कार्य एक अत्यन्त दुरूह और जटिल कार्य है। यह विशेषज्ञता की माँग करता है। बीसवीं शताब्दी विशेषज्ञता का युग है और जनसम्पर्क को भी अपनी सफलता के लिए विशेषज्ञता की अनिवार्य आवश्यकता है।

भारतीय जनमानस को समझने और लम्बे समय तक प्रभावित करने का श्रेष्ठतम उदाहरण राष्ट्रपिता मोहनदास करमचन्द गांधी का जीवन और राजनीति है। दक्षिण अफ्रीका से भारत आने के बाद उन्होंने दो वर्ष तक पूरे भारत का भ्रमण कर देश और उसकी जनता को जानने, उसकी आशा-आकांक्षाओं को समझने और उसके प्रेरक तत्त्वों को पहचानने में व्यतीत किए। उनका सम्पूर्ण जीवन एवं राजनीतिक कार्य, विभिन्न आन्दोलनों की शुरुआत, उनमें परिवर्तन और अन्तिम लक्ष्य की ओर एकनिष्ठ निरन्तर प्रगति—जनसम्पर्क सिद्धान्तों के श्रेष्ठ अध्याय हैं।

संक्षेप में कहा जाए तो प्रथम सूत्र है, अपने लक्ष्य, नीति एवं कार्य से जनता को सूचित व जागृत कर उसके विचारों और भावनाओं को शिक्षित व प्रेरित कर, अपने पक्ष में एक आम समझ व जनमत विकसित करना। फिर इस अनुकूल जनमत को बहुमत में परिवर्तित करना तथा इसके लिए विभिन्न संचार माध्यमों के द्वारा अपेक्षित प्रचार करना। जब जनमत बहुमत में परिवर्तित हो जाए तो उसे स्थायी और सुदृढ़ बनाने के लिए विविध संचार माध्यमों के द्वारा निरन्तर गहन प्रचार करना और उसमें ऐसे भावनात्मक तत्त्वों का समावेश करना जिससे जनमत की अपेक्षित, अनुकूल प्रतिक्रिया अपने पक्ष में सक्रिय कार्य या आन्दोलन के रूप में परिणत हो सके। इस सारे अभियान के दौरान पूरे प्रयास का निरन्तर आकलन व मूल्यांकन करना, जिससे कि जनमत की नब्ज पहचानकर, जनमत में आनेवाले उतार-चढ़ाव पर निगाह रखते हुए सुधार के आवश्यक कदम उठाए जा सकें। जन प्रतिक्रिया से नीति निर्धारकों को अवगत कराना भी उतना ही महत्त्वपूर्ण है, जितना जनता को सूचित या प्रेरित करना।

जनमत कोई स्थिर वस्तु नहीं है। उसकी तुलना पारे की गतियुक्तता से की जाती है। जनमत अत्यधिक संवेदनशील होता है। पल में इधर तो पल में उधर। इसीलिए जनमत निर्माण और उसे अनुकूल बनाए रखने के लिए जनसम्पर्क की अनिवार्य और निरन्तर आवश्यकता है।

3

जनाधार और जनादेश

संसार के अधिकांश राष्ट्रों द्वारा विविध ढाँचों और स्वरूप की प्रजातान्त्रिक शासन प्रणालियाँ अपनाए जाने के साथ ही जनाधार और जनमत को सर्वोपरि शक्ति के रूप में मान्यता प्राप्त हुई है। इस परिवर्तन के साथ ही जनाधार और जनमत का निर्माण करने और उसे वांछित दिशा में प्रभावित करने की कला—जनसम्पर्क और जनसंचार के निर्णायक महत्त्व को भी सर्वत्र स्वीकृति प्राप्त हुई है।

प्रजातान्त्रिक शासन प्रणाली का अर्थ है—जनता का, जनता द्वारा और जनता के लिए शासन। प्रजातन्त्र की बुनियादी शर्त है—बहुमत का शासन और बहुमत जानने के लिए चार या पाँच वर्ष के निर्दिष्ट समय पर निर्धारित प्रक्रिया के द्वारा आम चुनाव। आम चुनाव द्वारा बहुमत निर्णय की प्रक्रिया में एक से अधिक विकल्प की सम्भावना निहित है और इसी से उद्‌भूत होती है, प्रजातन्त्र की सफलता के लिए दो दलीय या बहुदलीय प्रणाली की अनिवार्य आवश्यकता।

बहुदलीय प्रजातान्त्रिक समाज व शासन व्यवस्था के अन्तर्गत एकाधिक विकल्प में से एक के बहुमत के आधार पर निर्वाचन में जनमत निर्माण की बुनियादी आवश्यकता होती है, जिसे चुनाव के समय बहुमत में परिवर्तित करने के लिए विशेष प्रयास किए जाते हैं। जनमत निर्माण की इस बुनियादी आवश्यकता की पूर्ति के लिए सभी राजनीतिक दल निरन्तर और व्यापक स्तर पर प्रयत्नशील रहते हैं। दो चुनावों के बीच की अवधि में सभी राजनीतिक दल मतदाताओं में एक व्यापक और पुख्ता आधार-भूमि तैयार करने का प्रयत्न करते हैं, ताकि ऐन चुनाव के वक्त इस आधारभूमि पर निर्णायक चुनाव अभियान संचालित किया जा सके। इस आधारभूमि के बल पर कोई छोटी-बड़ी लहर या हवा पैदा कर, मतदाताओं को अपने पक्ष में मतदान करने के लिए प्रेरित किया जा सके।

दो चुनावों के बीच के सामान्य समय में इस आधारभूमि का विस्तार और मजबूती का निर्धारण भी सामान्य जनमत के विकास के आधार पर ही होता है। हर डेढ़ सौ किलोमीटर पर बोली और तीन सौ किलोमीटर पर पहरावा, खानपान व सामान्य

रीति-रिवाजों में बदलाव तथा अनेक धर्मोंवाले इस विविधता भरे विशाल देश में जनमत निर्माण के बुनियादी तत्त्वों का सूत्रीकरण अभी नहीं हुआ है। फिर भी जनसम्पर्क से जुड़ी अनेक संस्थाएँ, पश्चिमी देशों की आधुनिक तकनीक, औजारों और मॉडलों के आधार पर जनमत गठन और जनमत सर्वेक्षण के प्रभावी न्यादर्शों और सिद्धान्तों के निर्धारण की दिशा में प्रयत्नशील हैं। सम्बन्धित क्षेत्र की ऐतिहासिक और राजनीतिक पृष्ठभूमि, धार्मिक व सामाजिक मान्यताएँ, रूढ़ियाँ व रीति-रिवाज, सांस्कृतिक व शैक्षणिक स्तर, सामाजिक व आर्थिक परिस्थिति, प्रवृत्तियाँ व समस्याएँ, जातीय गठन, विशेष व तत्कालीन घटनाचक्र, धार्मिक-सामाजिक-राजनीतिक नेताओं के प्रयास, संचार माध्यमों का प्रभाव और इन सबसे गठित और विकसित जनता की आशा-आकांक्षाओं व अपेक्षाओं का समावेश, आम जनमत के गठन व निर्माण में होता है। प्रत्येक राजनीतिक दल और उसके नीति निर्धारक नेतागण व कार्यकारिणी समिति के सदस्यगण, मतदाताओं और जनमत की प्रकृति और उसका गठन करनेवाले अवयवों व घटक तत्त्वों को हमेशा ध्यान में रखते हैं। वे निरन्तर अपने लक्ष्यों, नीतियों, कार्यक्रमों के सम्बन्ध में मतदाताओं को सूचित, शिक्षित और प्रेरित कर, उनकी स्वैच्छिक सहमति, स्वीकृति और सहयोग प्राप्त करने का योजनाबद्ध प्रयास कर जनमत को अपने पक्ष में प्रभावित करने की कोशिश करते हैं। फिर इस अनुकूल जनमत को बहुमत में परिवर्तित करने का प्रयास करते हैं। इन प्रयासों के अन्तर्गत सीधे जनसम्पर्क के लिए राष्ट्रीय, क्षेत्रीय व जिलास्तर पर अधिवेशन, रैलियाँ, आमसभाएँ, नगर व ग्रामीण स्तर पर आमसभाएँ तथा राष्ट्रीय व क्षेत्रीय नेताओं के दौरे व बैठकें आयोजित की जाती हैं। जनसंचार के विभिन्न माध्यमों द्वारा किए जानेवाले प्रचार, विज्ञापन अभियान, पोस्टर, नारे, वीडियो फिल्म, गीत व नाटकों में स्थानीय समस्याओं व भावनात्मक तत्त्वों का समावेश कर अनुकूल जनमत को अपने पक्ष में स्थाई और मजबूत बनाने का प्रयास किया जाता है। संसद और विधानसभाओं में सम्बन्धित दल के प्रतिनिधियों के भाषण और गतिविधियाँ जनमत को प्रभावित करने में महत्त्वपूर्ण योगदान करती हैं। सत्तारूढ़ व अन्य दलों के कार्यों, गतिविधियों, कार्यक्रमों व नीतियों की आलोचनाओं का जनमत को बहुमत में परिवर्तित करने में महत्त्वपूर्ण योगदान रहता है।

जनता से तादात्म्य

जनजीवन को प्रभावित करनेवाली तथा स्थानीय ज्वलन्त समस्याओं को लेकर सत्तारूढ़ दल के कार्यों व नीतियों के सम्बन्ध में समय-समय पर चलाए जानेवाले आन्दोलनों की भी स्थाई आधारभूमि के निर्माण में, दल की छवि के निर्माण में तथा मतदाताओं से स्थाई तादात्म्य के निर्माण में निर्णायक भूमिका रहती है। जनमत को बहुमत में परिवर्तित करने के लिए अन्य दलों से अपने आपको बेहतर, जनता के अधिक नजदीक, जन-आकांक्षाओं और राष्ट्रीय हितों की रक्षा के लिए अधिक तत्पर और राष्ट्र के सुख-समृद्धिपूर्ण भविष्य

को सुनिश्चित बनाने के लिए अधिक सक्षम और अपने वायदों व घोषणाओं को पूरा करने के लिए अधिक विश्वसनीय सिद्ध करना, सभी दलों का निर्विवाद लक्ष्य और प्रयास होता है। इन लक्ष्यों और इनकी प्राप्ति की दिशा में किए जा रहे प्रयासों का निरन्तर आकलन किया जाता है। अन्य दलों के प्रयासों के परिप्रेक्ष्य में तुलनात्मक अध्ययन किया जाता है, आवश्यकतानुसार लक्ष्यों, नीतियों, कार्यक्रमों में परिवर्तन किया जाता है और तदनुसार बहुमत की प्राप्ति की व्यूहरचना में परिवर्तन किया जाता है।

इन सारे प्रयासों में जनसम्पर्क और जनसंचार के सभी साधनों और माध्यमों का योजनाबद्ध तरीके से उपयोग किया जाता है। सामान्य स्थितियों में दो चुनावों के बीच की चार-पाँच साल की अवधि में यह प्रयास सामान्य गति से कभी धीमा और कभी तेज चलता रहता है और चुनाव का समय पास आने पर विशेष तेजी और तत्परता से प्रयास किए जाते हैं। किन्तु जब एकदम से मध्यावधि चुनाव की घोषणा हो जाती है तो पूरे राजनीतिक वातावरण में गर्माहट आ जाती है और दल की छवि निर्माण या लोकप्रियता प्राप्त करने के इन प्रयासों में एकदम तेजी आ जाती है। पाँच वर्ष में किया जानेवाला सारा उपक्रम दो माह की अल्प अवधि में ही पूरा करने का प्रयास किया जाता है। मतदाताओं को आकर्षित करने और उनका विश्वास प्राप्त करने के लिए दलीय लक्ष्यों, नीतियों और भविष्य की योजनाओं के आधार पर नए चुनाव घोषणा-पत्र तैयार किए जाते हैं। सुखद भविष्य के नए सपने सजाने के लिए लुभावने नारे, प्रतीक और वायदे गढ़े जाते हैं। इन्हें अधिक से अधिक मतदाताओं तक जल्दी से जल्दी पहुँचाने के लिए चुनाव अभियान, जनसम्पर्क और जनसंचार माध्यमों से योजनाबद्ध ढंग से गहन और प्रभावी उपयोग के ब्यौरे तैयार किए जाते हैं। जनता से अपनी बात मनवाने, अपने पक्ष में और सम्भव नहीं हो तो विरोधियों के विरुद्ध किसी तरह की लहर या हवा पैदा कर अपने दलीय उम्मीदवारों के पक्ष में मतदान करवाने की योजनाएँ बनाई जाती हैं। बड़े व क्षेत्रीय नेताओं के राष्ट्रव्यापी चुनावी दौरों के कार्यक्रम बनाए जाते हैं, ताकि वे अपनी छवि से अधिक से अधिक मतदाताओं को आमसभा में आकर्षित कर सकें, उन तक अपनी बात पहुँचा सकें और उन्हें अपने पक्ष में प्रभावित कर सकें। सिने अभिनेताओं की लोकप्रियता को भुनाने की भी चेष्टा की जाती है। अच्छी छविवाले लोकप्रिय उम्मीदवारों का चयन किया जाता है। ऐसी स्थिति में सभी राजनीतिक गतिविधियाँ चुनाव प्रचार अभियान में परिवर्तित हो जाती हैं। समय कम होने के कारण यह प्रचार अभियान अत्यधिक गहन होता है। प्रचार अभियान का प्रभावी संगठन मतदाताओं को निश्चित रूप से एक खास दिशा में मोड़ने में सफल होता है। इसमें सभी माध्यमों का गहन उपयोग होता है, ताकि जो मतदाता एक माध्यम की परिधि से बाहर हों, वे दूसरे की परिधि में आ जाएँ तथा विभिन्न माध्यमों के एक साथ सुसम्बद्ध उपयोग से वांछित सन्देश मतदाताओं के समक्ष बारम्बार, घूम-फिरकर दुहराया जाता रहे। बार-बार आनेवाला एक-सा सन्देश निश्चित प्रभाव डालता है।

दूरदर्शन और आकाशवाणी बहुत शक्तिशाली जनसंचार माध्यम हैं। इनकी पहुँच

और प्रभाव भी प्रायः सम्पूर्ण देश में हैं। किन्तु ये दोनों माध्यम सरकार के अधीन हैं। विगत चुनावों में विकसित हुई परम्परा के अनुसार सभी मान्यता प्राप्त दलों को दूरदर्शन और रेडियो से अपने नेताओं के भाषण प्रसारित करने का अवसर मिलता है। इन दोनों माध्यमों का लोकप्रिय और प्रभावी वक्ताओं द्वारा अपने दल की नीतियों के प्रचार में असरकारक उपयोग किया जा सकता है।

विज्ञापन अभियान

अमेरिका व पश्चिमी देशों में पूरे प्रचार अभियान की योजना बनाने में जनसम्पर्क और विज्ञापन एजेंसियों के विशेषज्ञों की सलाह ली जाती है। अभी भारत में इस दिशा में विशेष प्रयास नहीं हुए हैं। 1989 के लोकसभा चुनावों के लिए कांग्रेस दल ने एक विज्ञापन एजेंसी की सलाह से एक व्यापक अभियान तैयार किया था। सारे देश के प्रमुख समाचार-पत्रों में पूरे पृष्ठ के विज्ञापनों के प्रकाशन का क्रम प्रारम्भ हुआ था। इन विज्ञापनों में कांग्रेस के नहीं आने पर भविष्य में देश में हिंसा, आतंक और अलगाववादी शक्तियों के बढ़ने और देश के टुकड़े-टुकड़े हो जाने के खतरों की ओर इशारा किया गया था। ऐसा माना जाता है कि हिंसा और अंग-भंग के रेखांकनों के माध्यम से भय उत्पन्न करने के नकारात्मक प्रयास का आम पाठकों पर अच्छा असर नहीं हुआ और प्रतिकूल प्रतिक्रिया के कारण यह अभियान बन्द करना पड़ा। आम भारतीय की सौम्य मानसिकता को ठेस पहुँची और ऐसा माना जाता है कि कांग्रेस को कम सीटें मिलने में अन्य बातों के अलावा, इस विज्ञापन अभियान का भी योगदान रहा। इसके विपरीत सन् 1971 के लोकसभा चुनाव में श्रीमती इन्दिरा गांधी द्वारा दिए गए 'गरीबी हटाओ' नारे और उसके आधार पर संचालित चुनाव प्रचार अभियान ने भारतीय मतदाताओं के मन को छुआ था और श्रीमती इन्दिरा गांधी को प्रचंड बहुमत प्राप्त हुआ था।

किसी भी प्रचार अभियान में सन्दिष्ट जनता (टारगेटेड ऑडिएंस) की मानसिकता का पूरा ध्यान रखा जाना चाहिए अन्यथा गहन प्रचार की दुधारी तलवार का उलटा ही असर हो जाता है। वैसे भी उत्पादों की बिक्री और विचारों के प्रक्षेपण में बुनियादी फर्क होता है।

समाचार-पत्र और अभियान

पिछले आम चुनावों में बार-बार यह बात उभरी है कि समाचार-पत्रों द्वारा प्रचार अभियान के दौरान अपनाए गए रूख के अनुरूप चुनाव परिणाम नहीं होते हैं। अनेक टिप्पणीकारों ने यह भी उछाला कि चुनाव में समाचार-पत्रों की भूमिका निर्णायक नहीं होती है। यह तथ्यों का अत्यधिक सरलीकरण है। समाचार-पत्रों की भूमिका की सीमाओं को अनदेखा करने पर ही इस तरह की टिप्पणी की जा सकती है। देश की विशालता और मतदाताओं

की संख्या के परिप्रेक्ष्य में समाचार-पत्रों का प्रसार व प्रभाव क्षेत्र सीमित है। इसके बावजूद समाचार-पत्र, दूरदर्शन और रेडियो के बाद सबसे बड़े जनसंचार माध्यम हैं। सभी राजनीतिक दलों के चुनाव घोषणा-पत्र, विज्ञापन अभियान, राष्ट्रीय व राज्य स्तरीय नेताओं द्वारा आमसभाओं में व्यक्त किए जानेवाले महत्त्वपूर्ण विचार, चुनाव अभियान के दौरान विकसित होनेवाले महत्त्वपूर्ण मुद्‌दों पर राष्ट्रीय बहस, देश के विभिन्न भागों में होनेवाली चुनावी दुर्घटनाओं, रहस्योद्‌घाटनों और राजनीतिक समीक्षाओं के त्वरित और सक्षम संवाहक ये समाचार-पत्र ही हैं। इनमें प्रकाशित समाचार, विज्ञापन, कार्टून, आलेख फिर वे चाहे प्रचारात्मक ही क्यों न हों, प्रबुद्ध मतदाताओं को अपना मत निर्धारण करने में अत्यधिक महत्त्वपूर्ण सहयोग प्रदान करते हैं। वीडियो फिल्म, भाषणों और गीतों के कैसेट जनसंचार के नए माध्यम हैं किन्तु इनका भी प्रसार और प्रचार क्षेत्र अत्यधिक सीमित है। इसी प्रकार पारम्परिक लोक कलाओं की प्रचार कार्य में निश्चित सीमाएँ हैं, किन्तु इन सबका अपनी-अपनी जगह विशेष महत्त्व है। ये सब मिलकर प्रचार अभियान को स्वरूप, गति और समग्रता प्रदान करते हैं।

विभिन्न दलों के शीर्षस्थ नेताओं द्वारा विभिन्न स्थानों पर दिए जानेवाले भाषणों के अतिरिक्त पार्टी प्रवक्ताओं द्वारा दैनन्दिन घटनाओं पर की जानेवाली टिप्पणियों ने चुनाव अभियान में महत्त्वपूर्ण स्थान अर्जित कर लिया है। पिछले तीन-चार चुनावों में इन प्रवक्ताओं का महत्त्व बहुत अधिक बढ़ गया है। पार्टी प्रवक्ता के रूप में श्री सुरेन्द्र मोहन ने 1977 में जनता दल के चुनाव अभियान में प्रशंसनीय भूमिका अदा की थी। उसके बाद से यह परम्परा सभी दलों ने अपनाई और यह हर चुनाव में मजबूत होती गई। आम मतदाता को सूचित और शिक्षित बनाने में, राष्ट्र के समक्ष उपस्थित ज्वलन्त समस्याओं और चुनावी मुद्‌दों पर विभिन्न पार्टियों की अधिकृत नीति की घोषणा तथा आरोपों-प्रत्यारोपों के त्वरित खंडन-मंडन द्वारा राष्ट्रीय बहस को व्यापक, वास्तविक और तथ्यपूर्ण बनाने में इन अधिकृत प्रवक्ताओं की भूमिका अत्यधिक महत्त्वपूर्ण बन गई है। इनके वक्तव्यों से पार्टी के मैदानी कार्यकर्ताओं को चर्चा और प्रचार के नए विषय और मुद्‌दे प्राप्त होते हैं जो कभी-कभी छोटी-मोटी तात्कालिक लहर पैदा करने में सहायक सिद्ध होते हैं।

पोस्टर, झंडियाँ, दीवालों पर नारे, सार्वजनिक स्थानों पर झंडे, बैनर और लाउडस्पीकरों से भाषणों, गीतों या नारों के टेप बजाना, पर्चे, बिल्ले, बिन्दी आदि का वितरण उम्मीदवार और उसके चुनाव चिह्न से मतदाताओं को परिचित बनाने के सामान्य और बहुप्रचलित तरीके हैं। जनसम्पर्क के अन्तर्गत उम्मीदवार की ओर से मतदाताओं को डाक से या कार्यकर्ताओं के द्वारा पत्र भेजना, घर-घर दस्तक देना, मतदान की तारीख के पहले घर-घर मतदान केन्द्र की सूचना देनेवाली पर्चियों के वितरण का अपना महत्त्व है। इस वितरण में धन व्यय और श्रम के अनुपात में लाभ चाहे न हो, किन्तु वितरण नहीं करने पर विपरीत प्रचार यानी 'पहले ही मैदान छोड़ जाने' का कुप्रचार होता है।

जनसम्पर्क और जनसंचार के माध्यमों का गहन उपयोग सभी राजनीतिक दल

परिस्थिति विशेष और अपनी आर्थिक क्षमता व कार्यकर्ताओं की संख्या के अनुसार अवश्य करते हैं। जनसम्पर्क और जनसंचार के इन विभिन्न माध्यमों का अलग-अलग कितना व कैसा प्रभाव होता है यह भारत सरीखे विविधता भरे विशाल देश में जानने के तरीके अभी विकसित नहीं हो पाए हैं। अब अनेक संस्थाओं द्वारा चुनाव पूर्व सर्वेक्षण, आकलन और अनुमानों की घोषणाएँ की जाने लगी हैं। दलीय नेता, राजनीतिक टिप्पणीकार और समाचार-पत्रों द्वारा भी अटकलें लगाई जाती हैं, लेकिन इन चालीस वर्षों में सम्भवतः पहली बार 1989 के लोकसभा के चुनाव परिणामों के सम्बन्ध में श्री प्रणय राय के अनुमान सही उतरे हैं।

भारतीय मतदाता

भारतीय मतदाता ने अशिक्षित, गरीब और संचार माध्यमों की यथेष्ट सुविधाओं से वंचित होने के बावजूद पिछले सभी चुनावों में सिद्ध कर दिया है कि प्रलोभनों से वह सामूहिक रूप से प्रभावित नहीं होता है। उसके पास 'रोबस्ट कॉमनसेंस' (स्वस्थ व्यावहारिक बुद्धि) है और वह हमेशा अपने विवेक के अनुसार मतदान करता है। शहरी चुनाव-पंडितों को अक्सर ही उसने गलत साबित कर प्रायः सभी को चौंकाया है।

पश्चिमी देशों के समान भारत में भी अब विभिन्न पार्टियों के घोषणा-पत्रों और कार्यक्रमों में विविधता का अनुपात घटता जा रहा है और समानता का अनुपात बढ़ता जा रहा है। इसके बावजूद मुख्य मुद्दों पर राष्ट्रीय सहमति, अभी विकसित और मान्य नहीं हो पाई है।

आम चुनाव के माध्यम से राजनीतिक दलों का जनाधार और मतदाता की इच्छा-जनादेश, प्रगट होता है। इसके अनुसार आनेवाले समय में देश के भविष्य निर्माण की नीतियों और कार्यक्रमों को स्वरूप और दिशा प्राप्त होती है। राजनीतिक दल के कार्यकर्ता-टिकिटार्थी द्वारा आवेदन देने से लेकर परिणामों की घोषणा तक, पूरा प्रयास छवि निर्माण द्वारा विश्वसनीयता अर्जित करने का ही है। केवल प्रचार की नहीं, उम्मीदवार, राजनीतिक दल, संगठन, नेतृत्व और उसके जनाधार की भी परख होती है जिसमें पहले किए गए अनवरत प्रयासों और अर्जित पुण्याई-प्रतिष्ठा-जनमत का भी समावेश होता है।

आम चुनाव में विश्वसनीयता अर्जित करने की सम्पूर्ण प्रक्रिया अपनी समस्त बारीकियों के साथ उद्भासित होती है। इस सम्पूर्ण प्रक्रिया के बाद अर्जित बहुमत और बहुमत द्वारा घोषणा-पत्र की पुष्टि के द्वारा जनादेश की प्राप्ति के आधार पर, शासन का संचालन करने का दायित्व और गौरव बहुमतवाले दल को प्राप्त होता है। सत्तारूढ़ दल आगामी चुनाव होने तक इस जनादेश के बल पर घोषणा-पत्र के आश्वासनों तथा नव-निर्माण की नई योजनाओं और कार्यक्रमों को क्रियान्वित करता है।

पिछले कुछ समय से केन्द्र और राज्यों में अलग-अलग राजनीतिक दलों को बहुमत

प्राप्त होने के कारण आम चुनाव के पूर्व भी नया जनादेश प्राप्त करने के लिए जन-आन्दोलन करने की नई परम्परा शुरू हुई है। इस स्थिति के पूर्वानुमान के आधार पर संविधान निर्माताओं ने पाँच वर्ष की निश्चित अवधि पर ही चुनाव की व्यवस्था की है। विभिन्न राजनीतिक दलों की अपनी सुविधा और व्यूहरचना के अनुसार जनादेश प्राप्त करने की परम्परा से राजनीतिक अस्थिरता को ही प्रोत्साहन मिलेगा। जिस प्रकार राजनीति साध्य नहीं केवल साधन है, जनसेवा का उसी प्रकार चुनाव साध्य नहीं साधन है, निश्चित अवधि के बाद बहुमत जानने का।

4

नीति निर्धारण और विशेषज्ञ

राजनीतिक दलों के चुनाव घोषणा-पत्र, उनके वरिष्ठ नेताओं और उनके थिअरिटिशियन द्वारा तैयार किए जाते हैं और उनके दल की कार्यकारिणी या महासभा द्वारा पुष्टि की जाती है। यह ठीक है कि राजनीतिक दलों के वरिष्ठ नेता तपे हुए अनुभवी कार्यकर्ता होते हैं, जिन्हें जनमानस की समझ होती है और होनी भी चाहिए। जनता की नब्ज़ पर हाथ रखने के साथ ही वे उसकी आशा-आकांक्षाओं एवं अपेक्षाओं से परिचित रहते हैं और एक हद तक उन्हें इस बात का भी अन्दाज होता है कि किस प्रकार की नीतियाँ, कार्यक्रम और नारे आम जनता को उनकी तरफ आकर्षित कर सकेंगे। हमारे देश में अभी नीति-निर्धारण के इस स्तर पर जनसम्पर्क विशेषज्ञों की सलाह या सहयोग नहीं लिया जाता है। अन्य विकसित प्रजातान्त्रिक देशों में विशेषज्ञों की सलाह लेने की परम्परा विकसित हो चुकी है। वहाँ इस तरह के जनसम्पर्क व जनसंचार सलाहकार संस्थान व्यापारिक स्तर पर कार्यरत हैं। हमारे देश में अभी इस तरह की विशेषज्ञ संस्थाओं का अभाव है। गत दो चुनावों में नीति निर्धारण में तो नहीं, किन्तु चुनाव अभियान में संचार माध्यमों के उपयोग के सम्बन्ध में विज्ञापन एजेंसियों से सलाह ली गई और कुछ दलों ने तो प्रचार अभियान का दायित्व ही उन्हें सौंपा था। यहाँ इस बात का उल्लेख करना विशेष रूप से आवश्यक है कि नीति निर्धारण तो राजनीतिक दलों द्वारा ही किया गया था। चुनाव अभियान में वह अपनी कौन-सी छवि उभारना चाहते हैं, किन विशेष मुद्दों पर खासतौर पर बल देना चाहते हैं और जनता की निगाह में कौन-सी नीतियों को उभारना चाहते हैं, यह राजनीतिक दलों द्वारा ही तय किया गया था। विज्ञापन एजेंसियों को केवल सन्देश को अधिक से अधिक दूरी तक प्रसारित करने का दायित्व सौंपा गया था। यह बहुत अच्छा प्रयोग हुआ था किन्तु दुर्भाग्यवश जिस सन्देश की रचना की गई थी वह भारतीय मतदाता की मानसिकता से मेल नहीं खाता था। न केवल इतना वरन् तनाव, विघटन, हिंसा और देश के टुकड़े-टुकड़े हो जाने का प्रस्तुत भयावह चित्र भारतीय मतदाता की मानसिकता को कतई स्वीकार नहीं था। इस प्रचार अभियान की एकदम प्रतिकूल प्रतिक्रिया देखकर कांग्रेस पार्टी को अपना यह विज्ञापन अभियान बदलना पड़ा।

इसमें दोष या खामी विज्ञापन एजेंसियों की अभियान रचना में नहीं वरन् राजनीतिक दल द्वारा रचित सन्देश में ही थी।

नीति निर्धारण का सबसे महत्त्वपूर्ण अंश यह है कि सम्बन्धित व्यक्ति, संस्था या कार्यक्रम का कौन-सा रूप, छवि, लक्ष्य, मन्तव्य या नारा जनता के समक्ष प्रस्तुत किया जाना है ? संस्था, कार्यक्रम या सरकार के कार्य और गतिविधियों का बड़ा व्यापक विस्तृत क्षेत्र होता है। किन्तु जनता के समक्ष कौन-सी छवि किस रूप में प्रस्तुत करना चाहते हैं, यह स्पष्ट होना चाहिए। पूरे नीति निर्धारण में नहीं तो कम से कम, कौन-सी छवि या सन्देश जनता के सामने प्रस्तुत किया जाना है, इस सम्बन्ध में जनसम्पर्क विशेषज्ञों की सलाह लेना हमेशा उपयोगी और हितकर होगा।

इसका मुख्य कारण यह है कि इस सन्देश का या जो छवि प्रोजेक्ट की जा रही है उसका सीधा प्रभाव जनमत के निर्माण पर होता है। व्यक्ति, संस्था या सरकार की एक साथ अनेक स्तरों पर विभिन्न योजनाएँ व कार्यक्रम संचालित होते रहते हैं। इनमें से अधिकतर संविधान के अन्तर्गत नीति निर्देशक सिद्धान्तों की सीमा में रहते हुए राज्य शासन द्वारा पूर्व में प्रारम्भ की गई योजनाओं, कार्यक्रमों और व्यवस्थाओं से सम्बन्धित होते हैं। इसके बावजूद सत्तारूढ़ दल की नीतियों के अनुरूप मन्त्रिमंडल द्वारा अनेक नए कार्यक्रमों की शुरुआत की जाती है। सत्तारूढ़ दल का नेता-वर्ग मुख्यमन्त्री, मन्त्रिमंडल के अन्य सदस्य आपस में मिलकर यह तय कर सकते हैं कि आगामी एक वर्ष, दो वर्ष या पाँच वर्षों में (या अगले आम चुनाव तक) कौन-से विशिष्ट कार्यक्रमों को वरीयता दी जानी है, किन नीतियों को तेजी से अमल में लाना है, किन विकास योजनाओं को प्राथमिकता के आधार पर पूरा करना है और पूरे राज्य शासन की किस प्रकार की छवि का निर्माण किया जाना है। यह सुविचारित ढंग से निर्धारित करने पर ही जनता को आकर्षित, प्रभावित और अपने पक्ष में संगठित किया जा सकता है। इस पूरी अवधि में अन्य राजनीतिक दल भी पूरी तरह सक्रिय रहते हैं और सरकार की नीतियों और कार्यक्रमों की आलोचना के साथ सरकार की असफलताओं, कमजोरियों या अन्य आकस्मिक घटनाओं के आधार पर सरकार की छवि को धूमिल करने का निरन्तर प्रयास करते रहते हैं। संवैधानिक सीमा में रहते हुए यह कार्य किसी भी तरह से अनुचित नहीं ठहराया जा सकता, क्योंकि प्रजातान्त्रिक शासन-व्यवस्था में विकल्प की अवधारणा की गई है। विभिन्न राजनीतिक दल जनता के समक्ष अनेक विकल्प प्रस्तुत करते हैं और मतदाता बहुमत के द्वारा जिसे जनादेश देते हैं वही सरकार का संचालन करता है। इस परिप्रेक्ष्य में सत्तारूढ़ दल की सरकार का जो विकल्प प्रस्तुत किया गया था, उसके अनुसार कार्य किया जा रहा है और वही श्रेष्ठ है, यह बात जनसम्पर्क अभियान और उसके अन्तर्गत विभिन्न संचार माध्यमों द्वारा निरन्तर प्रसारित की जाती रहनी चाहिए।

इस प्रकार व्यक्ति, संस्था या सरकार का लक्ष्य, नीति या कार्यक्रम तय होने के बाद या उसके आधार पर जनता तक प्रक्षेपित की जानेवाली छवि, सन्देश, कथन, घोषणा का स्वरूप निर्धारित किया जाता है। अपने देश में अभी जनसम्पर्क कर्मियों का यही सर्वाधिक महत्त्वपूर्ण कार्य है। इस सन्देश को जनता द्वारा सहज ग्राह्य भाषा, नारों, चित्रों और प्रतीकों में रूपायित कर जल्दी से जल्दी, अधिक से अधिक लोगों तक पहुँचाने का प्रयास किया जाता है। इस सन्देश रचना में सन्दिष्ट जनता का पूरी तरह ध्यान रखा जाना चाहिए। हर एक राज्य में शैक्षणिक, सांस्कृतिक और आर्थिक परिस्थितियों के कारण जनचेतना के भिन्न-भिन्न स्तर हैं। सन्देश रचना के समय इस बात का पूरी तरह ध्यान रखा जाना चाहिए कि सन्दिष्ट जनता की शैक्षणिक, सामाजिक, आर्थिक पृष्ठभूमि, मानसिकता, धार्मिक मान्यताओं और रीति-रिवाज, सम्बन्धित भौगोलिक क्षेत्र की विशेष परिस्थितियाँ किस प्रकार की हैं। इन परिस्थितियों को ध्यान में रखकर तैयार किया गया सन्देश जनता द्वारा सहज ही आत्मसात किया जा सकेगा। इस सन्देश की रचना में आवश्यक जानकारी देने, प्रेरित करने, उनका पथ प्रदर्शन करने और अनुकूल वातावरण बनानेवाले तत्त्वों का समावेश किया जाना चाहिए। शब्द रचना, नारे व प्रतीकों के चयन का लक्ष्य उसे सहज ग्राह्य बनाना ही है। पूरी सन्देश रचना इस प्रकार की जानी चाहिए कि औसत से कम समझवाला व्यक्ति भी उसे आसानी से ग्रहण कर सके, समझ सके, याद रख सके और आवश्यकतानुसार उसका उपयोग कर सके। सन्देश उसके मन पर प्रत्यक्ष-परोक्ष रूप से छा जाए, उसकी मानसिकता व कार्य को प्रभावित कर सके, यही उस सन्देश की सफलता की कसौटी होगी। ऐसे सन्देश की भाषा सहज, सरल, स्पष्ट और असरदार होनी चाहिए।

इस पूरे सन्देश को विभिन्न प्रचार माध्यमों के द्वारा प्रसारित किया जाता है। इन प्रचार माध्यमों को तीन श्रेणियों में विभाजित किया जा सकता है :—

(1) **व्यक्तिगत सम्पर्क** : बैठकें, संगोष्ठियों, प्रायोजित समारोह, लॉबी, संवाददाता सम्मेलन, प्रेस टूर, जन-प्रतिनिधियों से भेंट और प्रायोजित दौरे।

(2) **मुद्रित शब्द** : समाचार, विज्ञापन, आलेख, पत्रिकाएँ, पुस्तिकाएँ, फोल्डर्स, पत्रक, सूचना फलक, पोस्टर, पत्र-व्यवहार, तथ्यसूची और स्टिकर्स।

(3) **दृश्य-श्रव्य माध्यम** : (अ) रेडियो, टेलीविजन, फिल्म, वीडियो फिल्म और प्रदर्शनी।
(आ) सांस्कृतिक कार्यक्रम, गीत, नाटक, संगीत समारोह, पारम्परिक लोक कलाएँ।

नीति निर्धारकों की सहमति से तैयार किए गए सन्देश को इन संचार माध्यमों में

उपयोग के लायक स्वरूप में ढालना पड़ता है। आवश्यकतानुसार इन सभी प्रचार माध्यमों का एक साथ या अलग-अलग, स्थान विशेष, परिस्थिति विशेष के अनुसार उपयोग किया जा सकता है। इन माध्यमों का चयन बहुत सावधानी के साथ और यथासम्भव विशेषज्ञों की राय से ही किया जाना चाहिए।

जनसम्पर्क और प्रचार कार्य में किसी भी बात को बार-बार दोहराकर, प्रभाव और सहमति अर्जित करने के सिद्धान्त को बहुत महत्त्व दिया जाता है। इस कार्य के लिए ही विभिन्न संचार माध्यमों का कभी एक साथ, कभी अलग-अलग और कभी लगातार सबका एक साथ उपयोग किया जाता है।

मूल्यांकन

प्रचार कार्य दुधारी तलवार माना जाता है। वह भी ऐसी दुधारी तलवार जिसका उपयोग तो आपके हाथ में है, पर जिसकी काट पर, जिसके प्रभाव और परिणामों पर शत-प्रतिशत नियन्त्रण उपयोगकर्ता के हाथ में नहीं होता। कब और कितना प्रचार—का बार-बार मूल्यांकन किया जाना चाहिए। जनसम्पर्क व प्रचार कार्य में व्यक्ति, संस्था या सरकार का सन्देश जनता तक पहुँचाना जितना जरूरी है, उतना ही जनता की प्रतिक्रिया से नीति निर्धारकों को अवगत कराना भी है। गतिशील और जीवन्त समाज में विभिन्न कारणोंवश जनता की आशा-आकांक्षा और अपेक्षाओं में निरन्तर परिवर्तन होता रहता है। उसी के अनुसार जनता के रुख में भी परिवर्तन होता है। इस परिवर्तन पर सतत निगाह रखी जानी चाहिए। जनसम्पर्क या प्रचार कार्य में संलग्न कार्यकर्ताओं का यह बुनियादी दायित्व है कि वे इस परिवर्तन पर लगातार निगरानी रखें, प्रचार के जनता पर पड़नेवाले प्रभाव का निरन्तर मूल्यांकन करते रहें, इस मूल्यांकन से नीति निर्धारकों को अवगत कराते रहें ताकि आवश्यकतानुसार नीतियों में संशोधन, परिवर्धन, परिवर्तन किया जा सके।

इस कार्य में समाचार-पत्रों में प्रकाशित समाचारों, सम्पादकीय टिप्पणियों, पाठकों के पत्र तथा विभिन्न विषयों पर प्रकाशित होनेवाले आलेखों का विश्लेषण अत्यधिक लाभप्रद रहता है। जनसम्पर्क व प्रचार कार्य में संलग्न कार्यकर्ता व्यक्तिगत चर्चाओं के माध्यम से भी निरन्तर परिवर्तनशील जनमत को समझने का प्रयास करते हैं। इस कार्य के लिए विशेष रूप से विभिन्न स्थानों और स्तरों पर संगोष्ठियों का भी आयोजन किया जा सकता है। जनमत सर्वेक्षण-मूल्यांकन की प्रत्यक्ष किन्तु पेचीदा प्रक्रिया है। अपने देश में अभी कुछ संस्थाओं द्वारा व्यावसायिक स्तर पर यह कार्य किया जाता है। विशेष रूप से विज्ञापन एजेंसियाँ अपने विज्ञापन अभियानों के सिलसिले में इस प्रकार का सर्वेक्षण कार्य कर रही हैं। चुनावों के अवसरों पर भी कुछ प्रमुख पत्र-पत्रिकाओं द्वारा मतदाताओं की प्रवृत्तियों और मतदान के परिणामों की सम्भावनाओं के सम्बन्ध में सर्वेक्षण प्रायोजित किए जाते हैं। विकास योजनाओं के सम्बन्ध में योजना आयोग द्वारा भी समय-समय

पर मध्य-सत्र मूल्यांकन, सर्वेक्षण भी कराया जाता है।

देश व राज्यों की विशालता, भाषा, धर्म, शिक्षा, आर्थिक प्रगति व जनचेतना की विषमताओं के कारण अपने देश में सर्वेक्षण के सर्वमान्य सिद्धान्तों, न्यादर्शों का विकास अभी तक नहीं हो पाया है। इसलिए इन सर्वेक्षणों के निष्कर्षों में निश्चितता का अभाव महसूस किया जाता है। इस सब के बावजूद जनसम्पर्क और प्रचार कार्य में संलग्न व्यक्तियों को जनता की प्रतिक्रियाओं का तुरन्त और तत्काल एहसास होना चाहिए और तदनुसार नीतियों में परिवर्तन किया जाना चाहिए। जहाँ हर छोटी खबर से यह अपेक्षा की जाती है कि वह व्यक्ति, संस्था या सरकार की छवि निर्माण में योगदान करेगी, वहीं गलत खबर उस छवि को धूमिल बनाने में भी कारगर सिद्ध हो सकती है। इसलिए जनमत निर्माण के संवेदनशील कार्य का सफलतापूर्वक निर्वाह करने के लिए उतनी ही अधिक संवेदनशीलता की आवश्यकता है।

5

प्रशासन-तन्त्र की संरचना

मनुष्य की चेतना इस संसार को अधिक जीने योग्य बनाने के लिए मनुष्य जीवन को अधिक सुरक्षित, आसान, सुविधायुक्त और सभी दृष्टियों से सम्पन्न बनाने के लिए निरन्तर प्रयासरत रही है। इन्हीं प्रयासों के अन्तर्गत मनुष्य ने श्रेष्ठतम शासन प्रणाली और व्यवस्था के विकास के लिए अनेक मॉडल बनाए, प्रयोग किए, उन्हें आवश्यकतानुसार बदला और नष्ट किया। भगवान के अंश के रूप में मान्यता प्राप्त सम्राटों, राजाओं, वंशानुगत राजतन्त्र, निर्वाचित राजतन्त्र, सामन्तशाही, सीमित मताधिकार पर आधारित सामन्तशाही, निर्वाचित तानाशाही, दलीय तानाशाही, सैनिक तानाशाही और प्रजातान्त्रिक शासन प्रणाली के विभिन्न स्वरूपों की कल्पना की गई और उपयोगिता के आधार पर उन्हें संशोधित, परिवर्तित किया गया। समय और परिस्थितिगत विवशताओं के कारण जब उन्हें जन आकांक्षाओं की पूर्ति के लिए अनुपयुक्त और प्रभावहीन पाया तो नई व्यवस्था विकसित कर, अपनाई गई।

भारत के स्वतन्त्रता-संग्राम के सेनानियों ने संघर्ष के दिनों में ही पूर्ण स्वराज्य के नारे के साथ ही स्वतन्त्र भारत में प्रजातान्त्रिक शासन प्रणाली और व्यवस्था के पक्ष में अपनी प्रतिबद्धता जाहिर कर दी थी। स्वतन्त्रता-संग्राम के आदर्श ही संविधान निर्माण के समय राष्ट्र-निर्माताओं के वास्तविक प्रेरणा-स्त्रोत रहे। परिणाम यह हुआ कि भारत की प्रचीन संस्कृति के श्रेष्ठतम अवयवों और आधुनिक राजनीति विज्ञान की श्रेष्ठतम अवधारणाओं का समावेश भारतीय संविधान में किया गया।

संविधान सभा ने भारत का संविधान 26 नवम्बर, 1949 को स्वीकृत किया और यह संविधान 26 जनवरी 1950 को लागू हुआ। स्वाभाविक रूप से ही विविधता में एकतावाले इस देश का संवैधानिक ढाँचा एकात्मक विशेषताओं के साथ-साथ संघात्मक है। विभिन्न राज्यों का संघ भारत, एक सम्पूर्ण प्रभुसत्तासम्पन्न समाजवादी, धर्मनिरपेक्ष, लोकतन्त्रात्मक गणराज्य है। भारत की शासन प्रणाली संसदीय है।

संसदीय शासन प्रणाली के अन्तर्गत राष्ट्रपति भारतीय संघ की कार्यपालिका के संवैधानिक प्रमुख हैं। संविधान के अनुच्छेद 74 (1) के अनुसार शासन के कार्य संचालन

में राष्ट्रपति की सहायता करने तथा परामर्श देने के लिए प्रधानमन्त्री के नेतृत्व में एक मन्त्रिपरिषद् का गठन किया जाता है तथा राष्ट्रपति प्रधानमंन्त्री की सलाह से ही कार्य करते हैं। स्पष्टतः ही कार्यपालिका की वास्तविक शक्ति प्रधानमन्त्री और उनके नेतृत्व में गठित मन्त्रिपरिषद में निहित रहती है। प्रधानमन्त्री और मन्त्रिपरिषद सामूहिक रूप से लोकसभा के प्रति उत्तरदायी हैं।

इसी प्रकार राज्यों में राज्यपाल की स्थिति कार्यपालिका के संवैधानिक प्रमुख की होती है। लेकिन वास्तविक शक्ति मुख्यमन्त्री के नेतृत्व में गठित मन्त्रिपरिषद में निहित होती है। मुख्यमन्त्री और मन्त्रिपरिषद सामूहिक रूप से राज्य की निर्वाचित विधानसभा के प्रति उत्तरदायी रहते हैं।

यह विशेष रूप से स्मरणीय है कि लोकसभा और विधानसभाओं का निर्वाचन वयस्क मताधिकार के आधार पर—एक व्यक्ति एक वोट के अनुसार सम्पन्न होता है।

संघ और राज्य

भारत का विशाल भूभाग संघीय ढाँचे के अन्तर्गत 28 राज्यों और 7 केन्द्रशासित प्रदेशों में विभाजित है। राज्यों के नाम हैं—आन्ध्रप्रदेश, असम, अरुणाचल प्रदेश, उड़ीसा, उत्तरप्रदेश, कर्नाटक, केरल, गोवा, गुजरात, जम्मू-कश्मीर, तमिलनाडु, त्रिपुरा, नागालैंड, पंजाब, पश्चिम बंगाल, बिहार, मणिपुर, मध्यप्रदेश, महाराष्ट्र, मेघालय, मिजोरम, राजस्थान, सिक्किम, उत्तरांचल, झारखंड, छत्तीसगढ़, हरियाणा और हिमाचल प्रदेश। केन्द्रशासित प्रदेश हैं—दिल्ली, अंडमान-निकोबार, दमन और दीव, चंडीगढ़, दादर और नगर हवेली, पांडिचेरी और लक्षद्वीप।

संविधान में नीति निर्देशक सिद्धान्तों का भी समावेश किया गया है। ये सिद्धान्त न्यायालयों द्वारा लागू नहीं कराए जा सकते किन्तु ये देश की शासन व्यवस्था के संचालन के मूलभूत आधार हैं। सारांश में, इन सिद्धान्तों में निहित भावना यह है कि सरकार एक ऐसी सामाजिक व्यवस्था की प्रभावी रूप से स्थापना और उसका संरक्षण कर, लोक कल्याण को प्रोत्साहन देने का प्रयास करेगी, जिससे राष्ट्रीय जीवन के सभी क्षेत्रों में सामाजिक, आर्थिक तथा राजनीतिक न्याय का पालन हो।

संविधान में केन्द्र और राज्यों के बीच कार्य विभाजन भी कर दिया गया है। शासन सम्बन्धी समस्त सम्भावित कार्यों को तीन सूचियों में बाँटा गया है। सामान्य हित और राष्ट्रीय महत्त्व के विषय जैसे मुद्रा, सुरक्षा आदि विषयों को केन्द्रीय सूची में रखा गया है। दूसरी सूची में राज्यों के कार्यक्षेत्र के विषयों को निर्दिष्ट किया गया है और तीसरी समवर्ती सूची में ऐसे कार्य विषयों को सम्मिलित किया गया है जिनके सम्बन्ध में केन्द्र व राज्य शासन दोनों अधिनियम बना सकते हैं। राज्य शासनों को राज्य सूची में सम्मिलित विषयों में विधायी, वित्तीय और कार्यपालिक स्वायत्तता प्राप्त है।

संविधान की सातवीं अनुसूची में ये तीनों सूचियाँ दर्शाई गई हैं। गत 52 वर्षों में

विभिन्न न्यायालयों के निर्णयों तथा शासन की विभिन्न गतिविधियों के अन्तर्गत बदलती हुई परिस्थितियों के अनुरूप संविधान में संशोधन कर अनेक विषय सूचियों में सम्मिलित किए गए हैं, परिवर्तित या परिवर्धित किए हैं या निकाल दिए गए हैं। वर्तमान में संविधान की सातवीं अनुसूची की केन्द्रीय सूची में 97, राज्य सूची में 66 और समवर्ती सूची में 47 विषयों का समावेश है।

संविधान की सातवीं अनुसूची के अन्तर्गत केन्द्रीय विषयों की सूची के आधार पर ही केन्द्रीय शासन का विभागवार ढाँचा तैयार किया गया है।

इनके अतिरिक्त सर्वोच्च न्यायालय, काम्पट्रोलर एंड ऑडीटर जनरल के कार्यालय और निर्वाचन आयोग के गठन की संवैधानिक व्यवस्था की गई है। किन्तु योजना आयोग का गठन कार्य विभाजन की समवर्ती सूची के अन्तर्गत शासन द्वारा किया गया है।

केन्द्र-राज्य सम्बन्ध

प्रजातान्त्रिक शासन व्यवस्था को परिभाषित करते हुए एक विद्वान ने कहा है कि यह 'चेक्स एंड बेलेंसेस' के माध्यम से शासन करना है। एकात्मक (Unitary) व्यवस्था की समस्त विशेषताओं के साथ संघीय गठन की भारतीय व्यवस्था के लिए यह परिभाषा एकदम सटीक बैठती है। भारतीय संविधान के निर्माताओं ने देश के विभिन्न क्षेत्रों में राजनीतिक, आर्थिक और सांस्कृतिक विषमताओं और विकास के विभिन्न स्तरों को ध्यान में रखते हुए ऐसे सुचिन्तित प्रावधान किए थे जिनसे निकट भविष्य में किसी प्रकार के विवाद, तनाव या टकराहट की स्थितियों से बचा जा सके। कभी ऐसी स्थितियाँ निर्मित भी हो जाएँ तो उनका आसानी से आपसी विचार-विमर्श से हल निकाला जा सके। संविधान लागू होने के बाद एक लम्बे समय तक यह संघीय ढाँचा सुचारु रूप से कार्य करता रहा और केन्द्र व राज्य सरकारों के बीच टकराहट की स्थिति उत्पन्न नहीं हुई। इस स्थिति के निर्माण में लगभग पूरे देश में केवल एक ही दल के सत्तारूढ़ होने के कारण सुविधा हुई है। बीच-बीच में एक-दो राज्यों में अन्य दलों के सत्तारूढ़ होने के बावजूद संघीय ढाँचे के लिए कोई विशेष कठिनाई नहीं हुई। क्षेत्रीय परिषदों की भूमिका भी इस सम्बन्ध में महत्त्वपूर्ण रही है।

विगत बीस वर्षों से इस स्थिति में काफी तेजी से परिवर्तन आ रहा है। विवाद का पहला कारण रहा है, किसी भी राज्य में राष्ट्रपति शासन लगाने की पहल और उसमें राज्यपालों की भूमिका। यह विशुद्ध संवैधानिक प्रश्न होने के बावजूद अक्सर दलगत राजनीति से प्रेरित और प्रभावित रहा है। दूसरा कारण है—विकास कार्यों के लिए वित्तीय साधनों की बढ़ती हुई आवश्यकताएँ और उन पर केन्द्र का लगभग पूरा नियन्त्रण। इसके साथ ही राज्यों सहित पूरे देश की विकास योजनाओं और उनके लिए वित्तीय साधनों की स्वीकृति में विलम्ब ने स्थिति को निरन्तर तनावग्रस्त बनाया है।

केन्द्र-राज्य विवादों के हल के लिए अनेक प्रकार के प्रयास किए गए थे किन्तु वे

तात्कालिक और सम्बन्धित विषय तक ही सीमित रहे। पिछले वर्षों में संवैधानिक और वित्तीय अधिकारों में वृद्धि तथा अधिक स्वायत्ता के लिए अनेक राज्यों की ओर से आवाज उठाई जा रही है। इसी कारण भारत शासन द्वारा जस्टिस आर.एस. सरकारिया की अध्यक्षता में केन्द्र-राज्य सम्बन्ध आयोग का भी गठन किया गया जिसका प्रतिवेदन लम्बे समय से विचाराधीन है। वैसे भी 1989 और 1991 के चुनाव में अनेक राज्यों में अलग-अलग दलों की सरकारें सत्तासीन हुई हैं जबकि केन्द्र में भिन्न दल की सरकार पदासीन है। इस स्थिति में केन्द्र और राज्यों के बीच तनाव की स्थितियाँ बढ़ने की अनेक सम्भावनाएँ हैं। इसके साथ ही यह आशा भी की जा सकती है कि नई परिस्थितियों के कारण भारत के संघीय ढाँचे की बेहतर परख हो सकेगी तथा केन्द्र और राज्यों के बीच नए ढंग के सन्तुलित, परस्पर सहयोगपूर्ण और श्रेष्ठतम राष्ट्रीय हित में उदारतापूर्ण सम्बन्धों का विकास व निर्धारण हो सकेगा।

केन्द्र और राज्यों में अलग-अलग राजनीतिक दलों के सत्तारूढ़ होने का व्यापक प्रभाव सम्पूर्ण भारतीय जनजीवन, जन आन्दोलनों, जनसंचार माध्यमों और जनसम्पर्क प्रयासों के स्वरूप, चरित्र, दिशा और अवयवों पर पड़ेगा।

6

राज्य

इस समय भारतीय संघ में 28 राज्य और 7 केन्द्र शासित प्रदेश हैं। राज्य हैं—आन्ध्रप्रदेश, असम, अरुणाचल प्रदेश, उड़ीसा, उत्तरप्रदेश, कर्नाटक, केरल, गोवा, गुजरात, जम्मू-कश्मीर, तमिलनाडु, त्रिपुरा, नागालैंड, पंजाब, पश्चिम बंगाल, बिहार, मणिपुर, मध्यप्रदेश, महाराष्ट्र, मेघालय, मिजोरम, राजस्थान, सिक्किम, हरियाणा, हिमाचल प्रदेश, उत्तरांचल, झारखंड और छत्तीसगढ़। केन्द्र शासित प्रदेश हैं—दिल्ली, अंडमान-निकोबार, दमन और दीव, चंडीगढ़, दादरा और नगर हवेली, पांडिचेरी और लक्षद्वीप।

कार्यपालिका

प्रत्येक राज्य की कार्यपालिका के अन्तर्गत राज्यपाल और मुख्यमन्त्री के नेतृत्व में गठित मन्त्रिपरिषद होती है।

राज्य की कार्यपालिका के समस्त अधिकार राज्यपाल में निहित होते हैं। भारत के राष्ट्रपति द्वारा राज्यपाल की नियुक्ति पाँच वर्ष के लिए की जाती है किन्तु उनका कार्यकाल राष्ट्रपति की इच्छा पर निर्भर करता है। उत्तराधिकारी द्वारा पदभार ग्रहण करने तक राज्यपाल अपने पद पर बने रहते हैं।

संविधान में किए गए संशोधन के अनुसार अब एक ही व्यक्ति को, एक ही समय में, एक से अधिक राज्यों का राज्यपाल नियुक्त किया जा सकता है।

मुख्यमन्त्री के नेतृत्व में गठित मन्त्रिपरिषद, राज्यपाल को उनके कार्यों में सहायता करती है और सलाह देती है। अनेक राज्यों में कुछ मामले राज्यपाल के विशेष दायित्व या स्वयं विवेक से इस्तेमाल के लिए संविधान में निर्धारित किए गए हैं। नागालैंड में संविधान के अनुच्छेद 371 'क' के अन्तर्गत राज्यपाल को कानून-व्यवस्था के बारे में विशेष जिम्मेदारी सौंपी गई है। इसी प्रकार अरुणाचल प्रदेश के मामले में संविधान के अनुच्छेद 371 'ज' के अधीन कानून और व्यवस्था तथा उससे सम्बन्धित कार्यों को निपटाने में राज्यपाल का विशेष दायित्व है। असम, मेघालय, त्रिपुरा और मिजोरम के

जनजातीय इलाकों पर लागू होनेवाली छठी अनुसूची के पैरा 20 में किए गए उल्लेख के अनुसार जिला परिषद और राज्य सरकार के बीच रॉयल्टी के बँटवारे से सम्बन्धित मामलों में राज्यपाल को अपने विवेक का इस्तेमाल करने के अधिकार दिए गए हैं। मिजोरम और त्रिपुरा के राज्यपालों को विभिन्न कार्यों के सम्बन्ध में विवेक इस्तेमाल करने के अधिकार मिले हुए हैं। सिक्किम के राज्यपाल को राज्य में शान्ति तथा जनता के विभिन्न वर्गों के लोगों की सामाजिक और आर्थिक उन्नति का विशेष उत्तरदायित्व सौंपा गया है।

सभी राज्यपालों को अपने संवैधानिक कार्यों को करते समय जैसे राज्य के मुख्यमन्त्री की नियुक्ति करने अथवा राज्य में संवैधानिक तन्त्र की असफलता की रिपोर्ट राष्ट्रपति को भेजने अथवा राज्य विधानमंडल द्वारा पारित किसी भी प्रस्ताव को स्वीकृति देने से सम्बन्धित मामलों में स्वेच्छा और स्वविवेक से निर्णय लेना होता है।

मन्त्रिपरिषद

राज्यपाल के द्वारा मुख्यमन्त्री की नियुक्ति की जाती है तथा मुख्यमन्त्री की सलाह से अन्य मन्त्रियों की भी नियुक्ति राज्यपाल द्वारा की जाती है। राज्यपाल द्वारा मुख्यमन्त्री और मन्त्रिपरिषद के सदस्यों को पद और गोपनीयता की शपथ दिलाई जाती है।

विधानसभा में बहुमतवाले दल के निर्वाचित नेता को राज्यपाल द्वारा मुख्यमन्त्री नियुक्त किया जाता है। मन्त्रिमंडल सामूहिक रूप से विधानसभा के प्रति उत्तरदायी होता है।

विधानमंडल

प्रत्येक राज्य में एक विधानमंडल होता है जिसके अन्तर्गत राज्यपाल के अतिरिक्त एक या दो सदन होते हैं। बिहार, महाराष्ट्र, कर्नाटक, जम्मू-कश्मीर और उत्तरप्रदेश के विधानमंडल के दो सदन हैं, जिन्हें विधान परिषद और विधानसभा कहते हैं। शेष राज्यों में विधानमंडल का केवल एक ही सदन है जिसे विधानसभा कहा जाता है। किसी वर्तमान विधान परिषद को समाप्त करने या जहाँ वह नहीं है वहाँ स्थापित करने के लिए यदि सम्बन्धित राज्य की विधानसभा प्रस्ताव द्वारा समर्थन करे तो संसद, ऐसा कानून बनाकर व्यवस्था कर सकती है।

विधान परिषद

प्रत्येक राज्य की विधान परिषद के सदस्यों की कुल संख्या राज्य की विधानसभा के सदस्यों की कुल संख्या के एक-तिहाई से अधिक तथा किसी भी स्थिति में 40 से कम नहीं होगी। जम्मू-कश्मीर के संविधान की धारा 50 के अनुसार जम्मू-कश्मीर की विधान

परिषद में 36 सदस्यों का प्रावधान है। परिषद के लगभग एक-तिहाई सदस्य उस राज्य की विधानसभा के सदस्यों द्वारा उन व्यक्तियों में से निर्वाचित किए जाते हैं जो विधानसभा के सदस्य नहीं हों। एक-तिहाई सदस्यों का निर्वाचन नगर पालिकाओं, जिला बोर्डों, और राज्य के अन्य स्थानीय निकायों के सदस्यों के निर्वाचक मंडल करते हैं। कुल सदस्य संख्या के बारहवें भाग का निर्वाचन राज्य की माध्यमिक स्तर की शिक्षा संस्थाओं में कम से कम तीन वर्ष से काम कर रहे अध्यापकों के निर्वाचन मंडल करते हैं। अन्य बारहवें भाग के बराबर संख्या में सदस्यों का निर्वाचन ऐसे पंजीकृत स्नातक करते हैं जिन्हें उपाधि प्राप्त किए तीन वर्ष से अधिक हो गए हों। राज्यपाल द्वारा शेष सदस्यों का नामांकन ऐसे व्यक्तियों में से किया जाता है जिन्होंने साहित्य, विज्ञान, कला, सहकारिता आन्दोलन तथा सामाजिक सेवा के क्षेत्र में प्रतिष्ठा प्राप्त की हो। विधान परिषदों का विघटन नहीं होता। उनके एक-तिहाई सदस्य प्रत्येक दूसरे वर्ष की समाप्ति पर सेवानिवृत्त होते रहते हैं और उनके स्थान भरे जाते हैं।

विधानसभा

किसी राज्य की विधानसभा में अधिक से अधिक 500 तथा कम से कम 60 सदस्य हो सकते हैं। संविधान के अनुच्छेद 371 'एफ' के अनुसार सिक्किम की विधानसभा में 32 सदस्य हैं। विधानसभा सदस्यों का निर्वाचन उस राज्य के निर्वाचन क्षेत्रों से वयस्क मताधिकार के आधार पर प्रत्यक्ष मतदान के द्वारा होता है। निर्वाचन क्षेत्रों का सीमांकन इस ढंग से किया जाता है जिससे कि प्रत्येक निर्वाचन क्षेत्र की जनसंख्या का औसत पूरे राज्य में समान हो। विधानसभा का कार्यकाल पाँच वर्ष का होता है, बशर्ते वह पहले भंग न कर दी जाए।

अधिकार तथा कार्य

राज्य विधानमंडलों को संविधान की सातवीं अनुसूची की राज्य सूची में उल्लेखित विषयों पर पूर्ण अधिकार और उसकी समवर्ती सूची में उल्लेखित विषयों पर केन्द्र के साथ मिले-जुले अधिकार प्राप्त हैं। विधानमंडल की वित्तीय शक्तियों के अन्तर्गत सरकार द्वारा किया जानेवाला सम्पूर्ण व्यय, लगाए जानेवाले कर और ऋण प्राप्त करना शामिल हैं। वित्त विधेयक केवल विधानसभा में ही पेश हो सकता है। विधान परिषद वित्त विधेयक के विधानसभा से प्राप्त होने के 14 दिनों के भीतर, उसमें आवश्यक परिवर्तनों के लिए केवल सिफारिश कर सकती है। विधान परिषद की सिफारिशों को स्वीकार या अस्वीकार करने के लिए विधानसभा स्वतन्त्र है।

विधानमंडल द्वारा पारित किसी विधेयक को राज्यपाल भारत के राष्ट्रपति के पास विचारार्थ भेजने के लिए रोक सकता है। सम्पत्ति का अनिवार्यतः अधिग्रहण, उच्च

न्यायालयों की शक्ति और स्थिति पर प्रभाव डालनेवाले उपायों, अन्तर्राज्यीय नदी या नदी घाटी योजनाओं में पानी या बिजली के संग्रह, वितरण और बिक्री पर कर लगाने जैसे विषयों से सम्बन्धित विधेयक अनिवार्यतः रोके रखे जाना चाहिए। अन्तर्राज्यीय व्यापार पर रोक लगाने का कोई विधेयक राज्य विधानमंडल में राष्ट्रपति की पूर्व स्वीकृति के बिना प्रस्तुत नहीं किया जा सकता।

राज्य विधानमंडल, वित्त पर नियन्त्रण रखने के अतिरिक्त कार्यपालिका के कार्य पर निगरानी रखने के लिए प्रश्नों, चर्चाओं, वाद-विवादों, स्थगन और अविश्वास प्रस्तावों तथा संकल्पों जैसी सामान्य संसदीय प्रक्रियाओं का उपयोग करते हैं। उनकी अपनी प्राक्कलन तथा लेखा समितियाँ भी होती हैं जो यह सुनिश्चित करती हैं कि विधानभंडल द्वारा स्वीकृत किए गए अनुदानों का किस प्रकार उचित रूप से उपयोग किया जाए। सदस्यों की विभागीय समितियाँ व उप-समितियाँ भी महत्त्वपूर्ण भूमिका निभाती हैं।

7

राज्य की प्रशासनिक व्यवस्था

राज्य सरकार के कर्त्तव्यों के सुचारु रूप से निर्वहन के लिए समस्त कार्यों को विभिन्न विभागों/मन्त्रालयों में विभाजित किया गया है। एक अधिसूचना के द्वारा विभागों की संख्या और स्वरूप का निर्धारण किया जाता है। विषयों की महत्ता, राज्य शासन द्वारा सम्बन्धित विषय को दी गई प्राथमिकता और राजनीतिक औचित्यों के आधार पर, इन विभागों के गठन, संख्या आदि में समय-समय पर परिवर्तन किए जाते हैं।

संविधान की सातवीं अनुसूची में निर्दिष्ट राज्य सूची के 66 विषयों और समवर्ती सूची के 47 विषयों को मिलाकर आमतौर पर केन्द्रीय शासन के ढाँचे के अनुरूप समस्त कार्य को लगभग 40 छोटे-बड़े विभागों में विभाजित किया जाता है।

मन्त्रिमंडल

विधानसभा में बहुमत प्राप्त दल के निर्वाचित नेता को राज्यपाल द्वारा मुख्यमन्त्री और मुख्यमन्त्री की सलाह के अनुसार मन्त्रिपरिषद के सदस्यों की नियुक्ति की जाती है। मन्त्रिपरिषद के सदस्यों की संख्या प्रशासकीय कार्य की आवश्यकता और उससे अधिक तत्कालीन राजनीतिक आवश्यकताओं पर निर्भर करती है। मन्त्रिपरिषद के सदस्यों की संख्या निर्धारित करने के लिए विभिन्न राजनीतिक दलों में सहमति विकसित करने का प्रयास किया गया था। इसके अनुसार मन्त्रिपरिषद के सदस्यों की कुल संख्या, विधानसभा के सदस्यों की संख्या के दस प्रतिशत तक ही सीमित रखने की आम धारणा विकसित हुई थी। किन्तु विभिन्न कारणोंवश अनेक राज्यों में इसका अनुपालन नहीं हो पा रहा है।

आमतौर पर मन्त्रिपरिषद त्रि-स्तरीय होती है—मन्त्री, राज्यमन्त्री और उपमन्त्री। कुछ राज्यों में राजनीतिक परिस्थितियों के कारण कभी-कभी उप-मुख्यमन्त्री की भी नियुक्तियाँ की गई हैं। कभी-कभी संसदीय सचिवों की भी नियुक्तियाँ की जाती हैं लेकिन उन्हें पद की शपथ मुख्यमन्त्री दिलाते हैं।

मन्त्रिपरिषद के सदस्यों के बीच कार्य का वितरण मुख्यमन्त्री द्वारा किया जाता है। इस सम्बन्ध में राज्यपाल के नाम से और आदेशानुसार एक अधिसूचना सचिवालय द्वारा जारी की जाती है। शासन के विभाग या विभागों का समूह मन्त्री के प्रभार में सौंपा जाता है। आवश्यकतानुसार एक या अधिक राज्यमन्त्री और उपमन्त्रियों को उनके साथ सम्बद्ध किया जाता है। राज्यमन्त्री के स्वतन्त्र प्रभार में भी विभाग सौंपे जाते हैं। मन्त्रीगण अपने विभाग या विभागों के समूह में से अपने से सम्बद्ध राज्यमन्त्रियों और उपमन्त्रियों के बीच कार्य का विभाजन कर लेते हैं।

मन्त्रिपरिषद की बैठक

प्रशासनिक आवश्यकता और मुख्यमन्त्री की इच्छानुसार मन्त्रिपरिषद की बैठक हर सप्ताह या सुविधानुसार राज्य सचिवालय स्थित मन्त्रिपरिषद के कक्ष में आयोजित की जाती है। इस बैठक में सामान्यतः मन्त्रिगण और स्वतन्त्र प्रभारवाले राज्यमन्त्री भाग लेते हैं। अपने प्रभार के विभाग से सम्बन्धित विषय पर विचार के समय उपमन्त्री और संसदीय सचिव भी भाग लेते हैं। मुख्यमन्त्री की इच्छा के ऊपर यह सब निर्भर करता है।

मन्त्रिपरिषद की औपचारिक बैठक में मुख्य सचिव और विचाराधीन विषय के विभाग के सचिव भी उपस्थित रहते हैं। मन्त्रिपरिषद के निर्णयों के अनुसार ही शासन का कार्य संचालित होता है।

मन्त्रिपरिषद के विचारार्थ विषय के सम्बन्ध में सम्बन्धित विभाग द्वारा संक्षेपिका बनाई जाती है जो बैठक के पहले ही मन्त्रियों को वितरित कर दी जाती है। इस संक्षेपिका में सम्बन्धित विषय की पूरी पृष्ठभूमि और जानकारी का समावेश किया जाता है, जिससे मन्त्रिपरिषद को निर्णय लेने में सुविधा हो। मन्त्रिपरिषद में लिये गए निर्णय के अनुसार ही शासन की नीति निर्धारित होती है। इस नीति के अन्तर्गत ही सचिवालय द्वारा विभाग का कार्य संचालित किया जाता है।

सचिवालय

राज्य के प्रशासनिक ढाँचे का मुख्य केन्द्र राज्य सचिवालय होता है। सचिवालय के प्रमुख अधिकारी मुख्य सचिव होते हैं। इनके साथ ही अतिरिक्त मुख्य सचिव, प्रमुख सचिव, सचिव, संयुक्त सचिव, उप सचिव, अवर सचिव, अनुभाग अधिकारी और लिपिक वर्ग रहते हैं।

अतिरिक्त मुख्य सचिव और प्रमुख सचिवों को बड़े व अधिक महत्त्वपूर्ण समझे जानेवाले विभागों का प्रभार सौंपा जाता है। सामान्यतः सचिव ही विभाग के प्रमुख अधिकारी होते हैं और उनकी सहायतार्थ आवश्यकतानुसार संयुक्त सचिव, उप-सचिव,

अवर सचिव आदि की पदस्थापना की जाती है। आई.ए.एस. वर्ग के इन वरिष्ठ और अनुभवी अधिकारियों को अक्सर ही एक से अधिक विभागों का दायित्व सँभालना पड़ता है। फिर वे अपने अधीनस्थ कर्मचारियों के बीच कार्य का वितरण करते हैं।

कुछ राज्यों में तकनीकी समझे जानेवाले विभागों जैसे लोक-निर्माण, सिंचाई, लोक स्वास्थ्य अभियान्त्रिकी आदि के सचिव पद पर सम्बन्धित विभागों के तकनीकी अधिकारियों की नियुक्ति की भी परम्परा प्रारम्भ हुई है।

मन्त्रिमंडल के निर्णयों और विभागीय मन्त्री के निर्देशों के अनुसार, शासन के कर्त्तव्यों और लक्ष्यों के सम्बन्ध में समस्त नीति सम्बन्धी चिन्तन, योजना और कार्यक्रमों की रूपरेखा के निर्धारण का कार्य सचिवालय के इन विभागों द्वारा सम्पन्न किया जाता है।

संचालनालय/निदेशालय

सचिवालयीन विभागों द्वारा निर्धारित नीतियों, योजनाओं और कार्यक्रमों को राज्य में क्रियान्वित करने का दायित्व विभागाध्यक्ष कार्यालयों, संचालनालयों या निदेशालयों द्वारा किया जाता है। इन संचालनालयों के प्रमुख अधिकारी संचालक/निदेशक होते हैं। बड़े और महत्त्वपूर्ण समझे जानेवाले संचालनालयों/निदेशालयों के प्रमुख अधिकारी के पद पर आयुक्त दर्जे के अधिक वरिष्ठ अधिकारी भी पदस्थ होते हैं। उन्हें अधिक अधिकार भी प्राप्त होते हैं।

विभागाध्यक्ष संचालक/निदेशक की सहायतार्थ मुख्यालय में अतिरिक्त संचालक, संयुक्त संचालक, उप संचालक, सहायक संचालक आदि पदस्थ किए जाते हैं। विभागीय योजनाओं और कार्यक्रमों के प्रभावी क्रियान्वयन के लिए सम्भाग और जिला और उपसम्भाग में विभिन्न स्तर के पदाधिकारियों की पदस्थापना की जाती है। ये अधिकारी योजनाओं के क्रियान्वयन के साथ ही नियमित प्रतिवेदनों के द्वारा मुख्यालयों को प्रगति से अवगत कराते रहते हैं।

सम्भाग

देश में प्रशासनिक व्यवस्था के विकास के ऐतिहासिक कारणों से सम्भाग स्तर पर राजस्व आयुक्त और जिला स्तर पर कलेक्टर/जिलाध्यक्ष/जिलाधीश की विशिष्ट स्थिति है। राज्य शासन के लिए सम्भाग और जिला स्तर पर वे प्रमुख सम्पर्क सूत्र होने के साथ ही अनेक विकास विभागों के सम्भागीय व जिला प्रमुख भी होते हैं। जो विभाग सीधे-सीधे उनके मातहत नहीं हैं वे भी शासकीय कार्य में सामंजस्य और समन्वय के लिए उनके साथ मिलकर ही अपने दायित्वों का निर्वहन करते हैं।

स्वतन्त्रता प्राप्ति के बाद, पंचवर्षीय योजनाओं के अन्तर्गत देश के सर्वांगीण विकास

के प्रयासों के कारण अनेक विकास विभागों की स्थापना की गई है। योजनाओं के क्रियान्वयन के लिए सम्भाग, जिला, उपसम्भाग, तहसील और विकासखंड स्तर तक बड़ी संख्या में क्षेत्रीय कार्यालयों की स्थापना हुई है। लोककल्याणकारी राज्य की स्थापना के स्वप्न को साकार करने के लिए भी विकास योजनाओं के साथ ही अनेक कल्याणकारी योजनाएँ और सामाजिक सेवाएँ प्रारम्भ की गई हैं। इन कार्यों में संलग्न शासकीय कर्मचारी, बहुत बड़ी संख्या में शहरी और ग्रामीण क्षेत्रों में तैनात किए गए हैं। व्यंग्यात्मक कहावत बन गई है कि आम जनता के सीधे और दैनन्दिन सम्पर्क में आनेवाले शासकीय कर्मचारी अब केवल पुलिस के सिपाही और पटवारी मात्र नहीं रह गए हैं। उनसे कहीं अधिक बड़ी संख्या में विकास विभाग कल्याणकारी योजनाओं और सामाजिक सेवाओं में संलग्न व्यक्ति आम जनता के सीधे सम्पर्क में आ रहे हैं।

जनता से प्रत्यक्ष सम्पर्क

जनता से प्रत्यक्ष सम्पर्क में आनेवाले ये व्यक्ति, सम्पर्क के अवसर और क्षण ही पूरे शासन की छवि का प्रारम्भिक रेखांकन करते हैं। बार-बार के एक-से अनुभव और समय के अन्तराल के साथ यही प्रारम्भिक रेखांकन रूप ग्रहण करने लगता है, तरह-तरह के खट्टे-मीठे अनुभवों के रंगों के साथ मजबूत होता जाता है। योजनाओं के सफल क्रियान्वयन के लिए अपेक्षित सक्रिय सहयोग प्राप्ति या चुनावों के निर्णायक क्षणों में यह असहयोग या पक्ष-विपक्ष में मतदान के रूप में अभिव्यक्त होता है। शासन के महान लक्ष्यों, महत्त्वाकांक्षी योजनाओं, सामाजिक कल्याणकारी कार्यक्रमों का लाभ प्राप्ति या कम से कम सन्देश प्राप्ति की कसौटी, निम्नतम स्तर पर सम्पर्क के उस स्थल और क्षण में रूप लेना प्रारम्भ कर देती है।

शासन के जनसम्पर्क और प्रचार माध्यमों के लिए यही स्थल सबसे बड़ी चुनौती और सबसे बड़ा अवसर भी है।

8

अन्य राज्यस्तरीय संस्थाएँ

संविधान में प्रत्येक राज्य के लिए विधायिका और कार्यपालिका के साथ न्यायपालिका का भी प्रावधान किया गया है। प्रत्येक राज्य में उच्च न्यायालय की व्यवस्था की गई है। सामान्यतः उच्च न्यायालय राज्य की राजधानी में ही स्थित होना चाहिए, किन्तु ऐतिहासिक कारणों से कुछ राज्यों में उच्च न्यायालय राजधानी में स्थित न होकर अन्य प्रमुख नगरों में स्थित हैं, जैसे उत्तर प्रदेश के उच्च न्यायालय की मुख्य पीठ इलाहाबाद में और मध्यप्रदेश के उच्च न्यायालय का मुख्य पीठ स्थान जबलपुर में है। कुछ अन्य नगरों में भी खंडपीठ स्थापित की गई हैं।

उच्च न्यायालय

सर्वोच्च न्यायालय के समान ही उच्च न्यायालय के निर्णय दृष्टान्त और विधि का रूप ले लेते हैं। उच्च न्यायालयों के निर्णयों के अनुसार अनेक बार विधायिका द्वारा पारित अधिनियमों में परिवर्तन व संशोधन किए जाते हैं और नए अधिनियमों की रचना की जाती है। महत्त्वपूर्ण प्रकरणों की सुनवाई का कुछ विवरण भी समाचार-पत्रों में प्रकाशित होता है। कानून सम्बन्धी पत्र-पत्रिकाओं में भी उनका प्रकाशन और दस्तावेजीकरण होता है तथा इनका भविष्य में प्रस्तुत होनेवाले उसी तरह के प्रकरणों में उद्धरण देने के लिए उपयोग किया जाता है।

न्याय व्यवस्था की गरिमा की रक्षा की जानी चाहिए और न्यायालयों की अवमानना नहीं की जानी चाहिए—इस सम्बन्ध में कोई मतभेद नहीं है। भारतीय न्याय व्यवस्था को कम जटिल, सस्ती और सुलभ बनाने के लिए अनेक प्रयास किए गए हैं। इन प्रयासों के बावजूद लम्बित प्रकरणों की संख्या (लाखों में) निरन्तर बढ़ती जा रही है। वादी-प्रतिवादियों की दूसरी और तीसरी पीढ़ी में मुकदमे का निर्णय होने के समाचार भी बॉक्स में छपते हैं। लोक अदालतें आयोजित करने का भी प्रयोग किया गया है। यह विचारणीय प्रश्न है कि न्याय व्यवस्था को कम जटिल, सस्ती और सुलभ बनाने

में जनसंचार के माध्यमों की भूमिका क्या हो सकती है ? यह बात बहुत जोर से कही जा रही है कि न्यायालयों की गरिमा बनाए रखते हुए यदि जनसंचार माध्यम, न्यायालयों से सम्बन्धित मामलों में अधिक रुचि लेकर, समाचार-पत्रों में अधिक स्थान देकर, आम जनता को अधिक जानकार और जागरूक बना सकें तो अनावश्यक मुकदमेबाजी कम करने, न्याय को त्वरित, सस्ता और सुलभ बनाने में महत्त्वपूर्ण योगदान कर सकेंगे।

लोक सेवा आयोग

संविधान की मंशा के अनुरूप राज्य में राज्य सरकार के अधिनियम के अन्तर्गत लोक सेवा आयोग की स्थापना की जाती है। आयोग के सदस्यों की नियुक्ति राज्य सरकार द्वारा की जाती है। लोक सेवा आयोग राज्य सरकार की सेवाओं के लिए एक निर्दिष्ट स्तर तक के अधिकारियों का चयन करता है। चयन की प्रक्रिया का निर्धारण स्वयं आयोग करता है जिसके अन्तर्गत आवश्यकतानुसार सीधा साक्षात्कार और प्रतियोगी परीक्षाओं का आयोजन किया जाता है।

राज्य शासन की सेवाओं में प्रति वर्ष बड़ी संख्या में होनेवाली कर्मचारियों की भर्ती को ध्यान में रखकर कुछ राज्यों में कनिष्ठ सेवा चयन आयोगों का भी गठन किया गया है।

यह सब व्यवस्था अधिकारियों और कर्मचारियों के चयन को योग्यता पर आधारित तथा पक्षपात रहित बनाने के उद्देश्य से की गई है।

विभिन्न प्रकार के राग-द्वेष, धन या राजनीति के प्रभावों से मुक्त रहने के उद्देश्य से ही इन आयोगों के कार्यों में अत्यधिक गोपनीयता बरती जाती है। उम्मीदवारों को चयन प्रक्रिया के सम्बन्ध में अधिक जानकारी उपलब्ध कराने की निरन्तर बढ़ती हुई माँग और उचित आवश्यकताओं को ध्यान में रखकर अब रिक्त स्थानों की संख्या, अर्हता आदि की सूचनाओं के विज्ञापन अधिक व्यापक स्तर पर प्रकाशित किए जाते हैं। आवेदन पत्रों के साथ प्रतियोगी परीक्षाओं के विषयों, पाठ्यक्रमों, प्रश्नपत्रों के अंकों के सम्बन्ध में भी अब पहले से अधिक जानकारी प्रदान की जाती है। परीक्षा प्रणालियों में परिवर्तन के सम्बन्ध में भी व्यापक प्रचार किया जाता है।

इस अत्यधिक गोपनीय कार्य के सम्बन्ध में भी अधिकाधिक जानकारी देने का प्रयास लोक सेवा आयोग द्वारा केवल योग्यता के आधार पर श्रेष्ठ उम्मीदवारों के चयन की, दबावों से पूर्णतः अप्रभावित रहने और निष्पक्षता की विश्वसनीयता और छवि बनाए रखने के उद्देश्य से किया जाता है। जनसम्पर्क का यह कार्य अभी आयोग के सचिव द्वारा अध्यक्ष के निर्देशानुसार किया जाता है। इस कार्य के लिए प्रशिक्षित और अनुभवी जनसम्पर्क अधिकारियों की नियुक्ति अधिक हितकर सिद्ध होगी।

लोकायुक्त

अनेक राज्यों में सार्वजनिक जीवन में बढ़ते हुए भ्रष्टाचार के प्रकरणों के अन्वेषण और सुनवाई के लिए लोक आयुक्त कार्यालयों की स्थापना की गई है। विभिन्न राज्यों में उनके पदनाम, अधिकार और कार्यक्षेत्र में अन्तर है। आमतौर पर लोकायुक्त पद पर उच्चतम न्यायालय के अवकाशप्राप्त न्यायाधीशों की नियुक्तियाँ की गई हैं।

लोकायुक्त स्वयं या उनके सचिव समय-समय पर अपने कार्यों के सम्बन्ध में पत्रज्ञप्तियाँ जारी करते हैं या पत्रकारवार्ता आयोजित कर समाचारपत्रों में प्रकाशन के लिए जानकारी प्रदान करते हैं।

9

सार्वजनिक उपक्रम

सर्वांगीण विकास के लिए योजनाबद्ध प्रयासों के अन्तर्गत विभिन्न राज्यों में अनेक राज्यस्तरीय संस्थाओं, निगमों (कॉरपोरेशन) और सार्वजनिक उपक्रमों व उद्योगों की स्थापना की गई है। अनेक विकास कार्य इतने बड़े आकार-प्रकार के हैं कि उनकी स्थापना, व्यवस्था, आय-व्यय की देखरेख और सफलतापूर्वक संचालन का प्रबन्धन राज्य शासन के सचिवालयीन या विभागाध्यक्षीय संगठन के अन्तर्गत सम्भव नहीं था। ऐसे कार्यों के लिए राज्य शासनों द्वारा सामान्यतः कम्पनी कानून के अन्तर्गत इन निगमों, बोर्डों आदि का गठन किया गया है। इनमें प्रमुख हैं—विद्युत मंडल, परिवहन निगम, लघु उद्योग निगम, खादी बोर्ड, हस्तशिल्प विकास निगम, गृह निर्माण मंडल, ऊर्जा निगम, कृषि उद्योग, विकास निगम, पाठ्यपुस्तक निगम, तिलहन संघ, दुग्ध निगम, सेतु निगम। इनके अतिरिक्त राज्य शासनों द्वारा अनेक औद्योगिक इकाइयों की भी स्थापना की गई है।

इन सार्वजनिक उपक्रमों को सौंपे गए निर्माण, उत्पादन और सेवा उपलब्ध कराने के महत्त्वपूर्ण लक्ष्यों की पूर्ति के लिए आवश्यक वित्तीय साधन भी राज्य शासनों द्वारा उपलब्ध कराए गए हैं। इन उपक्रमों द्वारा अपनी आवश्यकताओं के लिए बैंकों व वित्तीय संस्थाओं से भी धन प्राप्त किया जाता है।

यह उल्लेखनीय है कि इन सार्वजनिक उपक्रमों की स्थापना के प्रारम्भिक वर्षों में इनका प्रबन्धन विशेषज्ञों और वरिष्ठ अधिकारियों को सौंपा गया था। कालान्तर में इनके अध्यक्ष-उपाध्यक्ष पदों पर विभागीय मन्त्री और फिर अशासकीय व्यक्तियों को भी नियुक्त किया जाने लगा।

ये सार्वजनिक उपक्रम उत्पादन, निर्माण या सेवा उपलब्ध कराने के महत्त्वपूर्ण जनहितकारी कार्यों में संलग्न हैं। अपनी गतिविधियों से आम जनता को अवगत कराने के लिए अधिकतर उपक्रमों में जनसम्पर्क व प्रचार कक्ष की भी स्थापना की गई है। राज्य शासन के जनसम्पर्क विभागों के अधिकारियों की सेवाएँ भी इन उपक्रमों द्वारा प्रतिनियुक्ति पर प्राप्त की गई हैं। अनेक उपक्रमों में सीधी भर्ती भी की गई है।

इन सार्वजनिक उपक्रमों में जनसम्पर्क के लिए बहुत व्यापक क्षेत्र है। आन्तरिक और बाह्य जनसम्पर्क की बहुत आवश्यकता और सम्भावनाएँ हैं। राज्य शासन ने जनहित में आवश्यक और महत्त्वपूर्ण मानकर ही इन उपक्रमों की स्थापना की है। आम जनता को यह जानने का हक है कि उसके हित के नाम पर कौन-सा और कैसा कार्य किया जा रहा है ? धनराशि का किस प्रकार उपयोग किया जा रहा है ? उपक्रम ने अपने लक्ष्य की पूर्ति की दिशा में कितनी प्रगति की है ? भविष्य की योजनाएँ क्या हैं ? अब तक इससे जनता का क्या हित हुआ है और भविष्य में क्या होनेवाला है ?

उपक्रम स्थापना का निर्णय, उसकी योजना, वित्तीय व्यवस्था, निर्माण कार्य का प्रारम्भ, समय-समय पर उसकी प्रगति, निर्माण कार्य के विभिन्न भागों के कार्य की समाप्ति, उत्पादन या सेवा का प्रारम्भ, फिर उसकी प्रगति, दैनन्दिन गतिविधियाँ आदि सभी अवसर ऐसे होते हैं जिनका जनसम्पर्क और प्रचार के लिए उपयोग किया जा सकता है। समाचार-पत्रों, आकाशवाणी को समाचार, आलेख और फोटो उपलब्ध कराने के साथ ही पत्रकार वार्ता, पत्रक या पुस्तिका का प्रकाशन किया जा सकता है। उपक्रम के कार्य के सम्बन्ध में वीडियो फिल्में बनाई जा सकती हैं। सभी संचार माध्यमों का एक सुविचारित और योजनाबद्ध ढंग से उपयोग कर उपक्रम की उत्तम छवि का निर्माण किया जा सकता है।

यह सही है कि अभी तक जनसम्पर्क को प्रबन्धन के आवश्यक और महत्त्वपूर्ण अंग के रूप में मान्यता नहीं मिली है और इसी कारण जनसम्पर्क और प्रचार विभाग का गठन तथा जनसम्पर्क अधिकारी की नियुक्ति भी तदर्थ आधार पर की जाती है। यह उचित नहीं है और इस परिस्थिति में तेजी से परिवर्तन आ रहा है। वर्तमान तदर्थ व्यवस्था में साधनों की कमी रहती है। विशेष अवसरों पर अन्य विभागों से तदर्थ व्यवस्था कर दी जाती है और बाकी समय अध्यक्ष-उपाध्यक्ष और महाप्रबन्धक का थोड़ा-बहुत प्रचार और कुछ विज्ञापन जारी करने तक ही जनसम्पर्क व प्रचार कार्य सीमित रह जाता है। इसके परिणामों का अन्दाजा अधिकांश सार्वजनिक उपक्रमों की वर्तमान छवि से लगाया जा सकता है।

रचनात्मक प्रचार और जनसम्पर्क के जो अनेकानेक अवसर प्राप्त होते हैं उनमें से दो-चार बार भी जनसम्पर्क अधिकारी और प्रचारकक्ष अपनी उपयोगिता सिद्ध कर सकें तो अपना कार्यक्षेत्र, प्रभावक्षेत्र और साधन-सुविधाएँ बढ़ाने का मार्ग आसानी से प्रशस्त कर सकते हैं। इस उद्देश्य की पूर्ति के लिए शासन के जनसम्पर्क विभाग तथा अन्य सार्वजनिक उपक्रमों के जनसम्पर्क अधिकारियों से सहयोग प्राप्त किया जा सकता है। इसके लिए इन सहकर्मी संस्थानों और इनके कर्मचारियों से जीवन्त सम्पर्क और सामंजस्यपूर्ण सहयोग के सम्बन्ध विकसित करने होंगे। परस्पर सहयोग का यह वातावरण सभी जनसम्पर्क कर्मियों के हित में होगा। अनेक नगरों में कल्पनाशील जनसम्पर्क अधिकारियों ने विशेष अवसरों पर सभी स्थानीय विभागों और उपक्रमों के जनसम्पर्क अधिकारियों और प्रचार इकाइयों के सहयोग से प्रभावी प्रचार अभियानों का संचालन

सफलतापूर्वक किया है। सहयोग, सामंजस्य और समन्वय के प्रयासों ने सभी सम्बन्धित जनसम्पर्क अधिकारियों के प्रभाव और क्षमता की छवि में अभिवृद्धि की है।

जनसम्पर्क इकाइयों के बीच सहयोगपूर्ण और समन्वित प्रयासों के व्यापक प्रभाव से प्रेरित होकर अनेक स्थानों पर मासिक मीडिया मीटिंग की परम्परा प्रारम्भ हुई है। जनसम्पर्क इकाइयों के प्रभारी अधिकारी इन बैठकों में अपनी आम कठिनाइयों और समस्याओं के सम्बन्ध में विचार-विमर्श कर एक-दूसरे के अनुभवों के आधार पर समाधान खोजने का प्रयास करते हैं। यथासम्भव एक-दूसरे की सहायता करते हैं। विशेष अवसरों के अतिरिक्त सामान्य स्थितियों में भी दृश्य-श्रव्य साधनों, प्रदर्शनी, सांस्कृतिक आयोजनों में समन्वित प्रचार कार्यक्रम बनाए जाते हैं और बहुआयामी तथा व्यापक प्रचार अभियान संचालित किए जाते हैं। इन प्रयासों के कारण किसी इकाई में साधनों की कमी आसानी से पूरी कर ली जाती है।

10

राज्य सरकार के लिए जनसम्पर्क

देश में लोककल्याणकारी राज्य की स्थापना के प्रयासों के अन्तर्गत शासन की गतिविधियों का अत्यधिक विस्तार हुआ है। शासन के विभागों का विस्तार होने के साथ ही अनेक नए-नए विभागों की स्थापना हुई है। द्वितीय विश्वयुद्ध के समय भारत शासन के समान राज्यों में भी युद्ध प्रयासों को प्रोत्साहित करने के लिए तदर्थ व्यवस्थाएँ की गई थीं। आम जनता को युद्ध प्रयासों के समाचार देने के लिए युद्ध समाचार साप्ताहिक पत्र का प्रकाशन किया गया। व्यापक क्षेत्र में उसका वितरण किया जाता था। भारतीय थल, जल और वायु सेना में भर्ती के लिए बड़े पैमाने पर प्रचार सामग्री का मुद्रण और वितरण किया जाता था। समाचार-पत्रों में विज्ञापन भी प्रसारित किए जाते थे। सेना भर्ती दल भी देशभर में घूमकर नवयुवकों को नौकरी के लिए भर्ती कर रहे थे। अंग्रेज सरकार की यह तत्कालीन प्राथमिक आवश्यकता थी। इस व्यापक प्रचार अभियान के पीछे एक और उद्देश्य था। भारत के स्वतन्त्रता संग्राम का नेतृत्व करनेवाली भारतीय राष्ट्रीय कांग्रेस ने विदेशी सरकार के युद्ध प्रयासों में असहयोग करने की घोषणा कर दी थी। सन् 1939 में व्यक्तिगत सत्याग्रह के बाद सन् 1942 में 'अंग्रेजो, भारत छोड़ो' आन्दोलन और 'करो या मरो' का कार्यक्रम प्रारम्भ कर दिया था। इन आन्दोलनों का युद्ध प्रयासों पर बहुत प्रतिकूल प्रभाव पड़ा था। इस प्रभाव को कुछ कम करने और युद्ध में संलग्न सैनिकों, युद्ध सामग्री का निर्माण करनेवाले कारखानों, रेल, जहाजरानी, संचार व अन्य आवश्यक सेवाओं में संलग्न कर्मचारियों के मनोबल को ऊँचा बनाए रखने के लिए भी प्रचार अभियान को विशेष प्राथमिकता के आधार पर संचालित किया गया था। शिक्षण संस्थाओं में भी युद्ध समाचारों और सामग्री की सामान्य ज्ञान की प्रतियोगिताएँ आयोजित की गईं और आकर्षक पुरस्कार वितरित किए गए। जनता की रुचि बनाए रखने के लिए युद्ध सामग्री की प्रदर्शनियाँ भी आयोजित की गईं।

द्वितीय विश्वयुद्ध के बावजूद, यह सारा प्रयास, विदेशी सरकार की युद्ध सम्बन्धी तत्कालीन आवश्यकता की पूर्ति के लिए किया गया तदर्थ प्रयास ही था। इसीलिए युद्ध समाप्ति के साथ ही यह सारी प्रचार व्यवस्था तुरन्त समाप्त हो गई। कर्मचारियों की

छँटनी हो गई और जो कर्मचारी शासन के स्थाई विभागों से प्रतिनियुक्ति पर लिये गए थे वे उन विभागों को वापस कर दिए गए।

इतिहास

विश्वयुद्ध की समाप्ति के तुरन्त बाद विदेशी शासन के अन्तर्गत 1946 में अन्तिम बार चुनाव हुए। विभिन्न राज्यों में जनता का बहुमत प्राप्त दलों को शासन संचालन का अधिकार प्राप्त हुआ। आम जनता के वास्तविक प्रतिनिधियों ने राज्यों में मन्त्रिमंडल का गठन किया। यह वह समय था जब 'भारत छोड़ो' आन्दोलन, नौसैनिक विद्रोह तथा युद्धोत्तरकालीन बदली हुई अन्तर्राष्ट्रीय राजनीतिक परिस्थितियों के कारण यह लगभग स्पष्ट हो गया था कि आगामी कुछ ही वर्षों में भारत स्वतन्त्र हो जाएगा। सरकार के गठन के बाद पूरा वातावरण उत्साह से भर उठा था। आम जनता में घटनाक्रम जानने की उत्सुकता में तेजी के साथ वृद्धि हो रही थी। युद्ध के दौरान संचार साधनों का काफी विस्तार हुआ था। रेडियो और उसके द्वारा समाचार प्रसारण में जनरुचि अत्यधिक तेजी से विकसित हो रही थी। देशभर में अनेक स्थानों से नए-नए समाचार-पत्रों का प्रकाशन भी इसी दौरान प्रारम्भ किया गया।

महायुद्ध की समाप्ति के बाद महायुद्ध की रोमांचकारी घटनाओं, अन्तर्राष्ट्रीय राजनीति के नए समीकरणों, राष्ट्रीय स्तर पर तेजी से बदलते घटनाचक्र और राज्यों के मन्त्रिमंडलों द्वारा समाप्त की जा रही विदेशी शासन की परम्पराओं तथा जनहित के नए-नए कार्यक्रमों के समाचारों को जानने के लिए आम जनता में अभूतपूर्व उत्सुकता जागृत हुई थी। रेडियो सुननेवालों और समाचार-पत्रों व उनके पढ़नेवालों की संख्या में बहुत तेजी से वृद्धि हुई थी। जन-प्रतिनिधियों द्वारा गठित सरकारों द्वारा किए जा रहे महत्त्वपूर्ण कार्यों की जानकारी जनता तक पहुँचाने की आवश्यकता भी इस अवधि में तेजी से महसूस की गई। इन सरकारों में स्वतन्त्रता संग्राम के वे सेनानी थे जिन्होंने जन-जागरण, जन-सेवा और जन-आन्दोलनों में, महान त्याग और तपस्या के साथ अपने जीवन के बहुमूल्य वर्ष लगा दिए थे। जनता को सूचित, शिक्षित और प्रेरित करने का उन्हें अनुभव था—उसके महत्त्व को वे अच्छी तरह समझते थे। यह कार्य सरकारी स्तर पर व्यापक रूप से संचालित करने के लिए इस अवधि में विभिन्न राज्यों में सूचना विभाग, प्रकाशन विभाग आदि नामों से प्रचार विभाग की नींव रखी गई।

प्रारम्भ में स्वतन्त्रता संग्राम में सक्रिय योगदान करनेवाले साहित्यकारों और पत्रकारों का सहयोग स्वतन्त्र भारत की राज्य सरकारों की गतिविधियों के प्रचार कार्य के लिए प्राप्त किया गया। स्वतन्त्रता प्राप्ति के बाद के प्रथम कुछ वर्षों तक लोकप्रिय सरकारों द्वारा लिये जा रहे (विदेशी शासन की नीतियों और कार्यों के सन्दर्भ में) क्रान्तिकारी निर्णयों के प्रचार पर अधिक बल दिया गया। निर्वाचित सरकारों के प्रतिनिधियों के रूप

में मन्त्रियों द्वारा राज्य के विभिन्न क्षेत्रों के व्यापक दौरों का विशेष महत्त्व था। उस समय इन दौरों का मूल उद्देश्य आजादी के सन्देश को जन-जन तक पहुँचाना माना जाता था। इसी कारण इन दौरों और इनके दौरान विभिन्न स्थानों पर मन्त्रियों द्वारा दिए जानेवाले भाषणों के प्रचार और फोटो प्रकाशन को विशेष महत्त्वपूर्ण कार्य माना गया। इस प्रचार का मुख्य माध्यम विभिन्न स्थानों से प्रकाशन प्रारम्भ कर रहे समाचार-पत्र ही थे। इसी कारण वरिष्ठ पत्रकारों को राज्य सरकारों के सूचना एवं प्रकाशन विभागों में नियुक्ति प्रदान कर संगठन के विधिवत् विस्तार का प्रारम्भ हुआ।

पंचवर्षीय योजना में

सन् 1951 में भारत में प्रजातान्त्रिक व्यवस्था के अन्तर्गत पंचवर्षीय योजनाओं के माध्यम से योजनाबद्ध विकास का एक अभिनव प्रयोग प्रारम्भ हुआ। प्रथम पंचवर्षीय योजना के दौरान राज्यों में अनेक विकास परियोजनाओं और कल्याण कार्यक्रमों को प्रारम्भ किया गया। राष्ट्र के सर्वांगीण विकास की इन योजनाओं के समुचित प्रचार की भी आवश्यकता महसूस की गई। मन्त्रियों के भाषणों और फोटो के साथ ही इन विकास योजनाओं से सम्बन्धित समाचारों के संकलन और प्रसारण को भी महत्त्व दिया जाने लगा। इसके लिए राज्य सरकारों ने पाक्षिक और मासिक पत्रिकाओं का प्रकाशन प्रारम्भ किया। योजना सम्बन्धी पुस्तिकाओं, पत्रकों, भित्ती समाचारपत्रों का भी प्रकाशन प्रारम्भ किया गया। गणतन्त्र दिवस, स्वतन्त्रता दिवस तथा अन्य विशेष अवसरों पर प्रदर्शनियों के आयोजन की भी शुरुआत हुई। ग्रामीण क्षेत्रों में सामुदायिक रेडियो केन्द्रों और डाक्यूमेंट्री फिल्मों के प्रदर्शन की योजनाओं का प्रारम्भ भी इसी अवधि में हुआ। अधिक अन्न उपजाओ, वन महोत्सव, मद्यनिषेध, छुआछूत निवारण आदि राष्ट्रीय अभियानों के विज्ञापनों का भी प्रसारण किया गया।

विभिन्न राज्यों के सूचना विभाग के क्षेत्र प्रचार सहायक और सूचना सहायक फिल्म प्रदर्शन और प्रदर्शनियों के आयोजन के साथ ही राष्ट्रीय अभियानों के सम्बन्ध में भाषण भी देते थे। कुछ राज्यों में इन राष्ट्रीय अभियानों, विकास योजनाओं और कल्याणकारी कार्यक्रमों के सम्बन्ध में भाषण और टाकिंग पॉइंट्स विशेष रूप से तैयार किए जाते थे। स्वतन्त्रता प्राप्ति के प्रारम्भिक वर्षों में यह प्रचार अभियान सम्बन्धित क्षेत्र की आवश्यकताओं और पृष्ठभूमि को ध्यान में रखकर विशेष सतर्कता के साथ तैयार किए जाते थे। कुछ राज्यों में सूचना विभाग के अधिकारियों को जनसभाएँ आयोजित करने का दायित्व भी निभाना पड़ता था। इन जनसभाओं में मन्त्रीगण, अन्य विभागों के वरिष्ठ अधिकारी और सूचना विभाग के अधिकारीगण विकास योजनाओं और राष्ट्रीय पुनर्निर्माण के महान अभियान में जनता के सक्रिय सहयोग के लिए आह्वान करते थे।

बुनियाद

समाचार संकलन और प्रसारण, फोटो, विज्ञापन, पत्रिका एवं पुस्तिका प्रकाशन, फिल्म प्रदर्शन और प्रदर्शनी आयोजन के रूप में सूचना विभागों के कार्यों की बुनियादी रूपरेखा ने इस अवधि में स्वरूप ग्रहण किया। इन सभी कार्यों का संचालन राज्यों की राजधानियों से सम्भव था, इसलिए इस अवधि में सूचना विभागों का संगठन राजधानियों तक ही केन्द्रित रहा। नए साधनों की प्राप्ति और कर्मचारियों की भर्ती के साथ इनका विस्तार सम्भागीय केन्द्रों तक हुआ। प्रथम पंचवर्षीय योजना के अन्तिम वर्षों में ग्रामीण क्षेत्रों में सामुदायिक विकास खंड योजना के प्रारम्भ के साथ प्रचारतन्त्र के जिला और अनुविभागीय स्तर तक विस्तार की आवश्यकता तेजी से महसूस की गई। उस समय योजनाओं के अन्तर्गत किए जानेवाले सभी कार्य-विभागों का गठन, विस्तार, वाहनों का क्रय आदि सभी कुछ केन्द्रीय योजना आयोग की सहमति और स्वीकृति से ही सम्भव था। योजना आयोग की स्वीकृति के बाद सूचना विभाग के जिला कार्यालयों की स्थापना सन् 1956 से शुरू हुई तथा द्वितीय पंचवर्षीय योजना के दौरान ही प्रायः सभी राज्यों में इन जिला कार्यालयों की स्थापना का कार्य पूरा हो गया।

भूमिका

गत पैंतीस वर्षों में सूचना एवं जनसम्पर्क विभागों का सभी दृष्टियों से आशातीत विकास हुआ है। राज्यव्यापी संगठनात्मक विस्तार के साथ अधिकारियों एवं कर्मचारियों की संख्या में वृद्धि हुई है। उनके वेतनमान और सेवा परिस्थितियों में सुधार हुआ है। वाहनों के साथ ही सभी प्रमुख कार्यालयों में टेलीप्रिंटर, टेलेक्स, फैक्स मशीनों, उत्तम कैमरे, सुसज्जित डार्करूम, वी.सी.आर., सन्दर्भ पुस्तकालय, सूचना केन्द्र, मुद्रण एवं सामग्री वितरण के साधन सुलभ कराए गए हैं। आवश्यकतानुसार वित्तीय साधन भी सुलभ कराए जाते हैं।

स्पष्टतः यह जनसम्पर्क और सूचना विभागों की महत्त्वपूर्ण भूमिका और प्रजातान्त्रिक समाज व्यवस्था के अन्तर्गत इस कार्य की अनिवार्य आवश्यकता के बेहतर मूल्यांकन, अहसास और समझ के विकास के कारण सम्भव हुआ है। जनसम्पर्क और सूचना विभाग के कार्यों की एक निर्दिष्ट रूपरेखा का विकास हुआ है। उसकी छवि अब 'दिवालिया महाराजा की टूटी गढ़ी के सामने, शान के लिए झूमते (भूखे) हाथी' की नहीं रही है। दूसरी ओर निजी औद्योगिक संस्थानों के जनसम्पर्क या सूचना विभागों से भी उसकी तुलना नहीं की जा सकती और दोनों के लक्ष्यों की विभिन्नता के कारण ऐसी तुलना करना न्यायपूर्ण तथा उचित भी नहीं है। राज्यों के जनसम्पर्क और सूचना विभागों ने प्रशासकीय और राजनीतिक सीमाओं के बावजूद अपने दायित्वों का सफलतापूर्वक निर्वहन कर अपनी सुस्पष्ट छवि निर्मित की है जिस पर सहज ही गर्व किया जा सकता है।

सन् 1975-77 का आपातकाल (जो पूरे भारतीय समाज के लिए शर्मनाक क्षेपक था) को छोड़कर, राज्य सरकारों के जनसम्पर्क और सूचना विभागों ने राष्ट्रीय लक्ष्यों की प्राप्ति की दिशा में जनहित में व्यापक और सक्षम प्रयास किए हैं। राज्य शासन की नीतियों के निर्धारण का काम राजनीतिक नेतृत्व द्वारा और उनका कार्यान्वयन प्रशासकीय तन्त्र द्वारा किया जाता है तथा नीतियों व उनके कार्यान्वयन और उसके सन्देश विभिन्न माध्यमों द्वारा शीघ्रातिशीघ्र आम जनता तक पहुँचाने का काम जनसम्पर्क और सूचना विभागों द्वारा किया जाता है। समस्त कठिनाइयों और सीमाओं के बावजूद राज्यों में जो चतुर्दिक प्रगति हुई है, उसके श्रेय में भी वह बराबर का हकदार है।

11

जनसम्पर्क संचालनालय

सरकार के लिए जनसम्पर्क का सीधा अर्थ सरकार के कार्यों, गतिविधियों और योजनाओं के सम्बन्ध में जनमत को सूचित, शिक्षित और प्रेरित कर सरकार के कार्यों में जनता की स्वैच्छिक सहमति, स्वीकृति और सहयोग प्राप्त करने के लिए सुविचारित ढंग से लक्ष्य, कार्यक्रम या नीति निर्धारित कर योजनाबद्ध प्रयास करना ही है। आज सरकार का कार्यक्षेत्र केवल कानून, न्याय प्रशासन और भू-राजस्व संग्रह तक ही सीमित नहीं रह गया है। प्रजातान्त्रिक समाज व्यवस्था और उसके साथ ही जन्म से मृत्यु तक सुरक्षा प्रदान करनेवाले लोककल्याणकारी राज्य की अवधारणा ने सरकार के कार्यक्षेत्र का अत्यधिक विस्तार कर दिया है। जनजीवन का कोई भी पक्ष ऐसा नहीं रह गया है कि जो कहीं न कहीं सरकार, सरकारी योजना या गतिविधि से सम्बन्ध नहीं रखता हो। सरकार के इसी बढ़े हुए सरोकार के कारण आमतौर पर यह कहा जाता है कि वर्तमान समाज व्यवस्था में सरकार का हस्तक्षेप असीमित हो गया है।

आयाम

इसके गुण-दोष विश्लेषण में न पड़ते हुए भी यह तथ्य यह एहसास कराने के लिए पर्याप्त है कि सरकार या उसकी गतिविधि लगभग सर्वव्यापी हो गई है। तन्त्र की यह विशालता उसके लिए जनसम्पर्क कार्य की जटिलता और कठिनाई को रेखांकित करती है। जनसम्पर्क कार्य की शुरुआत करने से पहले इस सर्वव्यापी विशालता को अच्छी तरह से समझ लिया जाना चाहिए।

सरकार को आमतौर पर निर्वैयक्तिक माना जाता है। किन्तु इसमें व्यक्ति (मन्त्री, कर्मचारी, नागरिक) संस्था तन्त्र, (विभाग, शासकीय संस्थाएँ) और नीतियाँ (विकास योजनाएँ और कल्याणकारी कार्यक्रम) तीनों का समावेश है। सरकार एक ही समय नीति निर्धारण, संचालन और कार्यान्वयन के अनेक स्तरों पर कार्यरत रहती है। स्पष्टतः ही सरकार के कार्य बहुआयामी, बहुस्तरीय, बहुकेन्द्रीय, बहुमुखी, बहुपक्षीय होने के साथ ही

अत्यधिक विविधतापूर्ण और पेचीदा हैं। इस सबके बाद भी वह जनता के लिए एक ही संस्था या संगठन का नाम है। प्रदेश के एक कोने में होनेवाली कोई एक घटना भी उसकी अच्छी या बुरी छवि की रेखा या रंग अंकित करने में समर्थ है।

त्रितर्फा कार्य

सरकारी जनसम्पर्क दुतर्फा नहीं त्रितर्फा कार्य है। आमतौर पर जनसम्पर्क का कार्य संस्था और उससे सम्बन्धित जनता तक ही सीमित समझा जाता है, किन्तु यह बहुत पुरानी धारणा है। सरकार निर्वैयक्तिक होते हुए भी विधायक, मन्त्री, अधिकारी, कर्मचारी, अनेकानेक विभाग और उनके द्वारा संचालित होनेवाली योजनाओं में कार्यरत कर्मचारियों का ही एक समूह है। दूसरा पक्ष, मन्त्री व नेतृत्व है जो पूरे शासन के संचालन के लिए नीति निर्धारण का कार्य करता है और तीसरा पक्ष है प्रदेश की आम जनता, जिसके लिए ये दोनों अपने आपको समर्पित घोषित करते हैं। जनसम्पर्क कार्य के अन्तर्गत इन तीनों पक्षों को ही सूचित, शिक्षित और प्रेरित करने और तीनों पक्षों को प्रतिक्रियाओं से अवगत रखने की प्रक्रिया सतत जारी रखना अनिवार्य आवश्यकता है। सरकार का सन्देश जनता तक, जनता की प्रतिक्रिया शासन के कर्णधारों तक और शासनतन्त्र में लगे हुए कर्मचारियों को नीति और प्रतिक्रिया, दोनों से ही एक साथ सूचित, शिक्षित और प्रेरित करना शासन के सक्षम संचालन और उसकी लोकप्रियता के लिए प्राथमिक आवश्यकता है। नीति निर्धारक मन्त्रिमंडल और वरिष्ठ अधिकारियों और इन नीतियों को कार्यान्वित करनेवाले प्रशासनतन्त्र और उसके कर्मचारियों के बीच यदि लक्ष्यों, नीतियों और कार्यक्रमों के सम्बन्ध में पूर्ण जानकारी या तादात्म्य नहीं होगा तो अकारण नीति निर्धारण और कार्यान्वयन के बीच गहरी खाई होगी और विरोधाभासपूर्ण स्थितियों का निर्माण होगा। नीतियों के निर्धारण और उनके कार्यान्वयन की अवधि लम्बी खिंच जाएगी और जिस रूप में चाहा गया था उस रूप में नीतियों का क्रियान्वयन सम्भव नहीं होगा। एक जीवन्त संगठन के लिए यह स्थिति कष्टकर और दुर्भाग्यपूर्ण होगी। यातायात और संचार के आधुनिक साधनों के उपयोग के द्वारा यह कार्य सहज साध्य है। लेकिन केवल साधन उपलब्ध हो जाने से ही ऊपर का सन्देश नीचे तक तुरन्त या अपने आप पहुँच जाए, ऐसा सम्भव नहीं है। प्रशासनतन्त्र की सक्षमता के लिए और जनसम्पर्क के व्यापक लक्ष्यों को ध्यान में रखकर ऊपर से नीचे तक यह सन्देश तुरन्त पहुँचे, उसकी सुनिश्चित इच्छा, व्यवस्था और तत्परता आश्वस्त करनी होगी। यह शीर्ष स्तरीय नीति विषयक निर्णय से सहज ही पूरा किया जा सकता है।

लक्ष्य निर्धारण

इस परिप्रेक्ष्य में जनसम्पर्क को आवश्यक कार्य व गतिविधि मानकर केवल जनसम्पर्क संचालनालय की स्थापना, आवश्यक धनराशि और अमले की व्यवस्था करना ही पर्याप्त नहीं है। इस विभाग से की जानेवाली अपेक्षाएँ, उसके लक्ष्य और कर्त्तव्य अन्य विभागों से, अपने चरित्र, स्वरूप और उपलब्धियों के कारण एकदम भिन्न हैं। इसके कर्त्तव्यों के स्रोत और इसके कार्यों के प्रेरक तत्त्व अन्य विभागों से सर्वथा भिन्न हैं। जनसम्पर्क की सफलता के लिए यह अनिवार्य आवश्यकता है कि नीति निर्धारकों द्वारा उसके लक्ष्य स्पष्ट रूप से निर्धारित किए जाएँ। सरकार में नीति निर्धारक, मुख्यमन्त्री के नेतृत्व में मन्त्रिमंडल तथा वरिष्ठ सचिवगण ही होते हैं। राजनीतिक नेतृत्व से यह अपेक्षा की जाती है कि वे इंगित करें कि जनसम्पर्क प्रयासों के माध्यम से क्या उपलब्ध कराना चाहते हैं–किस प्रकार की छवि का निर्माण कराना चाहते हैं—अपनी सरकार की जनता में किस प्रकार पहचान बनाना चाहते हैं और जनमत और जनता की कल्पना को आगामी चुनाव तक बराबर अपने प्रति आकर्षित रखने के लिए किन विशेष कार्यक्रमों और नीतियों पर बल देना चाहते हैं। सत्तारूढ़ दल अपने घोषणा-पत्र में दिए गए आश्वासनों के द्वारा जनमत को प्रभावित कर, बहुमत प्राप्त करने में सफल हुआ है और उसी अधिकार से वह सत्तासीन हो सका है। सहज ही वह आगामी पाँच वर्षों तक सत्ता में रहना चाहेगा और उसके लिए हर सम्भव वैधानिक उपाय करेगा। इन उपायों का एक प्रमुख अंग जनमत को आगामी पाँच वर्षों तक बराबर अपने पक्ष में प्रभावित रखना और जनता की कल्पना में अपनी श्रेष्ठता को बराबर कायम रखना ही होता है। कोई कहे या न कहे, सभी राजनीतिक दलों का अस्तित्व और प्रयास इसी उद्देश्य की प्राप्ति के लिए हैं। इस लक्ष्य की प्राप्ति के लिए जनसम्पर्क अत्यधिक कारगर आधुनिक औजार है। जनसम्पर्क के निर्देश के बिना सूचना तन्त्र-जनसंचार दिशाहीन और अर्थहीन हो जाता है। जनसंचार माध्यमों का उपयोग सारथीविहीन रथ की तरह हो जाता है और रथ होते हुए भी उसका सही दिशा और कार्य में लाभप्रद उपयोग नहीं करना कर्त्तव्यच्युत होना है। यह जयकारी कभी नहीं हो सकता।

संचालन

इन्हीं आवश्यकताओं को ध्यान में रखकर जनसम्पर्क/सूचना विभाग आमतौर पर मुख्यमन्त्री अपने प्रभार में रखते हैं। मुख्य सचिव, गृह सचिव या इस विषय का जानकार वरिष्ठ सचिव इस विभाग का दायित्व सँभालता है। इसी प्रकार जनसम्पर्क/सूचना संचालनालय के प्रमुख के पद पर वरिष्ठ अधिकारी पदस्थ किए जाते हैं। कुछ राज्यों में सचिव और संचालक का प्रभार एक ही व्यक्ति के पास होता है। कहीं आयुक्त स्तर के व्यक्ति की इस पद पर नियुक्ति की जाती है और कहीं-कहीं महानिदेशक का पद

निर्मित कर वरिष्ठ अधिकारी को पदस्थ किया जाता है। इस व्यवस्था के पीछे निहित उद्देश्य यह रहता है कि शीर्षस्थ नीति निर्धारक राजनैतिक नेतृत्व के साथ वरिष्ठ अधिकारी औपचारिक या अनौपचारिक विचार-विमर्श के द्वारा जनसम्पर्क कार्य की रूपरेखा, लक्ष्य, नीति, कार्यक्रम निर्धारित कर सकें। मन्त्रिमंडल के सामने राज्य की वर्तमान स्थिति और भविष्य की सम्भावनाएँ दोनों का ही एहसास रहता है। राज्य को किस दिशा में वे ले जाना चाहते हैं, इसकी एक सामान्य रूपरेखा स्वयं व दल के नेतृत्व के मन में रहती है। कुछ योजनाएँ, कार्यक्रम व नीतियाँ पहले से चल रही होती हैं। कुछ केन्द्र शासन से प्राप्त होती हैं। फिर कुछ तात्कालिक आवश्यकताओं के कारण शुरू की जाती हैं। पंचवर्षीय योजनाओं के अन्तर्गत भी अनेक विकास कार्य और कल्याणकारी योजनाएँ जारी रहती हैं। इन सबके योजना बनने, शुरू होने, प्रगति करने और पूरा होने के क्रम में लगातार प्रतिवेदनों के रूप में जानकारी या सूचनाएँ प्रसारित की जाती हैं। वह जरूरी भी है और ठीक भी है। किन्तु जनसम्पर्क के उद्देश्य की पूर्ति के लिए यह आवश्यक है कि मुख्यमन्त्री और उनका मन्त्रिमंडल अपनी प्राथमिकताओं से जनसम्पर्क संचालक को अवगत कराएँ। परस्पर सम्पर्क और विचार-विमर्श के द्वारा ही जनसम्पर्क की व्यापक नीति और व्यूहरचना का निर्धारण किया जा सकता है। इस व्यूहरचना के अनुसार जनसम्पर्क संचालनालय के अधिकारी व कर्मचारी विविध रूपों और संचार माध्यमों के द्वारा इस सन्देश को जनता तक पहुँचाने का प्रयास करते हैं। यह परामर्श की प्रक्रिया निरन्तर जारी रहनी चाहिए जिसमें मूल्यांकन और फीड बैक को भी पूरा समय और महत्त्व दिया जाना चाहिए। इससे योजनाओं में और घोषणाओं के सम्बन्ध में जन-प्रतिक्रियाओं के सन्दर्भ में नीति में आवश्यक परिवर्तन, परिवर्धन व संशोधन किया जा सकता है।

यह उल्लेखनीय है कि जिन राज्यों में नीति निर्धारक और जनसम्पर्क कर्मियों के बीच परस्पर विश्वास और तादात्म्य विकसित हुआ, उन राज्यों में जनसम्पर्क के क्षेत्र में महत्त्वपूर्ण उपलब्धियाँ अर्जित हुई हैं। विशिष्ट व्यक्तियों की छवि-निर्माण के महत्त्वपूर्ण प्रयास हुए हैं और जन-कल्याणकारी योजनाओं के प्रचार अभियान में भी सफलता के नए कीर्तिमान स्थापित हुए हैं।

संगठन

देश के सभी राज्यों में जनसम्पर्क संचालनालय का गठन किया गया है। नाम में कहीं-कहीं थोड़ा-सा फर्क है। किसी राज्य में यह जनसम्पर्क संचालनालय, किसी राज्य में सूचना एवं प्रकाशन संचालनालय और किसी में सूचना निदेशालय कहलाता है। इसी प्रकार विभिन्न राज्यों में इस कार्य को दिए जा रहे महत्त्व के अनुसार संचालक के पद पर वरिष्ठ अधिकारी की नियुक्ति की जाती है और उनकी वरिष्ठता के अनुसार पदनाम आयुक्त, महानिदेशक या संचालक रहता है। किन्तु व्यापक रूप से सभी का काम राज्य

शासन की गतिविधियों का प्रचार-प्रसार करना है। इस कार्य के लिए वे विभिन्न संचार माध्यमों का उपयोग करते हैं और इस कार्य के लिए संचालनालय में पृथक्-पृथक् शाखाएँ गठित की गई हैं। जनसम्पर्क संचालनालय का कार्य मुख्य रूप से निम्नलिखित शाखाओं के माध्यम से संचालित किया जाता है–

1. समाचार, फोटो, टी.वी.
2. विज्ञापन
3. प्रकाशन
4. क्षेत्र प्रचार–(क) फिल्म, (ख) प्रदर्शनी (ग) संगीत-नाटक
5. सन्दर्भ–सूचना केन्द्र और पत्र परिनिरीक्षण।

इसी प्रकार सम्भाग व जिला स्तर पर भी व्यवस्था की जाती है और संचार माध्यमों के उपयोग के लिए आवश्यक साधन उपलब्ध कराए जाते हैं।

जनसम्पर्क संचालनालय में मुख्यतः समाचार शाखा, प्रकाशन शाखा, विज्ञापन शाखा, क्षेत्र प्रचार शाखा और प्रशासन शाखाओं के अन्तर्गत विभिन्न कार्यों को विभाजित किया जाता है। इन शाखाओं का कार्य संयुक्त संचालक स्तर के अधिकारी अनेक उप-संचालकों व सहायक संचालकों की सहायता से सम्पन्न करते हैं।

समाचार शाखा

समाचार शाखा अपने दायित्वों के कारण सर्वाधिक महत्त्वपूर्ण मानी जाती है। आमतौर पर इसमें अतिरिक्त-संचालक के मातहत दो संयुक्त-संचालक, चार उप-संचालक और बारह सहायक-संचालक पदस्थ किए जाते हैं। समाचार शाखा में कम से कम दो पालियों में काम किया जाता है और इनके प्रभारी संयुक्त-संचालक स्तर के अधिकारी होते हैं। शेष अधिकारी मन्त्रियों और विभागों से सम्बद्ध किए जाते हैं और वे उनके समस्त प्रचार कार्य, समाचार संकलन आदि की व्यवस्था करते हैं।

समाचार शाखा किसी बड़े समाचार-पत्र के सम्पादकीय विभाग के समान कार्य करती है। अधिकतर सामग्री तो विभिन्न विभागों तथा सम्भागीय व जिला कार्यालयों से विभाग में प्राप्त हो जाती है। किन्तु गतिशील और सक्षम प्रशासन में अपनाई जानेवाली नीतियों, कार्यक्रमों और योजनाओं के समाचारों का निरन्तर प्रवाह समाचार-पत्रों को उपलब्ध कराने के लिए मन्त्रियों और विभागों से सम्बद्ध अधिकारियों को अधिक सक्रिय रहना पड़ता है। मन्त्रियों, सचिवों और विभागाध्यक्षों से निरन्तर सम्पर्क बनाए रखना पड़ता है। इस निरन्तर सम्पर्क का एक लाभ यह भी होता है कि परस्पर विश्वास जागृत होता है और जानकारी और सन्दर्भ सामग्री की प्राप्ति आसानी से हो जाती है। आवश्यकता पड़ने पर मन्त्री, सचिव या विभागाध्यक्ष से सीधा सम्पर्क कर तत्काल जानकारी प्राप्त कर संचार माध्यमों को उपलब्ध कराई जा सकती है। शुरू

जनसंपर्क संचालनालय

संचालक/निदेशक

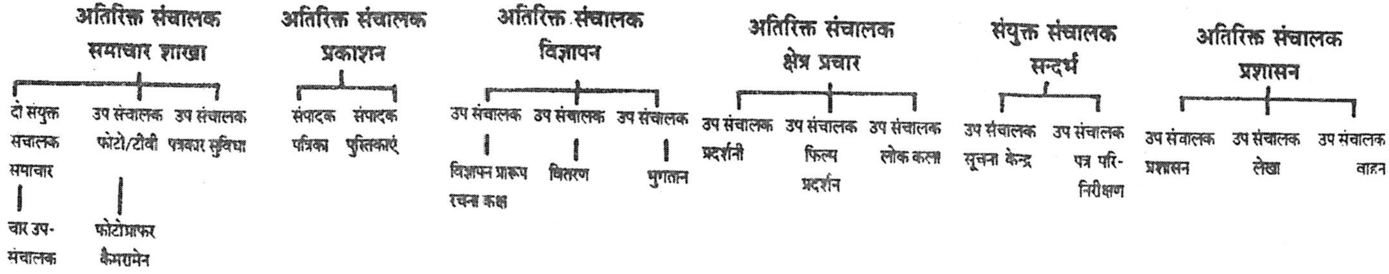

के जमाने में इस बात पर काफी विवाद होता रहा है कि विभागों की सम्पूर्ण जानकारी जनसम्पर्क संचालनालय के माध्यम से ही प्रसारित की जानी चाहिए और सीधे समाचार-पत्रों या प्रतिनिधियों को उपलब्ध नहीं होनी चाहिए। कालान्तर में इस सम्बन्ध में यह बात सभी पक्षों द्वारा समझ ली गई कि इस सम्बन्ध में कोई कठोर या निश्चित नियम बनाना आज की खुली, चहल-पहल और विषमता-भरी दुनिया में सम्भव नहीं है। समाचार-पत्र प्रतिनिधि स्वयं अपने उद्यम से अपने समाचार स्रोतों का विकास करते हैं और सम्बन्धित स्रोतों का विश्वास अर्जित कर ताजे से ताजे और गुप्त समाचार प्राप्त करने में सफल हो जाते हैं। इस पर किसी प्रकार की रोक लगाना न तो सम्भव है, न उचित है और न सरकार और जनता के व्यापक हित में है। जनसम्पर्क अधिकारियों को भी इसमें किसी प्रकार की संवैधानिक आपत्ति नहीं होनी चाहिए वरन् उन्हें अधिक गतिशीलता और प्रत्युत्पन्नमति से उद्यम करना चाहिए। उनकी किसी समाचार-पत्र या प्रतिनिधि से प्रतिस्पर्धा होने का कोई प्रश्न ही नहीं है। उन्हें अपने आपको पत्र प्रतिनिधियों का प्रतिस्पर्धी नहीं मानना चाहिए। सरकार कोई दैनिक पत्र नहीं प्रकाशित करती है और न जनसम्पर्क का अपना कोई निजी अखबार होता है। समाचार संकलन का उनका सारा प्रयास इन संचार माध्यमों की आवश्यकता पूर्ति के बहाने, राज्य सरकार के जनसम्पर्कीय लक्ष्यों को प्राप्त करने के लिए ही होता है। उनके लिए समाचार प्रकाशन के माध्यम यही समाचार-पत्र, रेडियो और दूरदर्शन होते हैं। इसलिए समाचार संकलन का प्राथमिक दायित्व होते हुए भी, एक तरह से सरकारी पत्रकार की भूमिका का निर्वाह करते हुए उनके समाचार जनता तक पहुँचाने के माध्यम यही समाचारपत्र, रेडियो और दूरदर्शन होते हैं। इस परिप्रेक्ष्य में प्रतिस्पर्धा नहीं वरन् सहयोग की भावना से बेहतर परिणाम प्राप्त किए जा सकते हैं जो कि व्यापक जनसम्पर्क व प्रचार कार्य के लिए हितकर सिद्ध होंगे। परस्पर सहयोग का वातावरण निर्मित होने पर अनावश्यक तनाव से भी बचा जा सकेगा।

समाचार संकलन

राज्य सरकारों के लिए जनसम्पर्क कार्य में सर्वाधिक महत्त्वपूर्ण स्थान समाचारों का संकलन, लेखन और प्रसारण का है। समाचार-पत्रों तथा रेडियो व दूरदर्शन द्वारा इन समाचारों का प्रसारण किया जाता है। समाचार शाखा को व्यावहारिक रूप से राज्य सरकार के प्रवक्ता की भूमिका व दायित्व निभाना पड़ता है। मन्त्रिमंडल व शासन के निर्णयों, शासन की योजनाओं और शासन के कार्यों की ऐसी सब जानकारी जिसमें राज्य के अधिक से अधिक लोगों की दिलचस्पी हो, या शासन से सम्बन्धित ऐसी घटना, स्थिति, विचार या समस्या का वस्तुपरक विवरण संकलित कर संचार माध्यमों को उपलब्ध कराया जाता है। शासन की समस्त महत्त्वपूर्ण घोषणाएँ भी समाचार शाखा के माध्यम से प्रसारित की जाती हैं।

समाचार शाखा किसी बड़े समाचार-पत्र के समाचार और सम्पादकीय विभाग की तरह कार्य करती है। इसमें किसी तरह का भ्रम नहीं होना चाहिए कि नीति निर्धारण का काम शासन के मन्त्री या सचिव करते हैं जबकि जनसम्पर्क विभाग उनके द्वारा प्रदत्त जानकारी का प्रवक्ता मात्र है। शासन का निर्णय या नीति की भाषा और कथ्य का स्वरूप उनकी संवैधानिक और विभागीय आवश्यकताओं के अनुरूप होते हैं। उसे जनता के लिए बोधगम्य, सरल भाषा और स्पष्ट विवरण के साथ समाचार के रूप में लिखा जाना चाहिए। सरकारी आदेश व कानूनों की लेकिन, किन्तु-परन्तु, अपवाद आदि से युक्त भाषा का उपयोग समाचारों के लिए उचित नहीं माना जाता। समाचार की कसौटी पर खरा उतरने के लिए उसमें भी छः 'क' कार (क्या, कहाँ, कौन, कब, क्यों और कैसे) का पूरी तरह ध्यान रखा जाना चाहिए।

समाचार शाखा द्वारा जारी किए जानेवाली विज्ञप्तियों की (1) भाषा सरल, (2) वाक्य रचना सहज होने के बावजूद, (3) कथ्य के सम्बन्ध में किसी प्रकार का समझौता नहीं किया जाना चाहिए। जानकारी यथासम्भव (4) पूरी सारणीकृत होनी चाहिए और उसका (5) प्रस्तुतीकरण प्रभावी बनाया जाना चाहिए ताकि वह समाचार-पत्र सम्पादक और पाठक को (6) आकर्षित कर सकें। स्वाभाविक रूप से यह सामग्री उसे मन्त्री, सचिव, विभागाध्यक्ष द्वारा या उनके प्राधिकृत व्यक्ति द्वारा उपलब्ध कराई जाती है। समाचार बनाते वक्त इस बात का पूरा ध्यान रखा जाना चाहिए कि सभी आवश्यक तत्त्वों का समावेश भी हो लेकिन कथ्य वही रहे जो कि शासन का मन्तव्य है। अर्थ का अनर्थ न हो। क्योंकि सूचना विभाग द्वारा जारी किया गया समाचार शासन की घोषणा ही माना जाता है और उसके कारण उत्पन्न थोड़ा-सा भी भ्रम अनर्थकारी सिद्ध हो सकता है। इसीलिए यह आवश्यक हो जाता है कि अधिक महत्त्वपूर्ण घोषणाओं, निर्णयों और कार्यक्रमों के विवरण के सम्बन्ध में तैयार किए गए समाचार के प्रारूप की भी पुष्टि करा ली जाए। समय की कमी व सम्बन्धित अधिकारी की अनुपलब्धता और कभी-कभी अनिच्छा के कारण इस प्रकार पूर्व-सम्मोदन प्राप्त करने में काफी उलझन और कठिनाई होती है। समय भी जाता है किन्तु समाचार के विषय के महत्त्व को ध्यान में रखकर आवश्यक प्रयास किए जाने चाहिए। समाचारों में संशोधन या स्वयं खंडन की स्थिति किसी भी परिस्थिति या कीमत पर नहीं उत्पन्न होने दी जानी चाहिए। कानून व्यवस्था, सार्वजनिक सुरक्षा, किसी बड़ी दुर्घटना का समाचार या विज्ञप्ति गृह सचिव या मुख्य सचिव के निर्देशानुसार और पुष्टि के उपरान्त ही जारी की जानी चाहिए। इसमें शब्दों का जरा-सा भी हेर-फेर अत्यधिक हानिकारक सिद्ध हो सकता है। ये स्थितियाँ कभी-कभी कुछ समय तक भी जारी रह सकती हैं और उनके सम्बन्ध में एक से अधिक बार समाचार प्रकाशित करना पड़ सकता है, इसलिए भी यह आवश्यक है कि पुराने प्रारूप और सम्मोदित प्रति तथा अन्य सामग्री सँभाल कर रखी जाए ताकि अगले दिन जारी होनेवाले समाचार और उनमें दिए गए आँकड़े, ब्यौरे आदि में परस्पर मिलान किया जा सके और विसंगति या विरोधार्थी कथनों से बचा जा सके। भविष्य में होनेवाली

न्यायिक या दंडाधिकारी जाँच के अवसर पर भी यह सामग्री उपयोगी सिद्ध होती है।

वैसे भी समाचार शाखा में प्राप्त सामग्री को कुछ दिनों तक तो रिकार्ड के रूप में रखा जाना चाहिए और इस अवधि में उसका उपयोग सन्दर्भ सामग्री के रूप में किया जा सकता है। इस सामग्री का लेख, सार समाचार, फोटो फीचर, पुस्तिका या फोल्डर प्रकाशन में भी उपयोग किया जा सकता है।

समाचार के स्रोत

राज्य सरकार के लिए समाचारों के उद्गम केन्द्र मन्त्रिमंडल की बैठक, मुख्यमन्त्री और अन्य मन्त्रियों द्वारा आयोजित की जानेवाली विभागीय बैठकें, सलाहकार समितियों की बैठकें, योजना निर्माण के लिए आयोजित बैठकें, विभागीय योजनाओं की तैयारी, स्वीकृति और प्रारम्भ, उनका प्रगति प्रतिवेदन और राज्य शासन का आय-व्ययक हैं। सबसे महत्त्वपूर्ण निर्णय मन्त्रिमंडल की बैठकों में लिये जाते हैं। इनकी घोषणा सामान्यतः मुख्यमन्त्री पत्रकार सम्मेलन बुलाकर करते हैं। पत्रकार सम्मेलन बुलाकर घोषणा करने से जहाँ लिये गए निर्णयों की पूरी जानकारी आम जनता तक तक पहुँच जाती है वहीं उसका पूरा लाभ जनसम्पर्क के अन्तर्गत छवि निर्माण के लिए भी प्राप्त किया जा सकता है। नीति सम्बन्धी निर्णयों की घोषणा साधारण तौर पर समाचार के रूप में भी जारी की जा सकती है और उसका संवैधानिक प्रभाव भी वही रहेगा। किन्तु मुख्यमन्त्री या मन्त्री द्वारा घोषणा करने का प्रचार की दृष्टि से प्रभाव बहुत भिन्न हो जाता है। आवश्यकता इस बात की होती है कि उस निर्णय को सूखी शासकीय घोषणा के स्थान पर जनहितकारी प्रयास के रूप में प्रस्तुत किया जाए। इस दृष्टि से अनेक राज्यों में संचालक या निदेशक को मन्त्रिमंडल की बैठकों में उपस्थित रहने, सम्बन्धित विषय पर होनेवाले विचार-विमर्श को सुनने और पूरी संक्षेपिकाओं के अवलोकन की अतिरिक्त सुविधा दी जाती है ताकि वे अधिक प्रभावी ढंग से समाचार को स्वरूप दे सकें। इसी उद्देश्य से समय-समय पर मुख्यमन्त्री या मन्त्रिमंडल के अन्य सदस्यों द्वारा पत्रकार सम्मेलन का आयोजन किया जाता है।

फोटो

वर्तमान युग में समाचारों के साथ छायाचित्रों के प्रकाशन को बहुत महत्त्व दिया जा रहा है। शासन की विभिन्न विकास योजनाओं और कल्याणकारी कार्यक्रमों से सम्बन्धित चित्रों की समाचार-पत्रों द्वारा हमेशा माँग की जाती है। यह दुखद स्थिति है कि समाचारों के प्राथमिकता क्रम में विकास और कल्याणकारी कार्यक्रमों को उच्च वरीयता नहीं दी जाती है। किन्तु वे हमारे जीवन के सर्वाधिक महत्त्वपूर्ण और रचनात्मक कार्य हैं। बाँध, नहर, कारखाने, कृषि उत्पादन, पशु संवर्धन, लोक स्वास्थ्य, शिक्षा, पेयजल आपूर्ति आदि

ऐसे महत्त्वपूर्ण क्षेत्र हैं जिनकी उपलब्धियाँ हमारे जीवन को अधिक समृद्धिशाली बना रही हैं। राष्ट्र निर्माण के इन प्रयासों को सही परिप्रेक्ष्य में प्रस्तुत करने के लिए समाचारों के साथ उनसे सम्बन्धित छायाचित्रों को भी उपलब्ध कराया जाना चाहिए। ये समाचार-पत्र को आकर्षक बनाने के साथ ही समाचार को परिपूर्णता प्रदान करते हैं।

मुख्यमन्त्री और मन्त्रियों द्वारा विभिन्न योजनाओं के उद्घाटन आदि समारोहों से सम्बन्धित चित्र भी प्रसारित किए जाने चाहिए। छवि निर्माण की दृष्टि से इन छायाचित्रों का विशेष महत्त्व है।

इन छायाचित्रों का सीधा और प्राथमिक सम्बन्ध समाचार से होने के कारण फोटो शाखा को समाचार शाखा के साथ ही सम्बद्ध किया जाता है। फोटो पत्रकारिता का भी स्वतन्त्र रूप से विकास हो रहा है। इन चित्रों का विभाग द्वारा प्रकाशित की जानेवाली पत्रिकाओं, पुस्तिकाओं, फोल्डरों में भी उपयोग किया जाता है। अच्छे और बड़े आकार के चित्र प्रदर्शनी के आयोजन के लिए भी उपयोगी सिद्ध होते हैं।

वीडियो कवरेज

दूरदर्शन केन्द्रों के विस्तार के साथ ही विशिष्ट घटनाओं के वीडियो कवरेज को भी विशेष महत्त्व दिया जा रहा है। जैसे पहले फिल्म डिवीजन के कैमरामेन विभिन्न राज्यों में तैनात थे और वृत्तचित्रों के लिए राज्यों के समाचारों का संकलन करते थे वैसी व्यवस्था अभी दूरदर्शन द्वारा नहीं की गई है। इस दिशा में प्रयास किए जा रहे हैं। फिलहाल केन्द्रीय मन्त्रियों और विशिष्ट आयोजनों के लिए दूरदर्शन की ओर से केवल तात्कालिक व्यवस्था की जाती है। दूरदर्शन सरीखे शक्तिशाली प्रचार माध्यम और उसके प्रसारण क्षेत्र की व्यापकता को ध्यान में रखकर राज्य सरकारों द्वारा भी कैमरामेनों की नियुक्तियाँ की गई हैं। समाचार शाखा के निर्देशन में विभिन्न महत्त्वपूर्ण घटनाओं का कवरेज कर शीघ्रातिशीघ्र दिल्ली पहुँचाया जाता है ताकि उनका समावेश दूरदर्शन के समाचारों में हो सके। कुछ क्षेत्रीय केन्द्रों में दूसरे चैनल की भी व्यवस्था की गई है जहाँ से सम्बन्धित राज्यों के समाचारों को प्रादेशिक समाचारों में सम्मिलित किया जाता है।

प्रमुख घटनाओं, योजनाओं, कार्यक्रमों व पर्यटन केन्द्रों के भी वीडियो चित्र तैयार किए जाते हैं और उनका दूरदर्शन से प्रसार कराने के प्रयास किए जाते हैं। दूरदर्शन के माध्यम से और वीडियो कैसेट के द्वारा राज्य शासन की गतिविधियों को प्रक्षेपित कराने के लिए अधिक समन्वित प्रयास किए जा सकते हैं। ऐतिहासिक नगरों, पुरातत्त्वीय महत्त्व के स्थानों और पर्यटक स्थलों के उत्तम वीडियो कैसेट तैयार कर उनका उपयोग शिक्षण संस्थाओं, प्रदर्शनियों और वीडियो कैसेट के बढ़ते बाजार में किया जा सकता है।

वितरण व्यवस्था

समाचारों को शीघ्रातिशीघ्र गन्तव्य स्थान तक पहुँचाना सर्वाधिक महत्त्वपूर्ण कार्य है। अच्छे से अच्छा समाचार यदि समय पर रेडियो, दूरदर्शन या समाचार-पत्र कार्यालय में पहुँच नहीं पाया तो वह दूसरे दिन बासी हो जाएगा और फिर उसका उपयोग सम्भव नहीं हो सकेगा। इस दृष्टि से समाचार शाखा द्वारा दिन में तीन या चार बार भी समाचारों के वितरण की व्यवस्था की जाती है। यह इसलिए भी करना जरूरी होता है कि राजधानी नई दिल्ली तथा प्रदेश के अन्य स्थानों के राजधानी स्थित प्रतिनिधियों तथा रेडियो की समय सीमाएँ अलग-अलग होती हैं। दिन में तीन-चार बजे तक समाचार प्राप्त हो जाने पर राजधानी दिल्ली तथा सम्भागीय अखबारों के प्रतिनिधियों के लिए भी उक्त समाचारों का टेलीप्रिंटर द्वारा प्रेषण सहज हो जाता है। इनकी अपेक्षा स्थानीय अखबारों को थोड़े विलम्ब से समाचार प्राप्त होने पर भी उनका उपयोग किया जा सकता है। इस कार्य के लिए जहाँ एक ओर सूचना संचालनालय के मुख्यालय को सम्भागीय व जिला कार्यालयों से सीधे टेलीप्रिंटर से जोड़ा गया है वहाँ बड़े अखबारों की भी अपनी स्वयं की टेलीप्रिंटर सम्पर्क व्यवस्था रहती है। इसके अतिरिक्त महत्त्वपूर्ण समाचारों के प्रेषण के लिए कुछ संचालनालयों और मुख्यालयों में फैक्स मशीन की भी सुविधा उपलब्ध कराई गई है। इससे फोटो वितरण की व्यवस्था में भी बहुत सुधार हुआ है। अनेक राज्यों में विभिन्न केन्द्रों को टेलेक्स और हाट लाइन से भी जोड़ा गया है।

इस कार्य के लिए सूचना संचालनालय द्वारा समाचार-पत्रों और पत्रकारों की सूचियाँ बनाई जाती हैं जिनमें निरन्तर संशोधन किए जाते हैं। इन सूचियों में वितरण की समय सारणी के अनुसार परिवर्धन और परिवर्तन किया जाता है।

क्षेत्रीय समाचार-पत्र

आधुनिक फोटो कम्पोजिंग और प्रिंटिंग मशीनों की अपेक्षाकृत आसानी से उपलब्धता के कारण राज्य की राजधानियों के अतिरिक्त सम्भागीय तथा बड़े जिला मुख्यालयों से भी 8 और 12 पृष्ठीय दैनिक समाचार-पत्रों का प्रकाशन बड़ी संख्या में हो रहा है। उनकी समाचार, आलेख तथा फोटो सामग्री की आवश्यकताएँ भी निरन्तर बढ़ रही हैं। इस बढ़ी हुई पृष्ठ संख्या का लाभ राज्य शासन की विकास सम्बन्धी गतिविधियों के समाचारों और छायाचित्रों के प्रकाशन के लिए किया जा सकता है और अनेक राज्यों में यह प्रभावी ढंग से किया भी जा रहा है। इससे अब यह कठिनाई भी बढ़ी है कि राज्य में एक स्थान से प्रकाशित हो रहे प्रान्तीय स्तर के अखबारों की संख्या एकदम कम हो गई है। पूरे राज्य में प्रभावी प्रसारवाले अखबारों की संख्या नगण्य है। इसलिए समाचारों का केवल राजधानी के ही अखबारों में प्रकाशन शासकीय नीतियों और घोषणाओं के प्रसारण की दृष्टि से पर्याप्त नहीं रह गया है। समाचार शाखाओं को विशेष जागरूकता के साथ सम्भागीय केन्द्रों से प्रसारित इन अखबारों की आवश्यकताओं की ओर खासतौर पर

ध्यान देना चाहिए। यह कार्य राज्य स्तरीय समाचारों के साथ ही क्षेत्रीय महत्त्व के समाचारों को सम्बन्धित क्षेत्र में विशेष रूप से उपलब्ध कराने के उपक्रम द्वारा पूरा किया जा सकता है।

इसी प्रकार आर्थिक, साहित्यिक तथा अन्य विशेष रुचियों से सम्बन्धित पत्र-पत्रिकाओं और समाचार-पत्रों की संख्या में भी वृद्धि हुई है। कुछ राज्यों में साप्ताहिक पत्रों के लिए अलग से एक साप्ताहिक सार-समाचार तथा अन्य महत्त्वपूर्ण विषयों पर संक्षिप्त आलेखों के वितरण की भी व्यवस्था की गई है। इसी प्रकार अलग-अलग समय पर राज्य की सांस्कृतिक धरोहर से सम्बन्धित आलेख व चित्रों का भी प्रसारण किया जाता है। राज्य की आर्थिक गतिविधियों के सम्बन्ध में पाक्षिक बुलेटिन भी प्रसारित किए जाते हैं।

आज के विशेषीकरण के युग में जिला स्तरीय, राज्य की राजधानी के और देश की राजधानी के समाचार-पत्रों की आवश्यकताएँ बदलती जा रही हैं। उनके आकार, स्वरूप और प्रकृति में फर्क आता जा रहा है। दैनन्दिन समाचारों में इस फर्क को ध्यान में रखकर अलग-अलग समाचारों का लेखन एक उलझनपूर्ण कार्य हो जाता है। फिर भी दूरदर्शन और रेडियो के लिए अलग से समाचारों का लेखन बेहतर कवरेज को आश्वस्त बनाता है। उनकी आवश्यकता भी भिन्न प्रकार की होती है।

राष्ट्रीय राजधानी के पत्र

इसी प्रकार देश की राजधानी के अखबारों को रुटीन किस्म के सूचनात्मक समाचारों से अधिक, राष्ट्रीय स्तर और महत्त्व के खोजपूर्ण समाचारों की आवश्यकता होती है। उनमें अलग-अलग राज्यों और राजधानियों के लिए स्थान की सीमा को ध्यान में रखना पड़ता है। इस दृष्टि से यदि समाचार नहीं तो सन्दर्भ सामग्री अवश्य ही उपलब्ध कराई जा सकती है। अलग-अलग विभागों और मन्त्रियों से सम्बन्धित जनसम्पर्क अधिकारी इस कार्य को बेहतर ढंग से पूरा कर सकते हैं। पूरे राज्य शासन और मन्त्रिमंडल के लिए यह कार्य उच्च स्तर पर वरिष्ठ अधिकारियों द्वारा किया जाना चाहिए। यह राष्ट्रीय स्तर पर राज्य, राज्य सरकार, मुख्यमन्त्री और सत्तारूढ़ दल की छवि के निर्माण के लिए बहुत अधिक महत्त्वपूर्ण है। यह कार्य समय और सुविधा को ध्यान में रखकर अत्यधिक सावधानी के साथ एक सुविचारित व्यूह-रचना के अन्तर्गत किया जाना चाहिए। अनेक राज्यों में यह कार्य विशिष्ट अधिकारियों द्वारा सफलतापूर्वक किया जा रहा है। राष्ट्रीय स्तर पर समाचार-पत्रों में और न्यूज मैप में राज्य और राज्य सरकार को स्थान दिलाना जनसम्पर्क की दृष्टि से विशेष महत्त्वपूर्ण कार्य है और इस दिशा में उसी स्तर और पैमाने पर प्रयास किया जाना चाहिए।

राष्ट्रीय राजधानी नई दिल्ली से प्रकाशित समाचार-पत्रों का प्रसार राज्यों में अपेक्षाकृत कम ही रहता है, किन्तु राजधानी में उनके विशिष्ट पाठक वर्ग के कारण इन

समाचार-पत्रों का महत्त्व विशिष्ट है। इनके पाठक वर्ग में केन्द्रीय मन्त्रिमंडल के सदस्य, केन्द्रीय शासन के महत्त्वपूर्ण अधिकारी, संसद सदस्य, सभी राजनीतिक दलों का राष्ट्रीय नेतृत्व और मुख्यालय, विदेशी दूतावास तथा देश के विभिन्न राज्यों के शासकीय व राजनीतिक प्रतिनिधि होते हैं जो देश के विभिन्न भागों में चल रही गतिविधियों पर निगाह रखते हैं और जनभावनाओं की नब्ज टटोलते रहते हैं। इस वर्ग में राज्य, राज्य सरकार और सरकार के नेतृत्व की छवि अनेक मामलों में निर्णायक महत्त्व रखती है। राष्ट्रीय राजधानी में अपनी छवि निर्माण के प्रति दुर्लक्ष्य करनेवाली राज्य सरकारों को अपनी योजनाएँ स्वीकृत कराने और वित्तीय सहायता प्राप्त करने में कठिनाइयों का सामना करना पड़ा है तथा विगत बीस वर्षों में तत्कालीन विशिष्ट राजनीतिक परिस्थितियों में, अनेक मुख्यमन्त्रियों को अपने सिंहासन खोने पड़े हैं।

राष्ट्रीय राजधानी नई दिल्ली से प्रकाशित होनेवाले सभी प्रमुख समाचार-पत्रों द्वारा राज्य की राजधानियों में वरिष्ठ संवाददाताओं को पदस्थ किया जाता है। वे समय-समय पर अन्य संवाददाताओं को भी राज्यों के दौरों पर भेजते हैं। इन समाचार-पत्रों ने एक परम्परा-सी बना ली है जिसके अन्तर्गत वे अपने संवाददाताओं द्वारा प्रेषित समाचारों को ही प्रकाशित करते हैं। इस स्थिति में यदि उन समाचार-पत्रों में स्थान पाना है तो उनके संवाददाताओं के माध्यम से ही पाया जा सकता है। अनुभवी जनसम्पर्क कर्मी इस स्थिति को ध्यान में रखकर इन संवाददाताओं की आवश्यकताओं की ओर विशेष ध्यान देते हैं और उन्हें अनुकूल बनाए रखने के लिए, राज्य के हित में, हर सम्भव प्रयास करते हैं। ये संवाददाता हर सप्ताह कम से कम तीन या चार महत्त्वपूर्ण समाचार प्रेषित करते हैं। आमतौर पर इन समाचारों में समाचारों के साथ आम टिप्पणियाँ भी रहती हैं। इन टिप्पणियों का अनुपात और तीखापन समय, परिस्थिति तथा पूर्व स्पष्टीकरण के लिए सम्पर्क की सुविधा पर निर्भर करता है। एक आम धारणा यह भी बन गई है कि प्रान्तीय समाचार-पत्र राजनीतिक प्रभाव, विज्ञापन की आय आदि के कारण राज्य शासन की गतिविधियों का निष्पक्ष और सही आकलन नहीं कर पाते हैं और राष्ट्रीय पत्रों के प्रतिनिधि ऐसा कर पाते हैं। इन सबमें—राष्ट्रीय और प्रादेशिक राजधानी—दोनों ही केन्द्रों में लॉबी और प्रेरक कक्षों का महत्त्व और प्रभाव बहुत अधिक है।

संवाददाता सम्मेलन

जनसम्पर्क में 'समाचार' की केन्द्रीय और सर्वाधिक महत्त्वपूर्ण स्थिति के कारण पत्रकार सम्मेलन का अत्यधिक महत्त्व है। सरकार और जनता के बीच संवाद का यह सर्वाधिक महत्त्वपूर्ण स्वरूप है। पत्रकार सम्मेलन में संवाददाता समाचार-पत्र प्रतिनिधि के रूप में उपस्थित होकर समाचार संकलित करते हैं, अपने पाठकों तक पहुँचाने के लिए। इस तरह पत्रकार सम्मेलन मंच पर, रेडियो या दूरदर्शन के द्वारा सीधे दिए जानेवाले भाषण के बाद संवाद का सीधा उपाय है। संवाददाता सम्मेलन में जनसम्पर्क के तीनों

केन्द्र बिन्दु—व्यक्ति, संस्था और नीति—की एक साथ उपस्थिति होती है और तीनों का संचयित प्रभाव दिए जानेवाले सन्देश को (1) गरिमा, (2) महत्त्व, (3) विस्तार, (4) गति और (5) व्यापकता प्रदान करता है। इन तीनों के संयुक्त प्रभाव के कारण ही संवाददाता सम्मेलन में कही गई बातों को समाचार-पत्रों में विस्तृत स्थान व कवरेज प्रदान किया जाता है। इलेक्ट्रॉनिक मीडिया में भी इन तीनों तत्त्वों के समावेश के कारण संवाददाता सम्मेलन को विशेष महत्त्व तथा पत्रज्ञप्तियों के माध्यम से प्राप्त समाचारों के ऊपर वरीयता प्रदान की जाती है। इसी कारण संवाददाता सम्मेलन के आयोजन में अतिरिक्त सतर्कता बरतना जरूरी है। उससे जनसम्पर्क के हित में अधिकतम लाभ प्राप्त किया जा सकता है, वहीं उसके आयोजन में छोटी-सी त्रुटि भी आनुपातिक दृष्टि से बहुत अधिक क्षति पहुँचा सकती है।

संवाददाता सम्मेलन किसी निश्चित लक्ष्य की प्राप्ति के लिए किया जाना चाहिए। किसी विशिष्ट व्यक्ति, पदाधिकारी से भेंट या विशेष अवसर-स्थापना दिवस, जन्म तिथियाँ, नई योजना, कार्यक्रम, सुविधा का प्रारम्भ या समापन, किसी विशाल निर्माण कार्य, कारखाने आदि का उद्‌घाटन आदि अवसरों पर भी संवाददाता सम्मेलन बुलाकर विस्तृत जानकारी प्रदान की जा सकती है। इसमें जहाँ महत्त्वपूर्ण व्यक्ति से पत्रकारों का सीधा सम्पर्क बनता है वहीं प्रश्नोत्तर के माध्यम से योजना, नीति या कार्यक्रम के सम्बन्ध में अधिक विस्तृत जानकारी प्रदान कर जनरुचि को प्रोत्साहित किया जा सकता है। इसमें यह तथ्य निहित है कि जो व्यक्ति या पदाधिकारी जानकारी देने के लिए प्राधिकृत हो और जिसके पास बताने के लिए विशेष जानकारी हो, उसे ही संवाददाता सम्मेलन को सम्बोधित करना चाहिए। इसके साथ ही सम्बन्धित योजना, नीति या कार्यक्रम की विस्तृत जानकारी, प्रश्नोत्तर के लिए पूरक जानकारी तथा आनुषंगिक विषयों की भी पूरी तैयारी रखनी चाहिए। संवाददाता सम्मेलन के मुख्य विषय, यथा योजना, नीति या कार्यक्रम की घोषणा, सुविधा, कारखाने आदि के सम्बन्ध में जानकारी लिखित टीप के रूप में अवश्य ही वितरित की जानी चाहिए। यह जानकारी सुविधानुसार सम्मेलन शुरू होने के समय, बीच में या अन्त में भी वितरित की जा सकती है। इस बात का सदैव स्मरण रखना चाहिए कि यह जानकारी समाचार का मुख्य अंग बनेगी। प्रश्नोत्तर के माध्यम से दी जानेवाली अनुपूरक जानकारी लिखित टीप को सम्पूर्ण बनाने, उसके सन्दर्भ, प्रभाव या परिणामों पर प्रकाश डालने तथा संवाददाता सम्मेलन की मुख्य बातों को उभारने में सहायक सिद्ध होगी।

संवाददाता सम्मेलन का स्वरूप औपचारिक या अनौपचारिक दोनों ही तरह का हो सकता है। किन्तु संवाददाता सम्मेलन के आयोजकों, विशेषकर सम्बोधनकर्ता को यह अच्छी तरह से समझ लेना चाहिए कि जिस सम्बन्ध में संवाददाता सम्मेलन बुलाया गया है उस विषय के सम्बन्ध में पत्रकारगण पूरी तैयारी (होमवर्क) कर प्रश्नों से लैस होकर सम्मेलन में आएँगे। उद्यमी पत्रकार सम्बन्धित विषय पर पूछे जा सकने योग्य प्रश्नों, योजना या कार्यक्रम के स्वरूप, प्रभाव, परिणाम, उद्‌देश्य आदि के सम्बन्ध में पृष्ठभूमि

की जानकारी प्राप्त कर अपने सवाल तैयार करेंगे। आयोजकों को इन सम्भावित प्रश्नों का अन्दाज या पता लगाकर सम्बोधनकर्ता को आगाह कर देना चाहिए तथा उनके उपयोग के लिए सम्बन्धित सामग्री का भी संकलन करना चाहिए।

संवाददाता सम्मेलन के आयोजनकर्ता किसी विषय विशेष के सम्बन्ध में ही जानकारी देने के लिए संवाददाता सम्मेलन बुलाते हैं। किन्तु विषय की यह सीमा पत्रकारों पर अनिवार्य रूप से लागू नहीं होती है। मुख्यमन्त्री, मन्त्री या सचिव से संवाददाता सम्मेलन के इस अवसर का लाभ उठाते हुए विषय से बाहर के भी अनेक प्रकार के प्रश्न पूछे जा सकते हैं। इसके लिए भी उन्हें तैयार रहना चाहिए। संवाददाता सम्मेलन सम्बोधनकर्ता की व्यवहार कुशलता, वाक्पटुता, प्रत्युत्पन्नमति, चतुराई, समूह मनोविज्ञान और सहनशीलता की परीक्षा की घड़ी रहती है। इस अवसर पर सम्बोधनकर्ता द्वारा किया गया होमवर्क, संकलित जानकारी, पत्रकारों से निजी सम्बन्ध और समीकरण, पत्रकार और जिस पत्र का प्रतिनिधित्व कर रहा है उसकी पृष्ठभूमि की जानकारी प्रश्नोत्तर के समय बहुत उपयोगी सिद्ध होती है। जनसम्पर्क अधिकारी यह पृष्ठभूमि व जानकारी से सम्बोधनकर्ता को पूर्व में ही अवगत करा सकते हैं। यदि सम्बोधनकर्ता पूरे सम्मेलन का सफलतापूर्वक संचालन कर लेता है तो उसकी सार्वजनिक छवि और अधिक निखर आती है। राजनीतिक व्यक्तित्त्वों को उभारने में संवाददाता सम्मेलनों की महत्त्वपूर्ण भूमिका रहती है।

प्राकृतिक विपदाओं, दुर्घटनाओं, दंगे, उपद्रव तथा उग्र राजनीतिक आन्दोलनों के अवसर पर सरकारी प्रयासों की जानकारी देने के लिए भी संवाददाता सम्मेलन का आयोजन किया जाता है। ऐसी असामान्य स्थितियों में सभी पत्रकारों को एक साथ बुलाकर तुरन्त जानकारी देना जनता में निर्मित होनेवाले भ्रम, भय, आतंक का निराकरण करता है। ये अवसर बहुत तनाव और उत्तेजना भरे होते हैं। इन अवसरों पर आयोजनकर्ता और सम्बोधनकर्ताओं को अत्यधिक सतर्कता, सहनशीलता और विवेक बुद्धि से काम लेना चाहिए। तात्कालिक लाभ के लिए गलतबयानी, असत्य भाषण या एकदम अनभिज्ञता जाहिर करना अनर्थकारी सिद्ध होता है। ऐसे अवसरों पर सक्षम एवं प्राधिकृत व्यक्ति द्वारा सभी आवश्यक जानकारियों से युक्त संक्षिप्त वक्तव्य लिखित रूप में देना हितकारी होता है। किन्तु इसमें हर तथ्य का पूरी जाँच के बाद ही समावेश किया जाना चाहिए। ऐसे अवसरों पर सरकार की तत्परता, तैयारी और हर सम्भव प्रयास करने की उत्सुकता की जानकारी अधिक प्रभावकारी होती है। निरपेक्ष उदासीनता इस स्थिति को गम्भीर बना देती है।

संवाददाता सम्मेलन में कथ्य और उसके प्रस्तुतीकरण को अधिक प्रभावी बनाने के लिए सम्मेलन का वातावरण अनुकूल, शान्त और संयमित बनाए रखना अत्यन्त आवश्यक है। संवाददाता सम्मेलन के दौरान चर्चा को हमेशा विषय या उसके आनुषंगिक सन्दर्भों तक ही सीमित रखने का प्रयास करना चाहिए अन्यथा संवाददाता सम्मेलन के मुख्य लक्ष्य से भटक जाने का खतरा बना रहता है। प्रश्नोत्तर तो संवाददाता सम्मेलन

का मुख्य अंग रहता ही है किन्तु इसमें बहस, विवाद या क्रॉस एक्जामिनेशन की स्थितियों से बचना चाहिए। व्यक्तिगत सवालों, आरोपों, प्रत्यारोपों व आलोचना का शान्ति और संयम के साथ तथ्यों के आधार पर ही उत्तर दिया जाना चाहिए। किसी कारण भी वाणी या व्यवहार में उग्रता, कटुता अथवा टकराहट न आने देते हुए हर हालत में व्यंग्य, कटाक्ष, ताना, शिकायत या उलाहने से बचना चाहिए। विनम्रतापूर्वक इस तरह के प्रयासों को निरुत्साहित किया जा सकता है। किन्तु बेहतर स्थिति यह होती है कि इसमें कम से कम सम्बोधनकर्ता न तो स्वयं पड़े और न उलझे।

सम्बोधनकर्ता के साथ अन्य मन्त्री या अधिकारी भी सम्मेलन में आ जाते हैं किन्तु सम्बोधनकर्ता के अलावा किसी भी अन्य व्यक्ति को बीच में नहीं बोलना चाहिए और न ही किसी प्रश्न का उत्तर देने का प्रयास करना चाहिए। सम्बोधनकर्ता की प्रतिष्ठा के लिए यह घातक होता है। इसी प्रकार उपस्थित अधिकारी से सीधे सवाल-जवाब या क्रॉस एक्जामिनेशन की स्थिति निर्मित नहीं होने देना चाहिए। संवाददाता सम्मेलन को निश्चित समय पर ही समाप्त कर देना चाहिए अन्यथा अनावश्यक चर्चाएँ प्रारम्भ हो जाती हैं जो कि मुख्य विषय के प्रभाव को कम कर सकती हैं।

संवाददाता सम्मेलन के लिए पत्रकारों को राज्य शासन के जनसम्पर्क संचालनालय में उपलब्ध अधिमान्यता प्राप्त सभी पत्रकारों या जिलाध्यक्ष कार्यालय में उपलब्ध मान्यता प्राप्त पत्रकारों की सूची के आधार पर ही बिना भेदभाव के, विधिवत आमन्त्रित किया जाना चाहिए। तात्कालिक आवश्यकता या आपात स्थितियों को छोड़कर केवल टेलीफोन पर आमन्त्रित करने की परम्परा नहीं डालनी चाहिए। इसमें अक्सर सम्बन्धित व्यक्ति तक सूचना नहीं पहुँचने का खतरा बना रहता है। सुविधा और परम्परा के अनुसार वाहन व्यवस्था भी की जानी चाहिए। जिस भवन या स्थान पर संवाददाता सम्मेलन आयोजित किया गया है वहाँ आनेवाले पत्रकारों का स्वागत और मार्गदर्शन करने के लिए उपयुक्त व्यवस्था की जानी चाहिए। स्थान, भवन या कक्ष नया हो तो भवन के बाहर सूचना फलकों के द्वारा भी मार्ग निर्देशित किया जानी चाहिए ताकि पत्रकारों को किसी प्रकार की असुविधा न हो। जिस कक्ष में पत्रकार सम्मेलन आयोजित किया जाना है उसमें बैठने की व्यवस्था का पूर्व में ही अवलोकन किया जाना चाहिए। जितने लोगों को आमन्त्रित किया गया है उस संख्या से अधिक संख्या के बैठने की व्यवस्था की जानी चाहिए। सम्बोधनकर्ता के साथ भी कुछ अधिकारी आ सकते हैं, इस बात का ध्यान रखा जाना चाहिए। संख्या के अनुसार लाउडस्पीकर की भी व्यवस्था की जानी चाहिए। परम्परा के अनुसार स्वल्पाहार या भोजन की व्यवस्था भी की जा सकती है।

जो पत्रकार किसी कारणवश संवाददाता सम्मेलन में उपस्थित नहीं हो सके हों, यथासम्भव उन्हें भी वितरित सामग्री प्रेषित किया जाना हितकारी होता है।

आपातकालीन स्थितियाँ में संवाददाता सम्मेलन अल्प सूचना पर किसी भी समय आयोजित किए जा सकते हैं। सामान्य स्थितियों में पूर्वान्ह 10 से 12 बजे और अपरान्ह 3 से 5 बजे का समय पत्रकारों के लिए विशेष रूप से सुविधाजनक रहता है। सार्वजनिक

छुट्टियों के दिन भी संवाददाता सम्मेलन नहीं आमन्त्रित करना चाहिए। औपचारिक संवाददाता सम्मेलन नियमित स्थान, कार्यालय, सचिवालय, जिलाध्यक्ष कार्यालय या सर्किट हाऊस में ही करना उचित होता है—निवास स्थानों पर नहीं। मुख्यमन्त्री आवास और राजभवन की स्थिति सार्वजनिक कार्यालय के समान ही मानी जाती है।

प्रेस ब्रीफिंग

अनेक बार विधिवत् संवाददाता सम्मेलन आयोजित न करते हुए कुछ चुने हुए पत्रकारों को ही आमन्त्रित किया जाता है। यह व्यक्ति विशेष, परिस्थिति विशेष और विषय के सन्दर्भ पर निर्भर करता है। कभी-कभी राज्य के एक क्षेत्र या देश की राजधानी नई दिल्ली के राजधानी स्थित प्रतिनिधियों को अलग से बुलाकर भी जानकारी प्रदान की जाती है। जनसम्पर्क और छवि निर्माण की व्यापक क्रिया के अन्तर्गत समय-समय पर राज्य के प्रमुख पत्रों के सम्पादकों, अग्रलेख लेखकों, समीक्षकों, आर्थिक विषयों के लेखकों आदि को अलग-अलग बुलाकर भी उनकी रुचि के विषयों के सम्बन्ध में विस्तार के साथ चर्चा की जाती है। यह प्रक्रिया राज्य सरकार और समाचार-पत्रों में कार्यरत विविध स्तर के पत्रकारों के बीच सीधा और बेहतर सम्पर्क स्थापित करने की दृष्टि से अत्यधिक लाभप्रद सिद्ध होती है। बारम्बार इस प्रकार के आयोजनों से प्रभावी सम्पर्क सूत्र विकसित किए जा सकते हैं जिनका उपयोग राजनीतिक या शासकीय दृष्टि से आपात स्थितियों के समय सहज विश्वसनीयता और सहयोग व समर्थन प्राप्त करने के लिए किया जा सकता है। इसमें पत्रकारों के चयन में विशेष सावधानी बरती जानी चाहिए अन्यथा भेदभाव व पक्षपात के आरोप सहज ही लगाए जा सकते हैं जिनका प्रतिकूल प्रभाव पड़ता है। जो सायास या अनायास छूट जाते हैं वे मौके-बेमौके प्रतिकूल प्रचार के माध्यम बन जाते हैं। विभिन्न स्वरूप के ये सारे प्रयास अपने आप में महत्त्वपूर्ण होते हुए भी जब जनसम्पर्क व प्रचार के एक व्यापक अभियान के अंग के रूप में इनका उपयोग किया जाता है तब वे अधिक प्रभावी होते हैं।

प्रेस टूर

पत्रकारों और उनके माध्यम से आम जनता को सूचित, शिक्षित और प्रेरित करने के लिए पत्रकारों की अध्ययन यात्राओं का आयोजन एक महत्त्वपूर्ण उपक्रम है। महत्त्वपूर्ण अवसरों, विकास योजना, कल्याणकारी कार्यक्रम, जनसुविधा या महत्त्वपूर्ण बाँध, कारखाना या अन्य निर्माण कार्यों के शिलान्यास, उद्घाटन, समापन आदि के अवसरों पर पत्रकारों की अध्ययन यात्राओं का आयोजन किया जाता है। इन रचनात्मक उपक्रमों के प्रत्यक्ष अवलोकन और आकलन के लिए पत्रकारों की यात्राओं का आयोजन सम्बन्धित योजनाओं के प्रचार के लिए एक महत्त्वपूर्ण अवसर होता है। अध्ययन यात्रा

के लिए ऐसे कार्यों को चुना जाना चाहिए जिनकी उपलब्धियों का आकलन प्रत्यक्ष और स्पष्ट हो। निर्माण कार्यस्थल पर निर्माण कार्य से सम्बन्धित अधिकारियों द्वारा उपस्थित रहकर जानकारी देने और पत्रकारों के प्रश्नों का उत्तर दिए जाने का विशेष महत्त्व है। इसी प्रकार लाभान्वित व्यक्तियों, जन-प्रतिनिधियों से चर्चा या भेंट का भी आयोजन लाभप्रद होता है। इस प्रकार के अध्ययन दौरे जिला, सम्भाग व प्रान्तीय स्तर पर निर्माण कार्य के महत्त्व, समय और सुविधा के अनुसार आयोजित किए जाने चाहिए। राजधानी दिल्ली तथा पड़ोसी राज्यों के पत्रकारों के भी अध्ययन दौरे राष्ट्रीय स्तर पर किए जानेवाले जनसम्पर्क व छवि निर्माण प्रयासों के अन्तर्गत लाभकारी सिद्ध होते हैं।

इन दौरों को विशिष्ट पत्रकारों को उपकृत करने या आमतौर पर पिकनिक मनाने का स्वरूप ग्रहण नहीं करने दिया जाना चाहिए। इसकी प्रतिकूल प्रतिक्रिया होती है। इसलिए योजनाओं और पत्रकारों का सही ढंग से चयन किया जाना चाहिए और योजनाओं के सम्बन्ध में विस्तृत जानकारी लिखित रूप में उपलब्ध कराई जानी चाहिए ताकि उसका तत्काल या बाद में सन्दर्भ सामग्री के रूप में उपयोग किया जा सके। इसके साथ ही उनकी यात्रा, स्वागत, ठहरने और वापसी की व्यवस्थाएँ अत्यधिक सतर्कतापूर्वक की जानी चाहिए। इन व्यवस्थाओं में जरा-सी गलती भी किसी भी पत्रकार को दोस्त के बदले दुश्मन बना सकती है। इनका आयोजन पूरी गम्भीरता के साथ और योजनाबद्ध ढंग से ही, किसी लक्ष्य विशेष की पूर्ति के लिए, किया जाना चाहिए।

दुर्घटना, दंगे या अन्य प्रकार की आपात स्थितियों के समय भी अक्सर स्थल निरीक्षण और भ्रमण की माँग की जाती है। इस प्रकार की अवलोकन यात्रा अयोजित करना जनता में व्याप्त भय के निराकरण और विश्वास प्राप्ति के लिए उपयोगी प्रयास होता है। किन्तु इसके आयोजन के पूर्व सम्बन्धित क्षेत्र के अधिकारियों की राय प्राप्त कर ली जानी चाहिए और उनके परामर्श के बाद समुचित सुरक्षा व्यवस्था के बाद ही इस प्रकार के आयोजन किए जाने चाहिए।

पत्र-सुविधाएँ

प्रजातान्त्रिक समाज-व्यवस्था में समाचार-पत्रों को चतुर्थ स्तम्भ माना जाता है। समाचार-पत्रों की स्थापना और विस्तार को सूचना और शिक्षा के प्रसार द्वारा जागरूक एवं स्वस्थ जनमत के विकास के लिए अनिवार्य माना गया है। इसी कारण स्वतन्त्रता-संग्राम के समय की पत्रकारिता के मिशन स्वरूप का स्थान अब व्यावसायिकता द्वारा ग्रहण कर लिए जाने के बावजूद, समाचार-पत्रों और पत्रकारिता में संलग्न व्यक्तियों को अनेक सुविधाएँ सुलभ कराई जाती हैं।

मुद्रण को उद्योग मानकर व्यावसायिक बैंकों तथा अन्य वित्तीय संस्थाओं द्वारा रियायती दरों पर ऋण व साख सुविधाएँ सुलभ कराई जाती हैं। कुछ राज्यों में

समाचार-पत्रों को भवन-निर्माण आदि के लिए नाम मात्र की दर पर व्यावसायिक क्षेत्रों में भूमि उपलब्ध कराई जाती है। बिजली, टेलीफोन आदि की सुविधाएँ भी प्राथमिकता के आधार पर प्रदान की जाती हैं। टेलीप्रिंटर सर्किट के लिए टेलीग्राफ लाइन के किराये में रियायत के साथ ही प्रेस-तार, बुक पोस्ट तथा समाचार-पत्रों को विभिन्न स्थानों को भेजने के लिए डाक-दर, रेलवे पार्सल तथा राजकीय सड़क परिवहन में किराये की दरों में रियायतें दी गई हैं।

समाचार-पत्रों की आय का मुख्य साधन समाचार-पत्रों की बिक्री और विज्ञापन हैं। औद्योगिक विकास और आर्थिक गतिविधियों के विस्तार के साथ निजी संस्थाओं द्वारा प्रसारित विज्ञापनों की संख्या में वृद्धि हो रही है किन्तु भाषायी, राज्यस्तरीय व क्षेत्रीय समाचार-पत्रों तथा साप्ताहिक पत्र-पत्रिकाओं की आय का मुख्य साधन राज्य सरकारों और सार्वजनिक उपक्रमों द्वारा प्रसारित विज्ञापन ही हैं। केन्द्रीय शासन और विशेषकर निजी संस्थाओं द्वारा प्रसारित विज्ञापनों में से बहुत कम हिस्सा ही इन राज्यस्तरीय समाचार-पत्रों को प्राप्त होता है। कुछ राज्यों में तो साप्ताहिक पत्रों को प्रति माह एक निश्चित राशि के विज्ञापन दिए जाने की परम्परा ही बन गई है।

केन्द्रीय शासन के समान ही राज्यों में भी पत्रकारों को अधिमान्यता प्रदान करने की व्यवस्था की गई है। विभिन्न पत्रकार संगठनों के प्रतिनिधियों और राज्य शासन द्वारा नामांकित पत्रकारों को सम्मिलित कर गठित की गई अधिमान्यता समितियों की अनुशंसाओं के आधार पर पत्रकारों को अधिमान्यता प्रदान की जाती है। कुछ वर्षों पूर्व तक राजधानी से प्रकाशित दैनिक समाचार-पत्र में समाचार संकलन और सम्पादन में संलग्न, पूर्णकालिक सेवावाले, पाँच वर्ष का अनुभव प्राप्त एक या दो प्रतिनिधियों को अधिमान्यता प्रदान की जाती थी। पत्रों के मालिक, व्यवस्था एवं विज्ञापन विभागों में पदस्थ व्यक्तियों को अधिमान्यता नहीं प्रदान करने की परम्परा थी। विगत कुछ वर्षों में अधिकतर राज्यस्तरीय समाचार-पत्रों में मालिक़ाना-हक प्राप्त व्यक्तियों के ही नाम प्रधान सम्पादक या सम्पादक के रूप में मुद्रित होने के कारण अधिमान्यता की पुरानी परम्परा भी प्रभावित हुई है। अब अपवाद को छोड़ इन व्यक्तियों को अधिमान्यता प्राप्त हो जाती है तथा राष्ट्रपति, प्रधानमन्त्री, मुख्यमन्त्री आदि अतिविशिष्ट व्यक्तियों के साथ विदेशों तथा देश के भीतर महत्त्वपूर्ण यात्राओं में वे पत्र प्रतिनिधि के रूप में जाते हैं। कई बार महत्त्वपूर्ण अवसरों और संवाददाता सम्मेलनों में भी वे उपस्थित होते हैं। इस स्थिति में वास्तविक लेखन से जुड़े वरिष्ठ पत्रकारों को अधिमान्यता से कभी-कभी वंचित भी रहना पड़ता है और समाचार संकलन के महत्त्वपूर्ण अवसरों पर दूर रहना पड़ता है।

इसी प्रकार साप्ताहिक पत्रों के प्रतिनिधियों को भी पहले अधिमान्यता प्रदान नहीं की जाती थी। अनेक राज्यों में पाँच हजार से अधिक प्रसार संख्यावाले साप्ताहिक पत्रों के प्रतिनिधियों को अधिमान्यता प्राप्त हो रही है। इसी प्रकार अब राजधानी के बाहर सम्भागीय व जिला स्तर पर भी अधिमान्यता प्रदान की जाने लगी है।

अधिमान्यता प्राप्त पत्रकारों को उनके फोटो सहित कार्ड जनसम्पर्क विभाग के सक्षम अधिकारी के हस्ताक्षर सहित वितरित किए जाते हैं। अधिमान्यता प्राप्त पत्रकारों को समाचार संकलन के कार्य में हर सम्भव सहयोग और वरीयता प्रदान की जाती है। संवाददाता सम्मेलन में आमन्त्रित करने के साथ ही अन्य महत्त्वपूर्ण अवसरों पर शासकीय समारोहों व बैठकों में भी आमन्त्रित किया जाता है।

राज्य की राजधानी में पदस्थ अधिमान्यता प्राप्त पत्रकारों को रेल यात्रा के किराये में रियायत प्राप्त होती है। इसी प्रकार राजधानी में पदस्थ अधिमान्यता प्राप्त पत्रकारों को अनेक राज्यों में राज्य परिवहन निगम की बसों में मुफ्त यात्रा की सुविधा प्रदान की जाती है। कहीं-कहीं सम्भाग में पदस्थ अधिमान्यता प्राप्त पत्रकारों को अपने सम्भाग में, जिलेवालों को जिले में मुफ्त यात्रा की सुविधा दी जाती है।

अनेक राज्यों में पत्रकारों को आवास-निर्माण के लिए नाममात्र मूल्य पर भूमि उपलब्ध कराई जाती है। कुछ राज्यों में पत्रकारों को कम किराये पर आवास सुविधा भी उपलब्ध कराई गई है।

अधिमान्यता प्राप्त पत्रकारों को दी जानेवाली इन सुविधाओं के कारण कई बार राज्य सरकारों की कड़ी आलोचना भी की जाती है। इसे पत्रकार की विचार और अभिव्यक्ति की स्वतन्त्रता को प्रभावित करने का प्रयास माना जाता है। आलोचकों का मत है कि समाचार-पत्र प्रकाशन अब व्यावसायिक उपक्रम है। यह सब सुविधाएँ मालिकों द्वारा दी जानी चाहिए—सरकार द्वारा कतई नहीं। यह बहस का प्रश्न है।

राज्य सरकारों द्वारा विशेष अवसरों पर प्रायोजित पत्रकार दल के दौरों के अतिरिक्त समय-समय पर अलग-अलग पत्रकारों के लिए योजना स्थलों, पर्यटन केन्द्रों के भ्रमण की भी व्यवस्था की जाती है। पत्रकारों के लिए दौरों पर वाहन, आवास, भोजन आदि की भी व्यवस्था की जाती है।

अनेक राज्यों में पत्रकारों को मुफ्त चिकित्सा सुविधा उपलब्ध कराई जाती है। क़ातिलाना हमलों की घटनाओं के बाद पत्रकारों के लिए सामूहिक बीमे की सुविधा के लिए भी अनेक राज्य सरकारों द्वारा पहल की गई है।

समाचार-पत्रों और पत्रकारों को दी जानेवाली इस तरह की व अन्य सुविधाओं के सम्बन्ध में परस्पर विरोधी विचार व्यक्त किए जाते हैं। कुछ समाचार-पत्रों के मालिकों के हित अन्य उद्योगों व ऐसे कार्यों से भी जुड़े हो सकते हैं जिनका निरन्तर सरकारी तन्त्र से विभिन्न स्तरों पर सम्बन्ध होता है। उनका भी समाचार-पत्र की नीतियों पर प्रभाव हो सकता है।

आमतौर पर यह आरोप लगाया जाता है कि समाचार-पत्रों और पत्रकारों को दी जानेवाली उपरोक्त या इस तरह की अन्य सुविधाएँ वास्तव में प्रलोभन हैं। ये सुविधाएँ सौजन्यता की सीमा पार करती हैं और बहुत अधिक हैं। इनका उपयोग समाचार-पत्रों और पत्रकारों के स्वतन्त्र चिन्तन और अभिव्यक्ति को प्रभावित करने के लिए किया जाता है। कहा जाता है कि रियायत का अर्थ प्रकारान्तर से आर्थिक अनुदान ही होता

है—फिर चाहे वह पत्र-मालिक को मिले या पत्रकार को और इससे अभिव्यक्ति की आजादी अप्रत्यक्ष रूप से प्रभावित होती है। दूसरी मान्यता यह है कि पत्रकारिता के व्यवसाय में लगे पत्रकारों को सुविधा प्रदान करना अनुचित नहीं है। यह बात सत्य है कि जब यह सुविधा मर्यादा के बाहर हो तो या फिर सुविधा वापस लेने का प्रयास हो तो फिर शंकाओं का उठना स्वाभाविक है। इसमें शक की गुंजाइश जितनी कम होगी पत्रकारिता की स्वतन्त्रता उतनी ही मजबूत होगी।

प्रकाशन शाखा

विगत कुछ वर्षों में दूरदर्शन और रेडियो के व्यापक विस्तार के बावजूद मुद्रित शब्द आज भी प्रचार-प्रसार का सर्वाधिक महत्त्वपूर्ण माध्यम है। जनसम्पर्क या सूचना संचालनालय में प्रकाशन शाखा का विशेप महत्त्व होता है। विभिन्न राज्यों में यह अतिरिक्त या संयुक्त संचालक स्तर के अधिकारी के प्रभार में संगठित की जाती है। इस शाखा में उप-संचालक, सम्पादक, लेखक, अनुवादक और कलाकार कार्यरत रहते हैं। प्रायः सभी राज्यों में विकास योजनाओं और कल्याणकारी कार्यक्रमों के प्रचार के लिए पाक्षिक या मासिक पत्रिका, पुस्तिका, फोल्डर आदि प्रकाशित किए जाते हैं। इनमें प्रदेश में चल रहे विकास कार्यों, शासन के महत्त्वपूर्ण निर्णयों तथा अन्य जनरुचि की जानकारी प्रस्तुत की जाती है। राज्य की प्रगति और उपलब्धियों के आँकड़े भी प्रस्तुत किए जाते हैं। कुछ राज्यों में यह पत्रिका एक से अधिक भापा में प्रकाशित की जाती है तथा अत्यल्प मूल्य पर राज्य में पंचायतों, शिक्षण संस्थाओं आदि में वितरित की जाती है। आन्तरिक जनसम्पर्क के साथ ही यह कृषि, उद्योग तथा व्यापार में संलग्न व्यक्तियों के लिए महत्त्वपूर्ण जानकारी का स्रोत रहती है।

इस पत्रिका के साथ ही विभिन्न महत्त्वपूर्ण अवसरों, प्रमुख योजनाओं तथा विशिष्ट कार्यक्रमों के सम्बन्ध में छोटी पुस्तिकाएँ, फोल्डर, पत्रक आदि भी प्रकाशित किए जाते हैं। मुद्रण कला में हुई तरक्की के फलस्वरूप इन्हें रंगीन चित्रों, रेखांकनों, चार्ट और ग्राफ्स के माध्यम से आकर्षक बनाने का प्रयास किया जाता है।

आमतौर पर शासकीय प्रकाशनों की आलोचना की जाती है और इस प्रयास को अपव्यय माना जाता है। प्रारम्भिक वर्षों में प्रकाशन की उत्कृष्टता से अधिक फोटो और व्यक्तिगत प्रचार सामग्री ठूँसने की वजह से इनकी उपयोगिता पर प्रश्नचिह्न लगाए जाते रहे हैं। अनेक राज्यों में वस्तुपरक सामग्री, फोटो आदि के चयन में उत्तमत्ता और सामयिकता का विशेप ध्यान रखा जा रहा है तथा उनके वितरण को भी तत्पर और व्यावसायिक बनाया गया है। शासकीय प्रयासों के जनहित में प्रचार-प्रसार की एक बहुत बड़ी आवश्यकता की पूर्ति इन प्रकाशनों द्वारा होती है। यदि प्रकाशन उत्तम, पठनीय और आकर्पक होगा तो वह प्रचार का भी सक्षम माध्यम बन सकता है अन्यथा पूरा प्रयास ही निरर्थक हो जाता है।

इस प्रकार के साहित्य का प्रकाशन भी जब व्यापक जनसम्पर्क अभियान के अन्तर्गत किया जाता है तब उसकी पठनीयता पर विशेष रूप से ध्यान दिया जाना चाहिए। शासन द्वारा प्रकाशित पत्रिका को अधिक आकर्षक और पठनीय बनाने के लिए कहीं-कहीं कथा, कहानियों आदि का भी समावेश किया जाता है। सांस्कृतिक एवं पुरातात्त्विक महत्त्व के विषयों का भी इसमें समावेश कर अधिक व्यापक पाठक वर्ग को आकर्पित करने का प्रयास किया जाता है। इन पत्रिकाओं और प्रकाशित सामग्री का विद्यार्थियों, पुस्तकालयों तथा दूरस्थ केन्द्रों से प्रकाशित होनेवाले समाचार-पत्रों द्वारा सन्दर्भ सामग्री के रूप में उपयोग किया जाता है जो कि प्रकारान्तर से राज्य सरकार का अधिक निकट का परिचय प्रस्तुत करने में सहायक होते हैं।

क्षेत्र प्रचार

स्वतन्त्रता प्राप्ति के बाद समाचार-पत्रों की संख्या में वृद्धि के साथ ही रेडियो और दूरदर्शन केन्द्रों की भी बड़ी संख्या में स्थापना हुई है। फिर भी हमारे राज्यों की भौगोलिक विशालता, यातायात साधनों की कमी, गरीबी और साक्षरता के अल्प प्रतिशत के कारण प्रचार करने के लिए दृश्य-श्रव्य माध्यमों की उपयोगिता अनिवार्य रूप से बनी हुई है। हमारे देश की 70 प्रतिशत आबादी ग्रामीण क्षेत्रों में निवास करती है। इस बड़े जनसमुदाय तक सन्देश पहुँचाने के लिए फिल्म शो, वीडियो के द्वारा फिल्म प्रदर्शन तथा स्थानीय लोक कलाओं के माध्यमों का उपयोग किया जाता है। जनसम्पर्क/सूचना विभागों के जिला कार्यालयों को सिनेमा वाहन तथा सम्भागीय स्तर पर वी.सी.आर. उपलब्ध कराए गए हैं। समाज सेवा, परिवार नियोजन और आदिवासी कल्याण विभाग के पास भी सिनेमा वाहन उपलब्ध हैं। भारत सरकार के फिल्म्स डिवीजन द्वारा निर्मित डाक्यूमेंट्री फिल्मों के अलावा राज्य सरकारों तथा निजी फिल्म संस्थानों द्वारा भी बड़ी संख्या में शिक्षाप्रद फिल्मों का निर्माण किया गया है। राज्य सरकारों द्वारा अपनी विशिष्ट विकास व कल्याणकारी योजनाओं, पुरातात्त्विक एवं सांस्कृतिक धरोहर, खनिज साधनों, पर्यटक केन्द्रों आदि के सम्बन्ध में भी अनेक उत्तम फिल्मों का निर्माण किया गया है। जन-शिक्षा और जन-जागरण के लिए पुनरावृत्ति और सतत प्रयास अनिवार्य तत्त्व हैं। इनकी पूर्ति के लिए आवश्यकता इस बात की है कि बारम्बार और लगातार सिनेमा दिखाए जाएँ। इस कार्यक्रम में अन्य विभाग जिनके पास सिनेमा वाहन हैं, उनसे मिलकर एक समन्वित कार्यक्रम बनाया जा सकता है। इसमें भारत सरकार के फिल्म प्रभाग का भी सहयोग प्राप्त किया जा सकता है। ओवर हेड प्रोजेक्टर और टेप रिकार्डर की मदद से फिल्म प्रदर्शन के साथ कमेंट्री स्थानीय बोली में प्रसारित की जा सकती है। यह बहुत प्रभावोत्पादक होता है। इसका विशेष रूप से आदिवासी क्षेत्रों में उपयोग किया जा सकता है।

मुख्यालय एवं सम्भागीय कार्यालयों में फिल्म लायब्रेरी, फिल्मों के नियमित

आदान-प्रदान तथा सिने प्रोजेक्टरों और अन्य उपकरणों के समुचित रख-रखाव और मरम्मत की भी व्यवस्था की जानी चाहिए।

लोक कलाएँ

जनता को मनोरंजन के साथ सूचित और शिक्षित बनाने के लिए विशेष रूप से तैयार किए गए नाटकों का मंचन भी प्रभावी होता है। इसके साथ ही कला पथक या स्थानीय नाटक व गीत मंडलियों के माध्यम से विशेष रूप से तैयार किए गए नाटक व नृत्य नाटिकाएँ, सामूहिक गीत भी प्रस्तुत किए जा सकते हैं। आल्हा गायकों, पांडु गायकों, माच, नाचा, तमाशा, भाँगड़ा, अन्य लोक गायक मंडलियों का भी सहयोग प्राप्त किया जा सकता है।

इन माध्यमों के उपयोग के लिए स्थानीय बोलियों में नाटक, गीत आदि की रचना की ओर विशेष ध्यान दिया जाना चाहिए। कठपुतली के कलाकारों के अलावा रामलीला और रासलीला मंडलियों के माध्यम से नव-निर्माण और समाज सुधार के कथानकों को मंचित किया जा सकता है।

विज्ञापन

विज्ञापन प्रकाशन सुनियोजित प्रचार का एक महत्त्वपूर्ण अंग है। शासन की योजनाओं तथा जन-कल्याणकारी कार्यक्रमों की जानकारी अधिक से अधिक लोगों तक पहुँचाने के लिए समाचार-पत्रों, आकाशवाणी, दूरदर्शन आदि में विज्ञापन प्रसारण प्रभावी सिद्ध होता है। इस कार्य के लिए योजनाओं के मुख्य तथ्यों और सम्बन्धित जानकारी का आकर्षक ढंग से उपयोग कर विज्ञापन की कापी तैयार की जाती है। आवश्यकतानुसार ये विज्ञापन अधिक प्रसार संख्यावाले, क्षेत्र विशेष या व्यवसाय विशेष में अधिक संख्या में पढ़े जानेवाले समाचार-पत्र, पत्रिकाओं, रेडियो और दूरदर्शन से प्रसारित किए जाते हैं। इस कार्य के लिए समाचार-पत्रों, पत्रिकाओं में स्थान तथा आकाशवाणी और दूरदर्शन में निश्चित समय आरक्षण किया जाता है और उसके लिए धनराशि का भुगतान किया जाता है।

जनसम्पर्क संचालनालय में अतिरिक्त संचालक स्तर का वरिष्ठ अधिकारी विज्ञापन शाखा के प्रभार में रहता है। इस शाखा में विजुअलाइजर, कलाकार, कापी लेखक आदि रचनाधर्मी अमले के साथ ही पर्याप्त संख्या में लेखापालों की नियुक्ति की जाती है। अधिकतर राज्यों में विभाग में स्थाई तौर पर पदस्थ कर्मचारियों द्वारा ही विज्ञापन तैयार किए जाते हैं। लेकिन अब देश में बड़ी संख्या में विज्ञापन एजेंसियाँ स्थापित हो गई हैं और वे व्यावसायिक आधार पर विज्ञापन अभियानों का संचालन करती हैं। इस कार्य के लिए वे विशेष रूप से प्रशिक्षित श्रेष्ठ कलाकारों और कापी राइटरों की सेवाएँ प्राप्त

करती हैं। इन विज्ञापन एजेंसियों द्वारा रेडियो और दूरदर्शन के लिए स्पॉट्स विज्ञापनों की रचना करने के साथ ही छोटी फिल्में भी तैयार की जाती हैं। सार्वजनिक क्षेत्र के उपक्रमों तथा व्यापारिक संस्थानों द्वारा इन एजेंसियों की सेवाओं का व्यापक स्तर पर और प्रभावी उपयोग किया जा रहा है।

कुछ राज्य सरकारों द्वारा विशेष अवसरों के लिए इन एजेंसियों की सेवाएँ प्राप्त की जाती हैं। राष्ट्रीय जनजागरण तथा राष्ट्रीय कल्याणकारी कार्यक्रमों के प्रचार अभियान में भी इन एजेंसियों का बेहतर उपयोग किया जा सकता है। उदाहरणस्वरूप, मध्यप्रदेश माध्यम द्वारा तेंदूपत्ता व्यापार के सहकारीकरण के अवसर पर संचालित सघन प्रचार अभियान एक सफल प्रयास था।

सामान्य तौर पर जनसम्पर्क विभाग की विज्ञापन शाखा ही अपने विज्ञापन तैयार करती है। सामान्यतः दो तरह के विज्ञापन—(1) वर्गीकृत और (2) प्रदर्शन (डिस्प्ले) विज्ञापन जारी होते हैं। वर्गीकृत विज्ञापन के अन्तर्गत विभिन्न निर्माण विभागों की निविदाएँ, कर्मचारियों की भर्ती आदि के विज्ञापन होते हैं जिन्हें समाचार-पत्रों की प्रसार संख्या और क्षेत्र विशेष की आवश्यकता के अनुरूप सम्बन्धित समाचार-पत्रों को वितरित किया जाता है। किसी नई योजना, कार्यक्रम, सुविधा, घोषणा या निर्माण कार्य के शुभारम्भ तथा राष्ट्रीय पर्वों और अन्य विशेष अवसर पर पत्र-पत्रिकाओं, स्मारिकाओं में प्रदर्शन विज्ञापन दिए जाते हैं। इनका मुख्य उद्देश्य सूचनाओं के आधार पर प्रचारात्मक ही रहता है। सिनेमा स्लाइड्स, विभिन्न स्थानों पर लिखे गए सूचना फलकों तथा प्रमुख बाजारों व प्रमुख पर्यटन स्थलों की दीवारों पर भी विज्ञापन लिखने की परम्परा है।

समाचार और विज्ञापन दोनों ही जनसम्पर्क के अन्तर्गत शक्तिशाली औजार हैं। इनका सघन और समन्वित उपयोग लक्ष्य प्राप्ति की दिशा में कारगर प्रयास होता है। इसलिए समाचार लेखन के समान पूरे लेखन कौशल, कल्पना, संवेदनशीलता और सन्दिष्ट जनता को ध्यान में रखकर इनकी रचना की जानी चाहिए। राज्य सरकारों द्वारा विज्ञापनों पर बहुत बड़ी धनराशि व्यय की जा रही है। विज्ञापनों पर होनेवाला व्यय और उससे होनेवाले लाभ का समय-समय पर मूल्यांकन और युक्तियुक्तकरण किया जाना चाहिए।

क्षेत्रीय, भाषायी और विशेष रूप से साप्ताहिक समाचार-पत्रों को प्रोत्साहन के नाम पर विज्ञापन की कुल व्यय राशि में से एक बड़े प्रतिशत की माँग लगातार की जाती रही है। राजनीतिक परिस्थितियों और समाचार-पत्रों के दबाव के कारण काफी बड़ी राशि इन पत्रों को विज्ञापन के भुगतान के रूप में अदा की जाती है। इस सम्बन्ध में एक धारणा यह भी व्यक्त की जाती है कि इससे समाचार-पत्रों के स्वस्थ विकास में बाधा ही उत्पन्न हुई है।

आमतौर पर यह भी शिकायत की जाती है कि राजनीतिक लाभ-हानि को ध्यान में रखकर समाचार-पत्रों के विज्ञापन कोटे में बढ़ोतरी या कटौती की जाती है। इस बात

को लेकर विभिन्न मंचों पर और प्रेस कौंसिल को भी शिकायतें की जाती रही हैं। मझोले और छोटे समाचार-पत्रों की शासकीय विज्ञापनों पर निर्भरता सर्वविदित है। किन्तु उनकी वैचारिक स्वतन्त्रता पर इसका कितना प्रभाव पड़ता है यह विवादास्पद है। व्यापारिक संस्थाओं में तो संस्थान का व्यापक हित ही विज्ञापन-नीति के सम्बन्ध में निर्णायक होता है। शासकीय जनसम्पर्क कार्य के अन्तर्गत यह एक अत्यधिक संवेदनशील और नाजुक मामला होता है जिसकी व्यय होनेवाली धनराशि के अनुपात में बहुत अधिक व्यापक और प्रतिकूल प्रतिक्रिया होती है। इस प्रतिक्रिया का औचित्य-आकलन एक अलग बात है। इसी प्रकार विज्ञापन की सामान्य निर्धारित नीति के बावजूद किन्हीं विशिष्ट समाचार-पत्रों के पक्ष या विपक्ष में भेदभावपूर्ण कार्रवाई अक्सर निरर्थक और दीर्घकालीन हितों की दृष्टि से हानिकारक सिद्ध होती है। इसी कारण सभी राज्यों में विज्ञापन शाखा के लिए समाचार-पत्रों की एक अधिकृत सूची बनाई जाती है और आमतौर पर विज्ञापन द्वारा इस सूची के पत्रों को विज्ञापन दिए जाते हैं। विभिन्न समाचार-पत्रों की विज्ञापन दर निर्धारित करने के सम्बन्ध में विभिन्न फॉर्मूले तैयार किए गए हैं, जिसमें समाचार-पत्र की प्रसार संख्या, प्रचार क्षेत्र, स्तर, पृष्ठ संख्या, नियमितता, समाचार प्राप्त करने के स्रोत, जैसे समाचार अभिकरण आदि, को ध्यान में रखकर दरें निर्धारित की जाती हैं। अधिकतर राज्यों में केन्द्रीय शासन की दरों का अनुसरण किया जाता है।

सन्दर्भ शाखा

जनसम्पर्क संचालनालय की सन्दर्भ शाखा के दो महत्त्वपूर्ण अंग होते हैं जिनकी देख-रेख उपसंचालक स्तर के वरिष्ठ अधिकारी करते हैं—(1) पुस्तकालय शाखा, (2) पंजीयन शाखा।

पुस्तकालय वास्तव में संचालनालय की समाचार शाखा, प्रकाशन शाखा तथा विभिन्न शाखाओं के लिए उपयोगी प्रकाशित साहित्य का संग्रहालय होता है। इसमें राज्य से सम्बन्धित इतिहास, पुरातत्त्व, साहित्य, लोकजीवन, आर्थिक और सामाजिक घटनाओं से सम्बन्धित पुस्तकों, सन्दर्भ जानकारी, सांख्यिकी जानकारी, प्रशासन और विकास योजनाओं से सम्बन्धित प्रतिवेदन और सूचनाओं का संकलन किया जाता है। इसमें अन्य विभागों, निगमों और शासकीय उपक्रमों तथा विधानसभा द्वारा जारी की गई सामग्री, बजट आदि सन्दर्भ सामग्री का सारणीकृत संग्रह किया जाता है ताकि विभाग के अधिकारी, पत्रकार, शोध विद्यार्थी आवश्यकतानुसार उनका उपयोग कर सकें। यह वास्तव में पुस्तकों के मात्र संग्रह के बनिस्बत एक सेवा होती है। इसमें महत्त्वपूर्ण समाचार-पत्रों की फाइलें भी रखी जाती हैं।

सन्दर्भ शाखा द्वारा राज्य के प्रमुख नगरों में स्थापित सूचना केन्द्रों की भी देखभाल की जाती है। जिन सूचना केन्द्रों में सूचना सेवा की व्यवस्था की गई है उन केन्द्रों ने बहुत लोकप्रियता अर्जित की है। राज्यों में पुस्तकालय आन्दोलन की शिथिलता और

साक्षरता के बढ़ते हुए प्रतिशत की स्थिति में सूचना केन्द्र एक खटकनेवाली कमी को पूरा कर सकते हैं।

पंजीयन शाखा

संचालक, जनसम्पर्क संचालनालय को रजिस्ट्रेशन ऑफ बुक्स एंड प्रेस एक्ट की समाचार-पत्रों से सम्बन्धित धाराओं के परिपालन की निगरानी के लिए वैधानिक दायित्व सौंपा गया है। प्रदेश में प्रकाशित होनेवाले विभिन्न पत्र-पत्रिकाओं के नियमानुसार प्रकाशन और नियमितता की जानकारी रखना और उनका उल्लंघन होने पर नियमानुसार कार्रवाई करने का भार संचालनालय को सौंपा गया है। प्रेस एक्ट और उसके अन्तर्गत निर्मित नियमों के अनुसार समाचार पत्र-पत्रिकाओं का प्रकाशन आरम्भ करने के पूर्व प्रकाशक को तदाशय का घोषणा-पत्र जिला या अनुविभागीय दंडाधिकारी के समक्ष प्रस्तुत करना पड़ता है। समाचार पत्र-पत्रिका का टाइटल स्वीकार हो जाने के उपरान्त ही पत्र-पत्रिकाओं का प्रकाशन किया जा सकता है। प्रमाणित घोषणा-पत्र की एक प्रति संचालक, जनसम्पर्क संचालनालय, और एक प्रति जिले के प्रकाशन कार्यालय को भेजी जाती है। इन पत्रों के सम्बन्ध में जानकारी और उनकी प्रतियाँ पंजीयन शाखा में रखी जाती हैं। तीन माह की अवधि में यदि किसी नियतकालिक पत्र के 50 प्रतिशत अंक प्रकाशित नहीं होते हैं तो उसका घोषणा-पत्र स्वयमेव निरस्त हो जाता है। नियमों का उल्लंघन किए जाने पर कार्रवाई के लिए उस अनियमितता की ओर जिला दंडाधिकारी का ध्यान आकर्षित किया जाता है।

पत्र परिनिरीक्षण

जनसम्पर्क कार्य का एक अत्यधिक महत्त्वपूर्ण अंग विभिन्न योजनाओं, कार्यक्रमों और प्रशासनिक व्यवस्था के सम्बन्ध में जन-प्रतिक्रियाओं से मुख्यमन्त्री, मन्त्रीगणों, मुख्य सचिव तथा अन्य सम्बन्धित वरिष्ठ अधिकारियों को अवगत कराना है। शासकीय नीतियों के मूल्यांकन और जन-प्रतिक्रियाओं को जानने का एक अत्यधिक महत्त्वपूर्ण साधन समाचार पत्र-पत्रिकाओं में प्रकाशित होनेवाली सामग्री है। समाचार-पत्रों में प्रकाशित होनेवाले पाठकों के पत्र, आलेख, टिप्पणियाँ, जनरुचि को अभिव्यक्त करते हैं। विभिन्न क्षेत्रों में हो रही घटनाओं तथा विभिन्न प्रकार की राजनीतिक, सामाजिक, आर्थिक गतिविधियों की झाँकी भी समाचार-पत्रों में मिलती है। इनसे शासन के प्रति जनता के रुख का सही-सही अन्दाजा लगाया जा सकता है।

समाचार-पत्रों में अनेक खबरें, टिप्पणियाँ आदि ऐसी होती हैं जिनकी ओर मुख्यमन्त्री व अन्य वरिष्ठ अधिकारियों का ध्यान तुरन्त आकर्षित करना जरूरी होता है ताकि शासन की ओर से आवश्यक कार्रवाई की जा सके। गलत समाचारों या वक्तव्यों

का यथाशीघ्र खंडन किया जा सके। इन समाचारों में भावी घटनाओं, आन्दोलनों आदि की भी चर्चा रहती है। इनके आधार पर शासन द्वारा एहतियाती कार्रवाई की जा सकती है।

जनसम्पर्क संचालनालय में यह कार्य अत्यधिक सतर्कता के साथ सम्पन्न किया जाता है। संचालनालय के वरिष्ठ अधिकारी स्वयं सर्वप्रथम अखबारों का निरीक्षण कर आवश्यकतानुसार विशिष्ट समाचारों या घटनाओं की ओर सम्बन्धित मन्त्री या अधिकारी का ध्यान आकर्षित करते हैं। समाचार अभिकरणों पर निरन्तर आनेवाले समाचारों का भी वरिष्ठ अधिकारियों द्वारा निरीक्षण किया जाता है। रेडियो और दूरदर्शन पर आनेवाले समाचारों, समाचार एजेंसियों तथा प्रदेश के विभिन्न स्थानों से प्रकाशित होनेवाले दैनिकों और साप्ताहिकों का परिनिरीक्षण करने के लिए विशेष अधिकारियों की नियुक्ति की जाती है। वे निरन्तर इस कार्य में संलग्न रहकर अखबारों की कतरनें निकालते हैं, उनको विषयवार वर्गीकृत कर वरिष्ठ अधिकारियों के माध्यम से मन्त्रियों और सचिवों को प्रेषित करते हैं। अनेक राज्यों में प्रतिदिन प्रेस टुडे या समाचार सार तैयार कर दोपहर तक प्रशासन के वरिष्ठ अधिकारियों तक पहुँचाने की भी परम्परा है। अधिक गम्भीर किस्म के समाचारों को संचालक या विभिन्न मन्त्रियों और विभागों से सम्बद्ध जनसम्पर्क अधिकारी स्वयं व्यक्तिगत रूप से मन्त्रियों और सचिवों की जानकारी में लाते हैं।

इनमें से कुछ समाचार ऐसे हो सकते हैं जिनके सम्बन्ध में घटना या नीति विषयक स्पष्टीकरण तुरन्त देना आवश्यक समझा जाता है। कई बार तो घटनाओं या नीतियों के सम्बन्ध में आम जनता में फैलनेवाले भ्रम और भय के निवारण के लिए तत्काल खंडन या स्पष्टीकरण जारी किया जाता है। अधिकारीगण यह आश्वस्त बनाते हैं कि यह खंडन समाचार-पत्रों में प्रकाशित हो जाए। सीमित प्रभाववाले समाचारों का खंडन पहले सम्बन्धित अखबार में ही प्रकाशनार्थ भेजा जाता है, किन्तु व्यापक प्रभाववाले समाचारों का खंडन सभी समाचार-पत्रों को प्रकाशनार्थ दिया जाता है। अकेले एक समाचार-पत्र को दिए जानेवाले खंडन को सम्पादक के नाम पत्र के रूप में प्रेषित किया जाता है। खंडन या प्रतिवाद करना अत्यधिक नाजुक कार्य होता है। यदि अनिवार्य न हो तो खंडन नहीं करना चाहिए। खंडन से वही समाचार जो पूर्व में प्रकाशित हुआ था, वह दुबारा प्रकाशित होता है। दूसरे, खंडन कम से कम शब्दों में और मुख्य मुद्दे तक ही सीमित रहना चाहिए। तीसरे, खंडन के होनेवाले परिणामों और प्रभाव को ध्यान में रखते हुए सक्षम मन्त्री या सचिव से पुष्टि कराने के उपरान्त ही खंडन या प्रतिवाद प्रेषित किया जाना चाहिए।

खंडन की तैयारी के पूर्व यह आकलन करना चाहिए कि क्या खंडन करना नितान्त आवश्यक है ? सम्बन्धित समाचार से जनता में उत्पन्न होनेवाले भ्रम या भय के निवारण के लिए क्या अन्य कोई तरीका अपनाया जा सकता है ? यह निर्णय करने के उपरान्त समाचार से सम्बन्धित सम्पूर्ण जानकारी एकत्रित कर संचालक या अन्य वरिष्ठ अधिकारी

द्वारा सम्बन्धित संवाददाता, पत्र प्रतिनिधि या सम्पादक से सम्पर्क कर उन्हें वस्तुस्थिति से अवगत कराया जा सकता है और उपरोक्त तथ्यों से सन्तुष्ट होने पर उनसे आग्रह किया जा सकता है कि वे स्वयं अपनी ओर से समाचार या अन्य किसी रूप में वस्तुस्थिति से जनता को अवगत कराकर भ्रम का निवारण कर दें। आमतौर पर विद्वान सम्पादकगण इससे सहमत हो जाते हैं और आवश्यक कार्य कर देते हैं। वैसे कोई भी सम्पादक या पत्र प्रतिनिधि अपने समाचार का खंडन किया जाना पसन्द नहीं करता। सरकारी तौर पर भेजे गए खंडन को नैतिकतावश वह प्रकाशित अवश्य कर देते हैं किन्तु उनके मन में विरोध और असन्तोष का भाव पनपता रहता है जो प्रकारान्तर से समय-समय पर प्रगट होता रहता है।

शासन यदि खंडन आवश्यक समझे तो खंडन या स्पष्टीकरण तुरन्त किया जाना चाहिए। विलम्ब से जो अहित होना था वह हो चुका रहता है और खंडन लगभग जनता में फैले भ्रम को दूर करने में सार्थक सिद्ध नहीं होता। वैसे भी समाचार-पत्रों या संवाददाताओं से वाद-विवाद या बहस की स्थिति निर्मित नहीं होने देना चाहिए।

जनप्रतिक्रियाओं को जानकर नीति निर्धारक अर्थात् मन्त्रिमंडल व वरिष्ठ अधिकारियों को अवगत कराने के लिए सम्भागीय व जिला अधिकारियों से गुप्त पाक्षिक प्रतिवेदन प्राप्त करने की परम्परा भी कुछ राज्यों में है। इन प्रतिवेदनों में क्षेत्र में चल रही ऐसी समस्त गतिविधियों और प्रवृत्तियाँ की चर्चा सम्मिलित की जाती है जिनका आनेवाले दिनों में, समाचारों और जन-जीवन पर प्रभाव पड़ सकता है। मन्त्रिमंडल व राज्य शासन के पास जन-प्रतिक्रियाओं से अवगत होने के लिए उनका दलीय संगठन, मैदानी कार्यकर्ता, पुलिस की गुप्तचर सेवा, दौरों पर भेंटकर्ताओं से चर्चा, आवेदन, ज्ञापन आदि अनेक माध्यम रहते हैं। किन्तु जनसंचार माध्यमों में प्रतिबिम्बित होनेवाली प्रतिक्रियाओं से अवगत कराने का दायित्व जनसम्पर्क संचालनालय का ही होता है। इस कार्य में संचालनालय की सार्थक भूमिका संचालक व अन्य वरिष्ठ अधिकारियों के मुख्यमन्त्री, मन्त्रिमंडल के सदस्य व सचिवों के साथ निरन्तर सम्पर्क से विकसित परस्पर विश्वास की भावना पर निर्भर करती है।

प्रदर्शनी

विशेष अवसरों पर शासन की विकास योजनाओं, कल्याणकारी कार्यक्रमों तथा उपलब्धियों के सम्बन्ध में प्रदर्शनियों का आयोजन लाभप्रद सिद्ध होता है। इन प्रदर्शनियों में आकर्षक चित्रों, ज्ञानवर्धक चार्ट्स, ग्राफ्स, नक्शों और चलित मॉडलों के माध्यम से विकास यात्रा की कहानी अत्यधिक सरल और औसत नागरिकों की समझ में आनेवाले ढंग से प्रस्तुत की जा सकती है। इस कहानी को समझाने के लिए व्यवहारकुशल और मृदु-भाषी गाइडों की भी व्यवस्था की जानी चाहिए। स्वाभाविक रूप से ही शहरों और ग्रामीण क्षेत्रों में तथा विद्यार्थियों, श्रमिक वर्ग या किसान वर्ग के समक्ष प्रस्तुत की

जानेवाली सामग्री को उनकी रुचि और आवश्यकता के अनुरूप आकर्षक ढंग से सजाना और प्रस्तुत करना होगा। उन्नत कृषि के तरीकों, सिंचाई और नए औजारों के उपयोग के प्रचार में ग्रामीण क्षेत्रों में आयोजित इन प्रदर्शनियों ने महत्त्वपूर्ण भूमिका निभाई है।

क्षेत्र प्रचार के इन विभिन्न माध्यमों का समन्वित उपयोग अधिक कारगर सिद्ध हुआ है। विशेष अवसरों पर प्रदर्शनी, सूचना शिविर, फिल्म प्रदर्शन, नाटक, लोकगीत, कठपुतली आदि का दो या तीन दिवसीय कार्यक्रम उस क्षेत्र में सघन प्रचार का रूप ले लेता है और उसका प्रभाव अधिक स्थाई और व्यापक होता है। इस प्रकार के आयोजन की पूर्व सूचना विकास खंड व अन्य ग्रामीण क्षेत्रों में पदस्थ अधिकारियों के माध्यम से आसपास के गाँवों में भी प्रसारित की जा सकती है। प्रदर्शनी एक गाँव में अयोजित होने के साथ ही आसपास के गाँवों में सिनेमा प्रदर्शन, लोकगीत और नाटक के द्वारा पूरे क्षेत्र की जनता को उससे जोड़ा जा सकता है।

क्षेत्र प्रचार का यह महत्त्वपूर्ण कार्य एक अतिरिक्त संयुक्त संचालक के प्रभार में रहता है। उसके अधीन प्रदर्शनी अधिकारी, संगीत-नाटक अधिकारी और सिनेमा इकाई रहती है। प्रदर्शनी के लिए आवश्यक कलाकार, कारपेंटर आदि तथा फिल्म यूनिट के लिए सिनेमा ऑपरेटर आदि नियुक्त किए जाते हैं। संगीत-नाटक अधिकारी के कार्यालय में नाटक मंडलियों, लोकगीत गायकों और कलाकारों की सूचियाँ भी रखी जाती हैं और उनके उपयोग के लिए नाटक, गीत आदि की विशेष रूप से रचना करवाई जाती है और उनका संग्रह रखा जाता है। क्षेत्र प्रचार कार्य के लिए सम्भागीय व जिला स्तर पर भी आवश्यक अमले की नियुक्ति की जाती है।

12

सम्भागों व जिलों में जनसम्पर्क

सम्भाग व जिला स्तर पर भी जनसम्पर्क संचालनालयों का विस्तार हुआ है। सम्भाग व जिलास्तरीय जनसम्पर्क कार्यालयों का कार्यक्षेत्र सीमित होता है, इसलिए वहाँ कर्मचारियों की संख्या और सुविधाएँ भी सीमित होती हैं। लेकिन उनके दायित्वों में प्रायः उन सभी कार्यों का समावेश होता है जो जनसम्पर्क संचालनालयों द्वारा सम्पन्न किए जाते हैं।

इसके साथ ही मैदानी स्तर के संगठन होने के कारण इन्हें कुछ अतिरिक्त और महत्त्वपूर्ण कार्य भी करने पड़ते हैं। जनता से सीधा सम्पर्क और मैदानी परिस्थितियों और विषमताओं के कारण उन्हें अधिक तनाव और उत्तेजना-भरी परिस्थितियों में कार्य करना पड़ता है।

राज्यव्यापी योजनाओं और कार्यक्रमों के अतिरिक्त उन्हें सम्भाग और जिले में चल रही योजनाओं, निर्माण कार्यों, कार्यक्रमों और नीतियों के सम्बन्ध में समाचार संकलन और प्रसारण के साथ ही समय-समय पर पुस्तिका प्रकाशन, प्रदर्शनी व चलचित्र प्रदर्शन आदि कार्यक्रमों को भी आयोजित करना पड़ता है।

सम्भाग और जिलों में प्रकाशित होनेवाले दैनिक व साप्ताहिक समाचार-पत्रों के साथ ही राज्य की राजधानी से प्रकाशित होनेवाले समाचार-पत्रों में अपने क्षेत्र के सम्बन्ध में प्रकाशित होनेवाले समाचारों और प्रतिक्रियाओं से भी सम्भाग आयुक्त, जिलाध्यक्ष व अन्य वरिष्ठ अधिकारियों को अवगत रखना होता है।

अपेक्षा यह की जाती है कि सम्भागीय और जिला प्रशासन की अच्छी छवि निरन्तर उभारी जाए, अनुकूल समाचार स्थानीय और राजधानी के अखबारों में प्रकाशित होते रहें। जिलों में मन्त्रियों के दौरों, सम्भागीय व जिला स्तर पर होनेवाली सम्भागाध्यक्षों की बैठकों, जिला सलाहकार समितियों की बैठकों, चालीस से अधिक छोटे-बड़े विभागों के मासिक व वार्षिक प्रतिवेदनों, विभिन्न योजनाओं, निर्माण कार्यों, कार्यक्रमों के प्रगति प्रतिवेदनों आदि के माध्यम से समाचार प्रसारण का प्रवाह निरन्तर बनाए रखा जाता है। फोटो आदि से उन्हें सजाया जाता है।

मन्त्रियों, सम्भाग आयुक्त और जिलाध्यक्षों की संवाददाताओं से भेंटवार्ता तथा

विकास योजनाओं के अवलोकन के लिए प्रेस टूर भी आयोजित किए जाते हैं।

मुद्रण तकनीक में विकास के साथ अब प्रायः सभी सम्भागीय केन्द्रों से एक से अधिक दैनिक समाचार-पत्रों का प्रकाशन हो रहा है। इसके साथ ही साप्ताहिक पत्रों की संख्या में भी बहुत वृद्धि हुई है। इस कारण सम्भागीय व जिला जनसम्पर्क कार्यालयों का समाचार संग्रह प्रेषण, स्थानीय विज्ञापन वितरण और पत्र-परिनिरीक्षण का कार्य बहुत बढ़ गया है। बढ़ते हुए पाठक वर्ग की जिज्ञासा पूर्ति का दबाव और अखबारों की आपसी प्रतिस्पर्धा की उग्रता के कारण सम्भागीय और जिला स्तरीय अखबारी समुदाय में परस्पर समझदारी, सद्‌भावना और सहयोग का वातावरण बनाए रखना अब एक दुष्कर कार्य हो गया है। राजनीतिक दलबन्दी के ही समान पत्रकारों की गुटबन्दी का प्रभाव प्रकाशित होनेवाले समाचारों के स्वरूप प्रकृति, निष्पक्षता और वस्तुपरकता पर भी पड़ता है। इस उग्र प्रतिद्वन्द्विता की लपेट में स्थानीय प्रशासन, अधिकारी और जनसम्पर्क अधिकारी भी आते हैं। नेता, पत्रकार और अधिकारी सभी अपने भारतीय समाज के अंग हैं और इसी समाज की उपज हैं। सभी वर्गों में सभी तरह के अच्छे-बुरे लोग रहते हैं और गुण-दोष, भ्रष्टाचार तथा लोभ, मोह, क्रोध, राग-द्वेष सभी का अनुपात प्रायः सभी वर्गों में कुछ कम या ज्यादा एक-सा रहता है। लेकिन जब सार्वजनिक कार्यकर्ता, पत्रकार या शासकीय कर्मचारी द्वारा इन कमजोरियों का नाजायज लाभ उठाने का प्रयास, जनहित की सीमा लाँघकर, स्वार्थ, अहं की टकराहट और गुटबन्दी का हिस्सा बन जाता है तो पूरा सार्वजनिक व अखबारी वातावरण विषाक्त हो जाता है। सम्बन्धित सम्भाग और जिले के सर्वांगीण विकास और प्रगति के कदम लड़खड़ाने लगते हैं। ईमानदार और कर्मठ कार्यकर्ता व अधिकारी निरुत्साहित होते हैं।

जनसम्पर्क अधिकारी को सम्भागीय आयुक्त और जिलाध्यक्ष के निकट सम्पर्क और विश्वास में रहकर, पत्रकार-जगत से दोस्ती, समझदारी, सहयोग और परस्पर सम्मानपूर्ण सम्बन्ध स्थापित करना चाहिए। अपने कर्त्तव्यों के प्रति निष्ठावान, कर्मठ और सक्षम अधिकारी के रूप में विश्वसनीयता की छवि का निर्माण करना चाहिए।

दंगे, उपद्रव, दुर्घटना और संकटकालीन परिस्थितियों में जनसम्पर्क अधिकारी की 'विश्वास योग्य सक्षम अधिकारी' वाली छवि अपने कर्त्तव्यों के सफल निर्वहन में निर्णायक महत्त्व की सिद्ध होती है।

सम्भाग और जिले में समाचारों के सीमित क्षेत्र के कारण जनसम्पर्क अधिकारी से प्रशासन के प्रवक्ता से अधिक प्रशासन के 'आँख-कान' की भूमिका की अपेक्षा की जाती है। यह कार्य पत्र परिनिरीक्षण के साथ ही पत्रकारों व समाज के अन्य बुद्धिजीवी जनमत निर्माताओं के साथ घनिष्ठ सम्पर्क और घटनाक्रम की विश्लेषण क्षमता पर निर्भर करता है। इसके लिए जनसम्पर्क अधिकारी को अपने कार्यक्षेत्र की भौगोलिक, ऐतिहासिक, राजनीतिक और सामाजिक पृष्ठभूमि, कार्यरत व्यक्तियों और प्रवृत्तियों आदि की अच्छी जानकारी होनी चाहिए। अपनी प्रतिष्ठा के अनुरूप जन-प्रतिक्रियाओं को जानने के लिए आँख-कान बनने तक तो ठीक किन्तु साधारण जासूसी कभी नहीं करनी चाहिए।

कभी-कभी मन्त्रियों के दौरों की या संवाददाता सम्मेलन की सूचना नहीं मिलने या समारोह में बैठने की उचित व्यवस्था नहीं होने आदि की व्यक्तिगत मानापमान या कथित उपेक्षा की घटना के कारण पत्रकारों द्वारा शासकीय समारोहों व समाचारों के बहिष्कार की स्थितियाँ भी निर्मित होती हैं। जनसम्पर्क अधिकारी को इस तरह की सम्भावनाओं का पूर्वानुमान होना चाहिए और ऐसी घटनाओं को रोकने की कोशिश की जानी चाहिए। घटना हो जाने पर तुरन्त मध्यस्थता और परस्पर सद्भाव के निर्माण की प्रक्रिया प्रारम्भ करनी चाहिए। इसमें विलम्ब या उदासीनता से पूरे प्रशासनतन्त्र की बदनामी होती है। इसका परिणाम भी जनसम्पर्क अधिकारी को भुगतना पड़ता है।

जनसम्पर्क अधिकारी के लिए खतरे की घंटी तब बजने लगती है जब उसके सम्बन्धों और क्षमता का उपयोग सत्तारूढ़ दल के कार्यकर्ता, स्थानीय मन्त्री या शासनाधिकारी व्यक्तिगत काम, लाभ या प्रचार के लिए करना चाहते हैं या समाचार जगत में सक्रिय विभिन्न गुट अपने पक्ष में करने के लिए सभी तरह का दबाव डालने लगते हैं या वह स्वयं जानबूझकर या जाने-अनजाने इस दुष्चक्र में फँस जाता है। कुछ सम्बन्धित तत्त्व उसका शासकीय कार्य कराने के लिए बिचौलिये के रूप में इस्तेमाल करने का प्रयत्न करते हैं। उसे तात्कालिक प्रलोभनों से बचना चाहिए। जिले के सार्वजनिक जीवन के आसपास मँडरानेवाले व्यक्ति के रूप में इस व्यक्ति को जहाँ लोकप्रियता का भ्रम हो सकता है, वहीं यह भी याद रखना चाहिए कि सबकी निगाहें भी इस व्यक्ति के ऊपर रहती हैं और जरा-सी भी गलती उसे खतरे में डाल सकती है।

सम्भागीय व जिलाधिकारियों से तालमेल, पत्रकारों से दोस्ती, मुख्यालय के अधिकारियों का विश्वास और समर्थन जनसम्पर्क अधिकारी की सफलता के लिए आवश्यक होता है। सारी सफलताओं के बावजूद जनसम्पर्क अधिकारी को एक स्थान पर दो-ढाई वर्ष से अधिक नहीं रखा जाना चाहिए। दो-ढाई वर्ष की सफलता के बाद टकराहट की स्थितियाँ उत्पन्न होने लगती हैं। उसके सेवाकाल व्यवस्थापन के लिए भी यह आवश्यक है। एक ही शाखा, एक ही पद या एक ही स्थान पर लम्बे समय तक पद स्थापना न तो अधिकारी के भविष्य के लिए न विभाग की छवि के लिए और न सामाजिक लाभ की दृष्टि से हितकर है। यदि अधिकारी अच्छा है तो अच्छाई का लाभ अन्य क्षेत्रों को भी मिलना चाहिए और यदि बुरा है तो एक ही स्थान उसे क्यों भुगते ?

आदिवासी बहुल या अधिक पिछड़े हुए जिलों में जनसम्पर्क अधिकारी का कार्य अधिक चुनौतीपूर्ण हो जाता है। सामान्य गतिविधियों के अन्तर्गत ही वह जिले की विशेष स्थितियों के सम्बन्ध में व्यापक जनमत आकर्पित करने और इस बहाने प्रगति की रफ्तार तेज करने में सहायक सिद्ध हो सकता है। दृश्य-श्रव्य माध्यमों और विशेषकर वी.सी.आर., टेप रिकार्डर, वीडियो फिल्म आदि का जनजागरण के लिए प्रभावी उपयोग कर सकता है।

13

सघन जनसम्पर्क अभियान

राष्ट्रीय त्यौहार—15 अगस्त, 26 जनवरी, राज्य का स्थापना दिवस, महापुरुषों की जयन्तियाँ, ऐतिहासिक घटनाओं की तिथियाँ आदि ऐसे अवसर होते हैं जिनको केन्द्र बिन्दु बनाकर जनसम्पर्क व प्रचार का सघन अभियान आयोजित किया जाता है। ये अवसर आम जनता की स्मृति में महत्त्वपूर्ण आकर्षण के केन्द्र बिन्दु होते हैं। इन अवसरों पर समस्त संचार माध्यमों और विधाओं का समन्वित उपयोग कर सुविचारित लक्ष्य प्राप्ति के लिए, राज्यव्यापी सघन अभियान आयोजित किए जाते हैं। इस अभियान के माध्यम से किन-किन व्यक्तियों, योजनाओं व कार्यक्रमों को प्रचार का विशेष केन्द्र बिन्दु बनाना है यह लक्ष्य पहले से ही निर्धारित कर लिया जाना चाहिए। इसकी तैयारी पर्याप्त सोच-विचार के साथ की जानी चाहिए। इस अवसर पर विशिष्ट योजनाओं का उद्घाटन, भवन, सुविधा आदि का शुभारम्भ, प्रदर्शनी, संगोष्ठी व परिसंवादों का आयोजन एक साथ विभिन्न स्तरों पर और स्थानों पर आयोजित किया जाता है। इसके साथ ही फिल्म शो, नाटक, कव्वाली, कठपुतली, आल्हा आदि के आयोजन भी सुनिश्चित कार्यक्रम के अन्तर्गत आयोजित किए जा सकते हैं। इस अभियान के उद्घाटन या समापन के अवसर पर समाचार-पत्रों के विशेषांक, पुस्तिकाओं का प्रकाशन आदि किया जा सकता है। अभियान के अन्तर्गत पूरे समय तीन दिन या सात दिन या पूरे पखवाड़े में अलग-अलग संचार माध्यमों के द्वारा पूर्व निर्धारित उद्देश्य को प्रचारित करने का प्रयास किया जाता है। सघन अभियान का उद्देश्य समस्त साधनों को लगाकर पूरी जनता का ध्यान उस एक विषय, व्यक्ति या कार्यक्रम पर केन्द्रित करना होता है।

कुछ कम या अधिक अवधि के तथा अलग-अलग संचार माध्यमों का उपयोग करनेवाले, सघन अभियानों का, क्षेत्र विशेष और उद्देश्य विशेष के लिए प्रयोग किया जा सकता है। इस तरह के अनेक छोटे-बड़े सघन अभियानों के माध्यम से प्रचार, जनसम्पर्क और छवि निर्माण की निरन्तरता बनाए रखी जा सकती है और विशिष्ट व्यक्ति, संस्था, योजना, कार्यक्रम या नीति को अधिक समय तक, एक व्यापक क्षेत्र की बहुसंख्यक जनता के समक्ष, फोकस में या लाइम लाइट में रखा जा सकता है। केन्द्रीय

शासन के कर्णधारों, सांसदों, पूँजी निवेश करनेवाले बड़े उद्योगपतियों, बुद्धिजीवियों के विशिष्ट वर्गों के लिए भी इस प्रकार के सघन अभियान आयोजित किए जा सकते हैं। जनमत को प्रभावित करने का यह सर्वाधिक प्रभावकारी तरीका है जिसका चरम स्वरूप चुनाव अभियानों के अवसर पर देखने को मिलता है।

14

राजभवन सूचना-कक्ष

राज्यपाल राज्य के संवैधानिक प्रमुख होते हैं। वे राज्याध्यक्ष होते हैं। वैधानिक दृष्टि से राज्य का सम्पूर्ण शासन कार्य 'राज्यपाल के नाम से और आज्ञा अनुसार' संचालित होता है। किन्तु वास्तव में राज्य शासन के दैनन्दिन कार्य का संचालन केवल उनके नाम से होता है—प्रत्यक्षतः वे आज्ञा नहीं देते हैं। शासन का दैनन्दिन कार्य मुख्यमन्त्री, उनका मन्त्रिमंडल और शासन के सचिवगण ही संचालित करते हैं और यह माना जाता है कि सम्पूर्ण कार्य राज्यपाल के नाम से और राज्यपाल की आज्ञानुसार हो रहा है।

राज्यपाल के पद पर विशिष्ट और वरिष्ठ व्यक्तियों की नियुक्तियाँ भारत के राष्ट्रपति महोदय द्वारा की जाती हैं। यह नियुक्ति सामान्यतः पाँच वर्ष के लिए होती है किन्तु वास्तव में राष्ट्रपति महोदय की स्वेच्छा पर निर्भर करती है। राज्यपाल की नियुक्ति के समय सम्बन्धित व्यक्ति के बारे में राज्य के मुख्यमन्त्री से भी विचार-विमर्श करने की परम्परा रही है। संविधान में किए गए संशोधन के अनुसार अब एक ही व्यक्ति, एक ही समय, एक से अधिक राज्यों के राज्यपाल का पद सँभाल सकता है।

राज्यपाल के पद को सुशोभित करनेवाले व्यक्ति आमतौर पर विभिन्न क्षेत्रों के अनुभव प्राप्त वरिष्ठ व्यक्ति होते हैं और वे अपनी संवैधानिक मर्यादाओं को ध्यान में रखते हुए पूर्णतः निष्पक्ष और निर्विवाद व्यक्ति और राज्याध्यक्ष बने रहते हैं। सामान्यतः उनके सम्बन्ध राज्य के मुख्यमन्त्रियों से भी सौहार्दपूर्ण रहते हैं। प्रत्यक्ष रूप से वे राज्य की दैनन्दिन राजनीतिक गतिविधियों से निर्लिप्त मूक दर्शक रहते हैं। विवाद की स्थितियाँ उस समय उत्पन्न होती हैं जब कानून और व्यवस्था की बिगड़ी स्थिति या अन्य आपातस्थिति के कारण राज्यपाल के प्रतिवेदन के आधार पर राज्य में राष्ट्रपति शासन लागू करने का प्रश्न उपस्थित होता है। उस समय पीड़ित पक्ष द्वारा राज्यपाल पर राज्य का संवैधानिक प्रमुख होने के स्थान पर, केन्द्र शासन के प्रतिनिधि की भूमिका निभाने का आरोप लगाया जाता है। यह नाजुक स्थिति कुछ ही समय के लिए होती है। राष्ट्रपति शासन लागू होते ही राज्य शासन के समस्त संवैधानिक अधिकार राज्यपाल महोदय को प्राप्त अवश्य हो जाते हैं किन्तु उनका उपयोग केन्द्रीय शासन द्वारा नियुक्त सलाहकारों

के माध्यम से ही होता है। सब कार्य राज्यपाल के नाम से और आज्ञानुसार ही संचालित होता है।

बीच की उस नाजुक स्थिति में राज्यपाल के जनसम्पर्क अधिकारी या प्रेस अधिकारी की भूमिका एकदम से अत्यधिक महत्त्वपूर्ण बन जाती है। स्थानीय के साथ ही देशभर के संचार माध्यमों का ध्यान राजभवन और राज्यपाल की गतिविधियों पर केन्द्रित हो जाता है।

राज्यपाल द्वारा राज्य की स्थिति के सम्बन्ध में केन्द्र को भेजा गया प्रतिवेदन, उसका समय, उसमें लिखी गई बातें, उनका आधार आदि तुरन्त जानने के लिए पत्रकार, संचार माध्यमों से जुड़े व्यक्ति, राजनीतिज्ञ, शासनाधिकारी और आम जनता, सभी उत्सुक और प्रयत्नशील रहते हैं।

राष्ट्रपति शासन लगाने की सारी कार्यवाही अत्यधिक गोपनीय होती है। अन्तिम निर्णय भी वास्तव में राष्ट्रपति द्वारा केन्द्रीय शासन की सलाह के अनुसार लिया जाता है। यह निर्णय लेने में समय लग सकता है। ऐसे समय में पत्रकारों की जल्दबाजी और वास्तविकता जानने की कोशिश सभी प्रकार की मर्यादाओं, परम्पराओं की सीमा भी लाँघ जाती है। यह राजभवन के जनसम्पर्क अधिकारी या प्रेस अधिकारी की परीक्षा की घड़ी होती है। शासकीय कार्य के प्रति निष्ठा, धैर्य, साहस और पत्रकारों में अर्जित विश्वसनीयता और मिलनसारिता की परख इस समय हो जाती है। जनसम्पर्क अधिकारी समाचार प्रसारण का माध्यम या प्रवक्ता हो सकता है किन्तु वह निर्णय लेनेवाला व्यक्ति नहीं है। हर तरह के दबाव के बावजूद स्वयं राज्यपाल महोदय या राज्यपाल के सचिव द्वारा दी गई अधिकृत जानकारी ही पत्रकारों को देनी चाहिए। सचिव से लिखित में पुष्टि कराने के बाद ही वक्तव्य जारी किया जाना चाहिए अन्यथा जारी नहीं किया जाना चाहिए। निजी जानकारी के आधार पर, सुनी-सुनाई बात या अन्दाजिया कथन अनर्थकारी सिद्ध होते हैं। अत्यधिक विश्वास में या ऑफ दि रिकार्ड कही गई बातें भी शासन-प्रशासन के लिए और स्वयं जनसम्पर्क अधिकारी के लिए गम्भीर परेशानियाँ पैदा कर सकती हैं।

मन्त्रिमंडल के शपथ समारोह राजभवन में सम्पन्न होते हैं। विधानसभा के वर्ष के पहले सत्र को भी राज्यपाल महोदय सम्बोधित करते हैं। यह अभिभाषण राज्य सरकार द्वारा तैयार किया जाता है और मन्त्रिमंडल द्वारा इसको अन्तिम रूप प्रदान किया जाता है। इसमें राज्य सरकार द्वारा प्रस्तावित विधायी कार्यक्रम, राज्य की उपलब्धियाँ तथा नई योजनाओं सम्बन्धी नीतियों की घोषणा की जाती है। विधानसभा में अभिभाषण की समाप्ति के बाद ही अभिभाषण की प्रतियाँ पत्रकारों को उपलब्ध कराई जाती हैं। छब्बीस जनवरी, पन्द्रह अगस्त और स्थापना दिवस के महत्त्वपूर्ण अवसरों पर राज्यपाल रस्मी परेड में सलामी ग्रहण करते हैं। इन अवसरों पर राजभवन में स्वागत समारोह भी आयोजित किए जाते हैं। ये सब जनसम्पर्क के अच्छे अवसर प्रदान करते हैं।

रेडक्रास, टी.बी. एसोसिएशन, भूतपूर्व सैनिक पुनर्वास एवं कल्याण कार्यक्रम समिति

आदि से भी राज्यपाल, संरक्षक या अध्यक्ष के रूप में सम्बद्ध रहते हैं। वे अक्सर साहित्यिक, सांस्कृतिक और सामाजिक समारोहों में भी भाग लेते हैं। ये सब छवि निर्माण के अच्छे अवसर प्रदान करते हैं।

कुछ राज्यों में राज्यपाल राज्य में स्थित विश्वविद्यालयों के कुलाधिपति भी होते हैं। इस हैसियत से वे समय-समय पर आयोजित विश्वविद्यालय समन्वय समिति की अध्यक्षता भी करते हैं तथा विश्वविद्यालयों के कुलपतियों की नियुक्तियाँ भी वे चयन समितियों द्वारा प्रस्तुत नामावलियों के आधार पर करते हैं।

15

मुख्यमन्त्री सूचना-कक्ष

राज्य सरकार के लिए जनसम्पर्क कार्य में व्यक्ति, संस्था और नीतियाँ—तीनों के पक्ष में जनमत तैयार करने का गम्भीर कार्य समाविष्ट होता है। मुख्यमन्त्री और मन्त्रिमंडल में सम्मिलित सदस्यों के व्यक्तित्त्व, राजनीतिक प्रतिष्ठा और लोकप्रियता और उनके द्वारा अपनाई जा रही नीतियों के अनुपात में ही व्यक्ति, संस्था और नीतियों के प्रचार-प्रसार में मात्रात्मक और गुणात्मक परिवर्तन, परिवर्धन आवश्यकतानुसार होते रहते हैं। राज्य सरकार के वास्तविक प्रमुख के रूप में मुख्यमन्त्री का व्यक्तित्त्व और कार्य इसके केन्द्र-बिन्दु में रहता है। राज्य सरकार द्वारा अपनाई जा रही महत्त्वपूर्ण नीतियाँ, मन्त्रिमंडल के निर्णयों, नई योजनाओं की शुरुआत आदि की घोषणाएँ और पहल मुख्यमन्त्री द्वारा की जाती है। मुख्यमन्त्री के व्यक्तित्त्व और पद के वर्चस्व और प्रमुखता के कारण अधिकतर राज्यों में जनसम्पर्क व प्रचार अभियानों की व्यूह-रचना उनके निर्देशानुसार और शासन के प्रमुख के रूप में उनकी प्रेरणा में संचालित होती है। इसकी स्वाभाविक परिणति यह हुई है कि जनसम्पर्क संचालनालयों के प्रयासों का केन्द्र मुख्यमन्त्री की गतिविधि, उनका कार्यालय बन जाता है।

मुख्यमन्त्री के सूचना-कक्ष एवं मुख्यमन्त्री के जनसम्पर्क कार्य के लिए जरूरी है कि उसका प्रमुख मुख्यमन्त्री का विश्वस्त हो और मुख्यमन्त्री की सोच, उनकी अपेक्षाओं, नीतियों एवं कार्यशैली को ठीक से समझता हो। मुख्यमन्त्री भी ऐसे व्यक्ति को काम सौंपें, जिस पर उनका विश्वास हो, या जो भी व्यक्ति काम कर रहा हो, उसे पूरे विश्वास में लें। इसके बिना मुख्यमन्त्री का एवं उनकी नीतियों का प्रचार ठीक से सम्भव नहीं है। छवि-निर्माण के लिए भी यह अत्यधिक जरूरी है। कभी-कभी ऐसा होता है कि मुख्यमन्त्री अपने विरुद्ध प्रचार के लिए या तो जनसम्पर्क विभाग को दोषी ठहराते हैं या फिर अखबारी जगत को। वे यह भूल जाते हैं कि जिनसे वे कार्य की अपेक्षा करते हैं, उन्हें विश्वास में लेकर उन्हें अपनी बात कहाँ तक बताई है ? मुख्यमन्त्री कक्ष तभी मुख्यमन्त्री की छवि को ठीक से जनता की निगाह में जमा सकता है जब मुख्यमन्त्री से उसका सही सम्पर्क हो और दोनों में आपसी विश्वास हो।

मुख्यमन्त्री के जनसम्पर्क और प्रचार की आवश्यकताओं की पूर्ति के लिए एक अतिरिक्त संयुक्त संचालक स्तर के वरिष्ठ, अनुभवी और उनके विश्वास प्राप्त अधिकारी को मुख्यमन्त्री कार्यालय से सम्बद्ध किया जाता है। मुख्यमन्त्री की दैनन्दिन गतिविधियों, उनके द्वारा सम्बोधित की जानेवाली बैठकों, समारोहों आदि के समाचार संकलन का कार्य इस अधिकारी द्वारा ही किया जाता है। मुख्यमन्त्री को शुभकामना सन्देश के लिए प्राप्त होनेवाले असंख्य पत्रों, प्रतिनिधि मंडलों व भेंटकर्ताओं की संख्या, सार्वजनिक समारोह आदि को ध्यान में रखते हुए उक्त अधिकारी की सहायता के लिए कुछ अन्य अधिकारी व फोटोग्राफर को भी उनके साथ संलग्न कर दिया जाता है। मुख्यमन्त्री सूचना-कक्ष के रूप में यह अलग इकाई बन जाती है जो संचालनालय के सहयोग से अपने दायित्वों का निर्वहन करती है। इस कक्ष को समाचार-पत्रों, टेलीप्रिंटरों की सुविधाएँ भी उपलब्ध कराई जाती हैं ताकि समाचार एजेंसियों द्वारा प्रसारित समाचारों को तुरन्त मुख्यमन्त्री के ध्यान में लाया जा सके। समाचार-पत्र प्रतिनिधियों से मुख्यमन्त्री की सामान्य मुलाकातों के अतिरिक्त राज्य व देश के अन्य भागों से आनेवाले पत्रकारों की विशेष भेंटवार्ता आयोजित कराने में भी इस कक्ष की महत्त्वपूर्ण भूमिका रहती है। मुख्यमन्त्री को रोज ही अनेक समारोहों में उद्‌घाटन, समापन आदि के लिए भाग लेना पड़ता है। समारोहों से सम्बन्धित संस्थाओं, योजनाओं, विषयों आदि के सम्बन्ध में सन्दर्भ सामग्री जुटाने तथा विशेष अवसरों के लिए भाषण तैयार करवाने का महत्त्वपूर्ण कार्य भी इस कक्ष द्वारा किया जाता है। राज्य स्तरीय व राष्ट्रीय स्तर के आयोजनों के लिए इस कक्ष द्वारा विशेष रूप से तैयारी की जाती है।

मुख्यमन्त्री के निरन्तर सम्पर्क में आने के फलस्वरूप इस कक्ष का प्रभारी अधिकारी मुख्यमन्त्री की प्राथमिकताओं के अनुरूप समाचारों के संकलन और प्रसारण को सुनिश्चित करता है। मुख्यमन्त्री तथा संचार माध्यमों के प्रतिनिधियों के बीच सहयोग व सद्‌भावनापूर्ण वातावरण, छवि निर्माण की प्रक्रिया को अधिक प्रभावी और सार्थक बनाता है।

मुख्यमन्त्री के आवास पर आम नागरिकों की सामूहिक भेंट, न्याय चाहनेवालों के आवेदन पत्र, प्रतिनिधिमंडलों से चर्चा, विशिष्ट व्यक्तियों से भेंट, रेडियो वार्ताएँ, पत्रों के उत्तर आदि ऐसे अवसर हैं जिनका उपयोग मुख्यमन्त्री की छवि को उभारने के लिए किया जा सकता है।

16

विधानसभा सूचना-कक्ष

विधानसभाएँ राज्य में विधान सम्बन्धी सर्वाधिकार सम्पन्न संस्थाएँ होती हैं। विधानसभा की कार्यवाही के समाचार संकलन के लिए पत्रकार दीर्घा की व्यवस्था की जाती है। विधानसभा में पत्रकारों की सुविधा आदि के सम्बन्ध में सलाह देने के लिए उपाध्यक्ष की अध्यक्षता में पत्रकार दीर्घा सलाहकार समिति, अध्यक्ष द्वारा गठित की जाती है। पत्रकारों की सुविधाओं एवं आवश्यकताओं का ध्यान रखने के लिए विधानसभाओं में भी जनसम्पर्क अधिकारी की नियुक्ति की परम्परा प्रारम्भ हुई है। आमतौर पर यह अधिकारी जनसम्पर्क संचालनालयों से प्रतिनियुक्ति पर पदस्थ किए जाते हैं।

यह अधिकारी विधानसभा अध्यक्ष एवं विधानसभा सचिवालय की गतिविधियों के प्रचार-प्रसार का भी कार्य करते हैं।

विधानसभा-सत्र के दौरान पत्रकारों का आवागमन व समाचार-संकलन का कार्य बढ़ जाने के कारण जनसम्पर्क संचालनालय की ओर से भी कुछ अतिरिक्त अधिकारी इस अवधि के लिए तैनात किए जाते हैं। पत्रकार-कक्ष में हिन्दी-अंग्रेजी टाइपराइटर आदि की सुविधाएँ सुलभ कराई जाती हैं। विधानसभा सचिवालय से प्राप्त होनेवाली अधिकृत सूचनाएँ, प्रश्नोत्तर की प्रतियाँ, अन्य प्रतिवेदन, विभिन्न कमेटियों की रिपोर्ट, राज्यपाल महोदय का अभिभाषण, बजट भाषण व साहित्य, चर्चा के बीच मुख्यमन्त्री या अन्य मन्त्रियों की नीति-विषयक घोषणा तथा अन्य सामग्री पत्रकारों को सुलभ कराने में सहायता पहुँचाते हैं। इसके साथ ही विधानसभा में मुख्यमन्त्री या मन्त्रिमंडल के अन्य सदस्यों द्वारा दिए गए लिखित और पटल पर रखे गए वक्तव्यों की अतिरिक्त प्रतियाँ विधानसभा सचिवालय से प्राप्त कर समाचार-पत्रों व पत्रकारों को उपलब्ध कराने में सहायता करते हैं। सत्र के दौरान मुख्यमन्त्री व मन्त्रिमंडल के अन्य सदस्यों की पत्रकारों से पत्रकार-कक्ष में चर्चा की भी व्यवस्था करते हैं।

विधानसभा की सत्रावधि में किए जानेवाले यह प्रयास पत्रकारों और मन्त्रिमंडल के सदस्यों के बीच और दूसरी ओर जनसम्पर्क अधिकारियों और पत्रकारों के बीच बेहतर सम्बन्धों के विकास में सहायक सिद्ध होते हैं। विधानसभा की कार्यवाही में उपस्थिति,

जनसम्पर्क अधिकारियों के लिए अपने आप में प्रदेश के जनप्रतिनिधियों और जनसमस्याओं को जानने और जनमत को प्रभावित करनेवाली गतिविधियों और प्रवृत्तियों को समझने और शिक्षा प्राप्त करने का श्रेष्ठ अवसर प्रदान करती है। बारी-बारी से सभी जनसम्पर्क अधिकारियों को यह अवसर प्रदान किया जाना उनकी अनुभव-वृद्धि के लिए आवश्यक है।

17

सचिवालय सूचना-कक्ष

प्रायः सभी राज्यों में सचिवालयों में सूचना-कक्षों की स्थापना की गई है। आमतौर पर यह सूचना-कक्ष विशेष परिस्थितियों में मुख्यमन्त्री, मन्त्रिमंडल के सदस्यों की पत्रकार वार्ता के लिए उपयुक्त स्थान रहता है। संकटकालीन स्थिति या किसी दुर्घटना के अवसर पर मुख्य सचिव या गृह सचिव या संचालक जनसम्पर्क द्वारा प्रेस को प्रतिदिन निश्चित समय पर ब्रीफिंग करने के लिए इसका इस्तेमाल किया जाता है। सामान्य दिनों में सचिवालय में समाचार संकलन के लिए आनेवाले पत्रकारों के लिए बैठने, समाचार आदि टाइप करने की व्यवस्था यहाँ रहती है। एक वरिष्ठ अधिकारी भी इस सूचना-कक्ष में पदस्थ किया जाता है जो आवश्यकतानुसार पत्रकारों को समाचार संकलन, सन्दर्भ सामग्री प्राप्त करने, सम्बन्धित अधिकारियों से भेंट कराने आदि में सहयोग प्रदान करता है।

कुछ राज्यों में इस अधिकारी को मुख्य सचिव कार्यालय तथा सचिवालय में आयोजित होनेवाली विभिन्न बैठकों के कवरेज का दायित्व भी सौंपा जाता है। सामान्य दिनों में संचालक के आदेशानुसार विभिन्न विभागों के सचिवों से निरन्तर सम्पर्क बनाए रखकर, नई योजनाओं, कार्यक्रमों के समाचार और उनसे सम्बन्धित सन्दर्भ सामग्री एकत्रित कर संचालनालय को उपलब्ध कराता है। यह जरूरी है कि सरकार की ताजा उपलब्धियों की पूरी जानकारी, विकास कार्यों की गतिविधियों की नवीनतम जानकारी, आँकड़े एवं फोटोग्राफ इस कक्ष में उपलब्ध रहें। यह कक्ष जितना जीवन्त रहेगा उतना जनसम्पर्क ज्यादा असरदार होगा।

सचिवालय में पदस्थ अधिकारी और सूचना-कक्ष, सचिवालय से उद्भूत होनेवाले समाचारों के संकलन तथा पत्रकारों का मन्त्रियों और सचिवों से सम्पर्क कराने में महत्त्वपूर्ण भूमिका अदा कर सकता है। निरन्तर सम्पर्क में आने से मन्त्रियों, सचिवों और पत्रकारों से उसके परस्पर विश्वासपूर्ण सम्बन्ध विकसित होते हैं जिनका विशिष्ट समाचारों के प्रकाशन, किसी समाचार में किसी मुद्दे को कम या ज्यादा करने का आग्रह करने की ज़रूरत के समय लाभ प्राप्त होता है। पत्रकारों की विशिष्ट रुचियों, सम्पर्कों

और प्रभावों का भी उसे सहज अन्दाज हो जाता है जिनके आधार पर संकटकालीन स्थितियों में औपचारिक या अनौपचारिक रूप से समाचार-प्रवाह को प्रभावित करने में इस्तेमाल किया जाता है।

18

नई दिल्ली स्थित सूचना-कक्ष

देश की राजधानी नई दिल्ली केन्द्रीय सरकार, समस्त राष्ट्रीय राजनीतिक दलों और आकाशवाणी, दूरदर्शन तथा राष्ट्रीय दैनिकों के प्रकाशन का मुख्य केन्द्र है। राज्य शासन के अधिकांश कार्यों, योजनाओं और विकास कार्यक्रमों का सीधा सम्बन्ध केन्द्रीय सचिवालय, योजना आयोग आदि दिल्ली स्थित संस्थाओं से रहता है। इसी प्रकार इलेक्ट्रॉनिक जनसंचार माध्यमों का मुख्यालय तथा शासकीय और राजनीतिक दोनों तरह के केन्द्रीय नेतृत्व का मुख्यालय होने के कारण वहाँ से प्रकाशित होनेवाले राष्ट्रीय दैनिक पत्रों का जनमत और जनमत-निर्माताओं पर विशेष प्रभाव रहता है।

आजादी के बाद प्रारम्भिक वर्षों में राज्य सरकारों ने केन्द्रीय सचिवालय से निकट सम्बन्ध बनाए रखने और वहाँ लम्बित प्रकरणों को शीघ्र निपटाने के लिए सम्पर्क कार्यालयों की स्थापना की थी। बाद के वर्षों में यह महसूस किया गया कि राज्य सरकारों के लिए जनसम्पर्क का एक महत्त्वपूर्ण केन्द्र देश की राजधानी नई दिल्ली में भी हो। इलेक्ट्रॉनिक संचार माध्यमों तथा राष्ट्रीय कहे जानेवाले समाचार पत्र-पत्रिकाओं में प्रदेश की गतिविधियाँ, उसकी विभिन्न क्षेत्रों में होनेवाली प्रगति, समस्याओं और आवश्यकताओं का प्रकाशन प्रदेश के हित में निर्णायक महत्त्व का होता है। शासकीय और राजनीतिक गतिविधियों का आमतौर पर दिशा निर्धारण भी राष्ट्रीय राजधानी से ही होता है। इस अनुभूति के साथ ही देश के प्रायः सभी राज्यों ने नई दिल्ली में जनसम्पर्क कार्यालयों की स्थापना की है। प्रारम्भिक वर्षों में दिल्ली स्थित जनसम्पर्क कार्यालय राज्यों के सम्पर्क कार्यालय का एक छोटा अंग माना जाता था और कार्यालय को स्थान भी अधिकतर राज्यों के दिल्ली स्थित अतिथि-गृहों में ही दिया गया था। कालान्तर में इसकी उपयोगिता के साथ महत्त्व भी बढ़ा और अब वहाँ पर्याप्त अमला और साधनों के साथ वरिष्ठ अधिकारियों को तैनात किया जाता है।

नई दिल्ली स्थित राज्यों के जनसम्पर्क कार्यालयों का मुख्य कार्य मुख्यमन्त्री व मन्त्रिमंडल के सदस्यों के दिल्ली में आयोजित विभिन्न शासकीय सम्मेलनों, राष्ट्रीय विकास परिषद, योजना आयोग तथा विभिन्न मन्त्रालयों के साथ आयोजित बैठकों के

समाचारों का संकलन कर दिल्ली और प्रदेश के अखबारों में प्रकाशन की व्यवस्था करना है। प्रायः सभी राज्यों की ओर से समय-समय पर अपने राज्य के संसद सदस्यों का सम्मेलन नई दिल्ली में आयोजित किया जाता है तथा उन्हें राज्य में चल रही विकास योजनाओं की प्रगति, केन्द्र सरकार के पास लम्बित प्रकरणों और वित्तीय तथा अन्य समस्याओं से अवगत कराया जाता है और उन्हें सन्दर्भ सामग्री उपलब्ध कराई जाती है। दिल्ली स्थित जनसम्पर्क कार्यालयों में प्रदेश से सम्बन्धित सन्दर्भ सामग्री, सांख्यिकी जानकारी एवं प्रदेश से प्रकाशित होनेवाले प्रमुख समाचार-पत्रों की फाइलें रखी जाती हैं। इनका उपयोग केन्द्रीय शासन के विभिन्न विभागों, संसद सदस्यों तथा राजधानी स्थित पत्रकारों को जानकारी प्रदान करने के लिए किया जाता है।

राजधानी नई दिल्ली में जनसम्पर्क कार्यालयों की स्थापना के समय धारणा यही थी कि ये राज्य की ओर से जनसम्पर्क के जीवन्त केन्द्र होंगे तथा राष्ट्रीय 'न्यूज मैप' में प्रदेश को स्थान दिलाने में महत्त्वपूर्ण भूमिका निभाएँगे। इलेक्ट्रॉनिक मीडिया और राष्ट्रीय समाचार-पत्रों से लगातार निकट सम्पर्क व सम्बन्ध बनाकर (कल्टिवेट) राज्य और राज्य सरकार की गतिविधियों का समुचित प्रकाशन आश्वस्त करेंगे। मुख्यमन्त्री और राज्य स्थित जनसम्पर्क संचालक के विश्वास और निर्देशन के अनुसार कुशल जनसम्पर्क अधिकारियों ने राज्य के संसद सदस्यों, राज्य से प्रतिनियुक्ति पर केन्द्र में पदस्थ अधिकारियों और संचार माध्यमों से जुड़े व्यक्तियों के सहयोग व सम्मिलित प्रयास से, राष्ट्रीय राजधानी और केन्द्र सरकार में निर्णायक महत्त्व की लाबियों के विकास में प्रशंसनीय कार्य किया है। स्वाभाविक तौर पर ही यह कार्य नीति निर्धारकों अर्थात् मुख्यमन्त्री और जनसम्पर्क संचालक द्वारा तय की गई छवि निर्माण की व्यूह-रचना और तदनुसार प्रयासों से ही सम्भव होता है।

दिल्ली स्थित जनसम्पर्क कार्यालय जहाँ एक ओर संचालनालय से प्राप्त राष्ट्रीय स्तर के समाचारों को दिल्ली स्थित समाचार-पत्र और इलेक्ट्रॉनिक मीडिया में स्थान दिलाने का प्रयास करते हैं, वहीं दूसरी ओर संसद तथा केन्द्र सरकार के विभिन्न विभागों में राज्य से सम्बन्धित होनेवाली चर्चा, निर्णय और कार्रवाई के समाचार संकलित कर प्रदेश संचालनालय को प्रेषित करते हैं। मुख्यमन्त्री व मन्त्रिमंडल के अन्य सदस्यों के दिल्ली आगमन के अवसर पर दिल्ली स्थित समाचार-पत्रों के प्रतिनिधियों से भेंट की भी व्यवस्था करते हैं। राज्य से आनेवाले पत्रकारों को दिल्ली में सहायता पहुँचाने के साथ ही दिल्ली के पत्रकारों को राज्य की महत्त्वपूर्ण योजनाओं और गतिविधियों से परिचित कराने के लिए दौरों की व्यवस्था भी करते हैं।

शासन, राजनीतिक गतिविधियों और संचार माध्यमों का प्रमुख केन्द्र होने के कारण नई दिल्ली में जनमत-छवि निर्माण की, विगत दो दशकों में, राज्यों के राजनीतिक भविष्य के निर्धारण में, अहम और निर्णायक भूमिका रही है। दिल्ली स्थिति इलेक्ट्रॉनिक संचार माध्यमों तथा राष्ट्रीय दैनिकों के साथ ही राज्य की राजधानी में स्थित उनके प्रतिनिधियों के साथ अच्छे सम्पर्कों का निर्माण (कल्टिवेट करना) राज्य के पक्ष में कारगर और

हितकारी सिद्ध हुआ है। इस कार्य में दुर्लक्ष्य के गम्भीर परिणाम हुए हैं।

यह भी उल्लेखनीय है कि राजनीति, सरकारी नौकरी या व्यवसाय के सिलसिले में राज्यों के निवासी दिल्ली में प्रवास करते हैं। इन प्रवासियों ने अपने अनेक सामाजिक संगठन बनाए हैं। इन संगठनों द्वारा समय-समय पर विभिन्न प्रकार के कार्यक्रम आयोजित किए जाते हैं। ये संगठन भी राज्यों से आनेवाले मन्त्रियों के स्वागत आदि का आयोजन करते हैं। समय-समय पर विभिन्न समारोहों, संगोष्ठियों का भी आयोजन करते हैं। इन अशासकीय मंचों का भी राज्य की छवि को उभारने के लिए प्रभावी ढंग से उपयोग किया जा सकता है।

आपातकालीन स्थितियों, दुर्घटनाओं, दंगों या उपद्रवों के अवसर पर भी नई दिल्ली स्थित जनसम्पर्क कार्यालय तुरन्त सही जानकारी प्रदान करने का सक्षम माध्यम है। तत्काल जानकारी प्राप्त हो जाने पर अनेक प्रकार की गलतफहमियों से छुटकारा पाया जा सकता है तथा दुष्प्रचार की सम्भावनाओं को कम किया जा सकता है।

19

जनसम्पर्क और समाचार-पत्र

जनसम्पर्क का प्रमुख लक्ष्य सूचित, शिक्षित और प्रेरित कर संस्था, व्यक्ति या कार्यक्रम के प्रति सहमति व सहयोग के द्वारा अनुकूल छवि का निर्माण करना और उस सहमति को स्थायी बनाना है जिससे वह आवश्यकतानुसार आपके पक्ष में सक्रिय हो सके। स्पष्ट है कि इसमें सर्वाधिक महत्त्वपूर्ण भूमिका संचार माध्यमों की रहेगी। सन्देश और सन्दिष्ट जनता के आधार पर विभिन्न संचार माध्यमों का चयन किया जाता है। प्रयास यही रहता है कि जो सन्देश देना चाहते हैं वह विभिन्न संचार माध्यमों के द्वारा घूम-फिरकर निरन्तर सन्दिष्ट जनता की निगाह में बना रहे। विभिन्न माध्यमों का उपयोग इसलिए किया जाता है कि यदि कोई व्यक्ति या व्यक्ति-समूह एक माध्यम के प्रसार क्षेत्र में न आता हो तो किसी अन्य संचार माध्यम के प्रसार क्षेत्र में अवश्य आ जाए। कोई महत्त्वपूर्ण व्यक्ति या वर्ग छूटे नहीं।

इस पृष्ठभूमि में जनसम्पर्ककर्मी का संचार माध्यमों में कार्यरत व्यक्तियों के साथ अत्यधिक निकट का और संवादपूर्ण सम्बन्ध होना एक अनिवार्य आवश्यकता है। प्रत्येक जनसम्पर्ककर्मी को पत्रकारिता में पारंगत होना ही चाहिए। पत्रकारिता के सभी गुण भी उसमें होने चाहिए अर्थात् समाचार सूँघने की शक्ति, समाचार की रचना की क्षमता उसमें होनी चाहिए। वास्तव में वह सरकारी पत्रकार होता है और सरकारी नियमों और सीमाओं के अन्तर्गत रहकर ही उसे पत्रकारिता करनी पड़ती है। इसी कारण कई बार गलतफहमी पैदा हो जाती है कि वह पत्रकारों का प्रतिद्वन्द्वी है, प्रतिस्पर्धी है तथा पत्रकारों के लिए शासकीय समाचार प्राप्ति के मार्ग में बाधक रोड़ा है। यह पूर्णतः गलत धारणा है और सम्भवतः अपने आपको अतिविशिष्ट सूत्र मानने व अहं की टकराहट के कारण उत्पन्न होती है। यह धारणा जनसम्पर्क कार्य के लिए एकदम नकारात्मक और अहितकर है। इस भ्रम को प्रथम मुलाकात में या जितनी जल्दी हो सके दूर कर दिया जाना चाहिए।

वास्तव में जनसम्पर्ककर्मी के जनसम्पर्क कार्य के लिए, संवाद प्रेषण का माध्यम, संचार माध्यम ही हैं। इन संचार माध्यमों में भी समाचार-पत्रों की भूमिका विशिष्ट है। प्रत्येक जनसम्पर्क कर्मी के लिए आवश्यक है कि वह समाचार-पत्रों की विशेषताएँ, रुचि,

प्रसार क्षेत्र और प्रभाव का आकलन व अध्ययन करे। साथ ही बिना किसी पक्ष-विपक्ष के भेदभाव के सभी समाचार-पत्रों और उनमें कार्यरत पत्रकारों से सौहार्दपूर्ण एवं परस्पर समझदारी, सहयोग और विश्वास के सम्बन्ध स्थापित करे। इसके लिए भेंट होने पर उत्साहपूर्वक स्वागत-सत्कार व उनकी समाचार सम्बन्धी आवश्यकताओं की तत्परता के साथ पूर्ति की जानी चाहिए। उनके कार्यालय में जाकर चर्चा करना और कभी-कभी बिना किसी कार्य के सहज ही उनके कार्यालय या निवास पर भेंट-मुलाकात से सम्बन्ध अधिक सहज और स्थायी बन जाते हैं। यह भेंट, मुलाकात परस्पर भावना (ओपिनियन), समझ (अंडरस्टेंडिंग), स्वीकृति (एक्सेप्टेंस) और सहयोग (कोऑपरेशन) को निरन्तर विकसित करने में सहायक सिद्ध होती हैं। इन सम्बन्धों के आधार पर समाचारों के नियमित और सुनिश्चित प्रकाशन, उन समाचारों में निहित छवि निर्माण के प्रेरक तत्त्वों का भी समावेश सम्भव हो जाता है। संकटकालीन परिस्थितियों में विशेष सहयोग और सुविधा होने के साथ ही जब कभी किन्हीं विशिष्ट प्रकार के व्यक्तिपरक या दिशापरक समाचारों को छपवाने (प्लांट करने) की आवश्यकता होती है तब भी यही सम्बन्ध काम आते हैं।

20

जनसम्पर्क और आकाशवाणी एवं दूरदर्शन

यही सिद्धान्त आकाशवाणी और दूरदर्शन के कर्मचारियों के साथ परस्पर समझदारीपूर्ण सम्बन्धों के विकास पर लागू होते हैं। यद्यपि ये दोनों माध्यम भी अपने देश में शासकीय विभाग के रूप में ही कार्यरत हैं, किन्तु इस कारण उनके महत्त्व व प्रभाव को कम करके आँका नहीं जाना चाहिए। दृश्य-श्रव्य माध्यमों द्वारा प्रेषित सन्देश यद्यपि क्षण मात्र में हवा में गुम हो जाता है फिर भी उसका अपनी किस्म का एक अलग आकर्षण और प्रभाव होता है। इसके सिवाय सीमित साक्षरता और अत्यल्प समाचार-पत्र प्रसारवाले हमारे इस देश की वर्तमान स्थिति में इन दोनों माध्यमों का अपना विशिष्ट प्रसार-प्रभाव-क्षेत्र है। ग्रामीण क्षेत्रों, दूरस्थ आदिवासी इलाकों, श्रमिकों, महिला आदि वर्गों में उनकी विशिष्ट पहुँच है।

इन माध्यमों से दिन में जहाँ अनेक बार समाचारों का प्रसारण होता है, वहाँ आपात स्थितियों में, दुर्घटना, बाढ़ आदि में इनका महत्त्व और भी बढ़ जाता है। इसके अतिरिक्त इनके द्वारा प्रसारित किए जानेवाले कृषि कार्यक्रम, श्रमिक कार्यक्रम, महिला कार्यक्रम, बच्चों के लिए कार्यक्रम, विविध विषयों पर वार्ताएँ, संगोष्ठियाँ, चर्चाएँ आदि का भी सन्देश प्रसारण के लिए उपयोग किया जाता है। आवश्यकता इस बात की रहती है कि समाचार-पत्रों के ही समान रेडियो और दूरदर्शन के संचार माध्यमों की विशेषताओं को ध्यान में रखकर, प्रक्षेपित किए जानेवाले सन्देश को स्वीकार्य रूप में रचा जाए। सूचना, शिक्षा, मनोरंजन, प्रेरणा और जनमत निर्माण के आवश्यक तत्त्वों के अनुपात-भेद के साथ यह सहज साध्य हो जाता है। राष्ट्रीय व राज्यव्यापी अभियानों, जैसे—परिवार नियोजन, वन महोत्सव, साक्षरता प्रसार आदि में इनका विशेष महत्त्व है।

जनता तक कोई सूचना पहुँचाने में आकाशवाणी और दूरदर्शन का उपयोग करने के पहले उनकी कार्यप्रणाली, जरूरत, अपेक्षा और समय सीमा का ध्यान रखना जरूरी है। इन माध्यमों के लिए लम्बी-चौड़ी इबारत लिखने की बजाय कम-से-कम शब्दों में अपनी बात स्पष्टता से प्रस्तुत करने का अभ्यास जनसम्पर्क अधिकारी को होना चाहिए। वह साधन जुटाने में इतना कुशल होना चाहिए कि अपने प्रेस नोट या दूरदर्शन के लिए

खबर के साथ घटना की फिल्म तत्काल प्रसारण केन्द्र तक पहुँचा सके। इसमें समय का ध्यान बहुत जरूरी है।

शासकीय संचार माध्यमों में परस्पर सहयोग व सामंजस्य के विकास के लिए राजधानी व जिला स्तर पर मीडिया मीटिंग की परम्परा का भी विकास किया जा सकता है, जो उपलब्ध जनसंचार साधनों के जनसम्पर्क के लिए अधिकतम उपयोग के लिए हितकर होगा।

21

जनसम्पर्क और शासकीय अधिकारी

आधुनिक प्रजातान्त्रिक समाज व शासन व्यवस्था में जनमत की शक्ति को सर्वोपरि माना गया है। किसी भी योजना, कार्यक्रम या नीति के प्रति जनता की सहमति और स्वीकृति, उसके सक्रिय सहयोग और सफलता के लिए अनिवार्य आवश्यकता बन गई है। विगत 40 वर्षों में समाज सुधार, आर्थिक उन्नयन और राजनीतिक विकास की दृष्टि से अनेक सदिच्छापूर्ण और महत्त्वाकांक्षी नीतियों और कार्यक्रमों की घोषणा की गई किन्तु जनमत की सहज स्वीकृति और सक्रिय सहयोग के अभाव में वे अधिक दूर तक प्रगति नहीं कर सके हैं—उदाहरणस्वरूप छुआछूत-निवारण, बाल-विवाह-निषेध, दहेज-प्रथा-उन्मूलन, साक्षरता-प्रसार, सामाजिक-न्याय आदि।

सूचना और प्रचार का काम एक विभाग को सौंपा गया है किन्तु जनसम्पर्क और छवि निर्माण का व्यापक कार्य शासन से सम्बन्धित प्रत्येक व्यक्ति का दायित्व है। इतने विशाल तन्त्र और बहुआयामी संस्था—सरकार के लिए जनसम्पर्क व छवि निर्माण का कार्य निश्चित रूप से ही किसी एक विभाग या उसके सौ-पचास कर्मचारियों की ऐकान्तिक सामर्थ्य के वश की बात नहीं है। इतने विशाल तन्त्र को संचालित और कार्यशील रखनेवाले सभी अवयवों का इस कार्य में योगदान रहता है। राज्य सरकार के लाखों कर्मचारी एक ही समय पर, विभिन्न स्तरों पर, जनता के सम्पर्क में आते हैं और सही-गलत, अच्छे-बुरे सभी तरह के कार्यों में संलग्न होते हैं। इन सबके अच्छे-बुरे कार्यों का संचित प्रभाव भी सरकार की छवि निर्माण में रेखांकन और रंग भरने का काम करता है। सरकार को 'माई-बाप' माननेवाली जनता की स्वाभाविक रूप से असंख्य अपेक्षाएँ रहती हैं। वैसे सबके मन में यह धारणा रहती है कि सरकार में 'सुनवाई' होगी और न्याय मिलेगा। सरकार से संवेदनशीलता की यह अपेक्षा ही उत्तम छवि निर्माण की आधारभूमि बनती है। जनता का, जनता के लिए और जनता द्वारा शासन की प्रजातान्त्रिक व्यवस्था में, संवेदनशीलता और उत्तरदायित्व की भावना, विचार-विमर्श से शासन और बहुमत से निर्णय की सामान्य अपेक्षाएँ रहती हैं। बहुमत के मन में अच्छी तस्वीर हो, इसके लिए आवश्यक है कि उसको यह जानकारी निरन्तर मिलती रहे कि

उसकी सरकार, उसके वर्तमान और भविष्य के लिए, क्या कर रही है। यह कार्य सभी स्तरों पर सभी अधिकारी व कर्मचारी सहज ही कर सकते हैं जोकि एक खुली सरकार और खुले समाज की अपेक्षाओं के अनुरूप ही होगा। आम जनता की अनेक परेशानियाँ और संकट, जानकारी के अभाव, छुपाने के प्रयत्न और गोपनीयता के कारण उत्पन्न होते हैं। सचिव, विभागाध्यक्ष तथा अन्य वरिष्ठ पदों पर आसीन अधिकारियों से सहज ही यह अपेक्षा की जाती है कि वे जनसम्पर्क और जनमत निर्माण की इन बुनियादी आवश्यकताओं के प्रति जागरूक रहेंगे। योजनाओं और कार्यक्रमों के निर्माण से लेकर उनके कार्यान्वयन तक अनेक अवसर और स्तर ऐसे होते हैं जहाँ से कि समाचारों का उद्‌गम होता है और ये समाचार जनसम्पर्क विभाग के माध्यम से यदि अनवरत प्रचारित किए जाते रहें तो जनरुचि और जनमत जागृत करने में विशेष सहायक होते हैं। सारे नीति निर्धारण और निर्णय लेने के स्तरों पर आसीन अधिकारियों को यह बात महसूस करनी चाहिए। अक्सर इन निर्णायक स्तरों पर बैठे अधिकारी की अरुचि और उदासीनता के कारण जानकारियों के प्रसारण का प्रवाह अवरुद्ध हो जाता है। इसी बात को ध्यान में रखकर विभिन्न राज्यों में जनसम्पर्क अधिकारियों को मन्त्रियों और विभागों से सम्बद्ध किया जाता है और यह अपेक्षा की जाती है कि वे उनसे निरन्तर सम्पर्क बनाए रखकर जानकारी प्राप्त करते रहेंगे और उनके प्रसारण की समुचित व्यवस्था करते रहेंगे।

सचिव, विभागाध्यक्ष, संभागायुक्त और जिलाध्यक्ष के स्तर पर जनोपयोगी सूचनाओं का उद्‌गम होने के साथ ही वे विशिष्ट व्यक्तियों से सम्पर्क के महत्त्वपूर्ण केन्द्र होते हैं। यह विशेष व्यक्ति पत्रकार, राजनीतिक कार्यकर्ता, प्रमुख नागरिक, उद्योगपति, व्यवसायी, समाज सेवक सभी किस्म के व्यक्ति होते हैं जो किसी निजी या सार्वजनिक कार्य के निमित्त भेंट-मुलाकात करते हैं। ये व्यक्ति मत निर्माता (ओपीनियन लीडर्स) होते हैं जो अपने अनुभव के आधार पर आसपास के लोगों को भी प्रभावित करते हैं।

विशेष पर्वों व अवसरों पर सार्वजनिक समारोहों में भी विभिन्न स्तर के अधिकारी भाग लेते हैं और कभी निजी हैसियत से और आमतौर पर अपने पद के कारण इन समारोहों को सम्बोधित भी करते हैं। इन सबका भी राज्य सरकार की छवि के निर्माण में योगदान होता है।

विशेष परिस्थितियों और आवश्यकता के कारण विशेष रूप से पत्रकारगण, विभिन्न स्तर के अधिकारियों से सीधा सम्पर्क स्थापित कर जानकारी प्राप्त करने का प्रयास करते हैं। इस कार्य के लिए वे बारम्बार सम्पर्क द्वारा अच्छी पहचान और विश्वसनीयता भी अर्जित करते हैं। सम्पर्क और संवाद के इन अवसरों पर, व्यक्तिगत परेशानी, राग या द्वेष के स्थान पर सार्वजनिक हित को ही सर्वोपरि मानना, व्यक्ति और शासन दोनों के हित में श्रेयस्कर होता है।

22

जनसम्पर्क और मन्त्री

राज्य विधानसभा में बहुमत प्राप्त दल के नेता मुख्यमन्त्री के परामर्श के अनुसार राज्यपाल द्वारा मन्त्रिमंडल के सदस्यों को पद और गोपनीयता की शपथ दिलाई जाती है। मुख्यमन्त्री राज्य सरकार के प्रमुख होते हैं तथा मुख्यमन्त्री व मन्त्रिमंडल नीति निर्धारक होते हैं। उनके द्वारा निर्धारित नीतियों के अनुसार ही राज्य शासन का सम्पूर्ण कार्य संचालित होता है। नीतियों का क्रियान्वयन प्रशासन तन्त्र द्वारा किया जाता है। नीतियों की अच्छाई-बुराई, सफलता और असफलता का श्रेय भी नीति निर्धारकों को प्राप्त होता है। चुनाव घोषणा-पत्र में दिए गए आश्वासनों की पूर्ति तथा अपनाए गए कार्यक्रमों की सफलता और इन कार्यक्रमों और इनकी सफलता की पूरी-पूरी जानकारी जनता को प्राप्त होने के आधार पर ही वे जनमत को अपने प्रति अनुकूल और विधानसभा में बहुमत बनाए रख सकते हैं। स्पष्ट रूप से व्यक्ति, संस्था और कार्यक्रमों के सम्बन्ध में सूचित, शिक्षित और प्रेरित कर जनमत को अनुकूल बनाए रखने और चुनाव के समय से बहुमत में परिवर्तित करने में मुख्यमन्त्री और मन्त्रिमंडल के सदस्यों का राजनीतिक हित निहित है। इसलिए सार्वजनिक हित में और मन्त्रिमंडल के राजनीतिक हित में सूचना प्रसारण को सर्वोच्च महत्त्व प्रदान किया जाना चाहिए। छवि निर्माण उसकी स्वाभाविक परिणति है।

भारत का यह सौभाग्य रहा है कि स्वतन्त्रता-संग्राम के सेनानियों ने ही स्वतन्त्रता प्राप्ति के बाद शासन संचालन का कार्यभार सँभाला। वे स्वाधीनता-संग्राम के तपे सेनानी थे, जनसेवा की उनकी अपनी छवि थी। स्वतन्त्रता-संग्राम के प्रभाव के कारण उनके द्वारा प्रारम्भ की गई योजना और कार्यक्रमों को सहज स्वीकृति भी प्राप्त थी। स्वाभाविक रूप से ही अब नई पीढ़ी के जनसेवी कार्यकर्ता अपने चुनाव क्षेत्र, जिला और राज्य में उत्तम छवि के कारण जनता की विश्वसनीयता और बहुमत अर्जित कर शासनारूढ़ हो रहे हैं। उनके लिए जनमत को अनुकूल बनाए रखना और चुनाव के समय उसे बहुमत में परिवर्तित करने की तैयारी सहज, स्वाभाविक आकांक्षा और नैतिक दायित्व होना चाहिए। इसलिए यह जरूरी है कि वे एक ओर जहाँ नीतियों और कार्यक्रमों के क्रियान्वयन को

आश्वस्त बनाएँ वहाँ, उसकी जानकारी को तत्काल आम जनता तक पहुँचाने के लिए सक्रिय और उत्साही प्रयास भी करें। जनमत और छवि निर्माण का कार्य नीति निर्धारकों से ही प्रारम्भ होता है और उनके निर्देशानुसार ही संचालित किया जा सकता है। राज्य के जनसम्पर्क संचालनालय द्वारा इसी उद्देश्य से जनसम्पर्क अधिकारियों को मन्त्रियों और विभागों से सम्बद्ध किया जाता है ताकि वे उनसे निरन्तर सम्पर्क बनाए रखकर शासकीय निर्णयों, कार्यक्रमों और क्रियान्वयन की विभिन्न स्थितियों और उपलब्धियों को आम जनता तक पहुँचाते रहें। मन्त्रिमंडल द्वारा शपथ ग्रहण के बाद उनके छायाचित्रों और जीवन परिचय के वितरण के साथ यह कार्य प्रारम्भ होता है। विभागीय बैठकों और सार्वजनिक समारोहों में मन्त्रीजी द्वारा दिए गए भाषणों के समाचार भी प्रसारित किए जाते हैं। किन्तु छवि निर्माण के लिए इतना ही पर्याप्त नहीं है। योजना और नीतियों की श्रेष्ठता, उनको कार्यान्वित करने के लिए निरन्तर प्रयास और जनकल्याण के लिए एकनिष्ठ प्रयासों के माध्यम से निरन्तर समाचारों में और उसके माध्यम से जनता की निगाह में रहना अत्यन्त आवश्यक है। जनता की स्मृति अल्पकालीन मानी जाती है। इसलिए लाइम लाइट में रहने के इस प्रयास को निरन्तर, विविध प्रकार और माध्यमों से आश्वस्त बनाना जरूरी होता है। अपनी सरकार और विभाग की कैसी छवि वे बनाना चाहते हैं, किन योजनाओं और नीतियों पर विशेष बल देना चाहते हैं, अर्थात् वे क्या उपलब्ध करना चाहते हैं यह उन्हें स्वयं ही तय करना चाहिए। इस लक्ष्य निर्धारण के समय उन्हें निश्चित करना होगा कि सन्दिष्ट जनता अर्थात् (1) सरकार और विभाग के कर्मचारी, (2) मत निर्माता, (3) समाचार माध्यम और (4) पूरी जनता पर क्या प्रभाव डालना चाहते हैं, इन समूहों तक कौन-सा सन्देश पहुँचाना है ? इसका स्वरूप निर्धारण करते वक्त यह ध्यान रखना चाहिए कि (1) इन जनसमूहों की किस बात में रुचि होगी, (2) कौन-सी मनोवैज्ञानिक बात उन्हें प्रभावित करेगी और (3) इससे उनकी कौन-सी विशिष्ट आवश्यकता की पूर्ति होगी ? इसके आधार पर प्रचार और छवि निर्माण के लिए संचार माध्यमों और तरीकों का चयन विभाग द्वारा आसानी से किया जा सकता है और सन्देश प्रभावी ढंग से प्रसारित करने की व्यवस्था क्षमतापूर्वक की जा सकती है।

शासन का जनहितकारी कार्यों में गतिशील होना बुनियादी आवश्यकता तो है ही किन्तु प्रयासरत दिखना भी चाहिए और यह बात आम जनता को मालूम भी होनी चाहिए। करना, दिखना और बताना—इन तीनों तत्त्वों के समावेश से इच्छित परिणाम प्राप्त किए जा सकते हैं। उदाहरणस्वरूप, एक संवेदनशील सरकार के लिए लम्बे समय तक विभिन्न माँगों को लेकर अलग-अलग शहरों में प्रदर्शन, मुख्यमन्त्री, मन्त्री, विधानसभा या सचिवालय के समक्ष धरना चलते रहना और उन प्रश्नों का निराकरण नहीं होना, कोई बहुत अच्छी तस्वीर नहीं पेश करता। आन्दोलन और जुलूस तो बन्द नहीं किए जा सकते किन्तु जिन विषयों को लेकर वे किए जा रहे हैं उनके सम्बन्ध में सरकार पहले ही क्षण में अपनी स्थिति या अपने प्रयास स्पष्ट कर सकती है। यह भावना बद्धमूल हो जाना कि बिना तोड़-फोड़ और हिंसा के सुनवाई नहीं होती, शासन और

प्रशासन तथा उनसे सम्बन्धित सभी अवयवों के लिए बहुत सराहनीय स्थिति नहीं होती। इस सम्बन्ध में मन्त्रीगण व वरिष्ठ अधिकारी तत्पर प्रयास कर, पहल कर सभी को तनाव-रहित बना सकते हैं।

मन्त्रीगण जहाँ उद्घाटन, शिलान्यास या सार्वजनिक समारोहों में जाते हैं और जो कुछ करते हैं उस सबका छवि निर्माण में महत्त्वपूर्ण योगदान होता है। जनता के बीच उपस्थिति के इन अवसरों को सरकार की, विभाग की नीतियों और कार्यक्रमों को जनता को सूचित, शिक्षित और प्रेरित करने के लिए उपयोग कर सकते हैं। जनसम्पर्क के ये अवसर जनता की प्रतिक्रिया जानने के भी श्रेष्ठ अवसर होते हैं। इन प्रतिक्रियाओं के आधार पर नीतियों में आवश्यक संशोधन किए जा सकते हैं। जनसम्पर्क दौरों का भी यही उद्देश्य रहता है। विभाग उनके इन प्रयासों को अधिक विस्तार प्रदान कर सकता है। मन्त्री, सचिव व अधिकारी मिलकर यदि प्रयास करें तो वे जनमत को प्रभावी ढंग से अपने पक्ष में रख सकते हैं।

23

संकट की घड़ी में जनसम्पर्क

राज्य शासन के लिए जनसम्पर्क एक चुनौतीपूर्ण कार्य है किन्तु प्राकृतिक विपत्ति, दुर्घटना, दंगा, उग्र प्रदर्शन, भीड़ पर गोलीचालन आदि की आकस्मिक घटनाओं के समय जरा-सी भी ढिलाई या चूक सम्पूर्ण तन्त्र को ही नकारा सिद्ध कर देती है। जनसम्पर्क को आज भी 'फायर ब्रिगेड' की उपमा दी जाती है और कहा जाता है कि आग लगने पर (संकट के समय) ही उसे (जनसम्पर्क अधिकारी को) याद किया जाता है, बाकी समय उसे कोई पूछता नहीं। यदि कहीं ऐसी स्थिति रहती है तो वह बहुत खतरनाक है। यह तो वही हुआ कि जब आग लगी तो मालूम पड़ा कि फायर ब्रिगेड की गाड़ी में पेट्रोल-डीजल नहीं है, पेट्रोल-डीजल हुआ तो इंजिन स्टार्ट होने में ही आधा घंटा लग गया, फिर घटनास्थल पर पहुँचे तो पम्प नहीं चला और चला तो मालूम पड़ा कि केनवास पाइप लाइन जगह-जगह से फटी है और आधा पानी बीच में ही बह रहा है तथा आग तक जो पानी पहुँच रहा है, वह इतनी धीमी गति और अपर्याप्त मात्रा में है कि उसका आग पर कोई असर नहीं हुआ। सम्पत्ति भी जल गई और फायर ब्रिगेड के कर्मचारियों, नगर निगम, सरकार और नेताओं को जनता के रोष का शिकार होना पड़ा। यदि फायर ब्रिगेड के समान जनसम्पर्क विभाग और अधिकारी हमेशा अपना कर्त्तव्य निभाने के लिए पूर्व तैयारी और प्रशिक्षण के साथ तत्पर नहीं रहे तो वे स्वयं के लिए और इससे ज्यादा सरकार और उस पर निर्भर आम जनता के लिए परेशानी के कारण बन सकते हैं।

किसी प्राकृतिक दुर्घटना, दंगा या उपद्रव के समय सबसे पहली आवश्यकता होती है—जल्दी से जल्दी वस्तुस्थिति और उससे निपटने के लिए किए जा रहे प्रयासों को संचार माध्यमों के द्वारा आम जनता तक पहुँचाना जिससे आम जनता में किसी प्रकार की गलतफहमी, अफवाह, भय या आतंक का वातावरण नहीं फैले। दंगा, उपद्रव या हिंसा की घटनाओं की प्रतिक्रियास्वरूप अन्य स्थानों पर भी संकट की स्थितियाँ निर्मित नहीं हों। आम जनता और पत्रकार भी यही चाहते हैं। यदि तुरन्त वस्तुस्थिति की अधिकृत जानकारी नहीं मिले तो पत्रकारगण घटनास्थल और आसपास के लोगों से पूछकर

यथासम्भव सही जानकारी शीघ्र भेजने की कोशिश करते हैं। जनसम्पर्क अधिकारी को भी पत्रकारिता के बुनियादी सिद्धान्त—शीघ्रातिशीघ्र समाचार संकलन और प्रेषण को याद रखना चाहिए। यह ठीक है कि वह सरकारी कर्मचारी है और वह जिला दंडाधिकारी या अन्य सक्षम अधिकारी के लिखित अनुमोदन के बिना प्रेस विज्ञप्ति या समाचार जारी नहीं कर सकता है और न उसे ऐसा करना चाहिए, फिर भी उसे कार्य अत्यधिक तत्परता के साथ करना चाहिए। अधिकृत जानकारी प्राप्त कर तुरन्त वितरित करना चाहिए। विलम्ब होने की स्थिति में पत्रकार अपने स्वयं के प्रयासों से संग्रहित समाचार प्रेषित कर देते हैं। इसमें घटना का अतिरंजित विवरण प्रकाशित हो जाने और व्यापक क्षेत्र में गलतफहमी, जन-असन्तोष, आक्रोश, गलत दोषारोपण की सम्भावना बनी रहती है। जो नुकसान होना रहता है वह हो जाता है। साम्प्रदायिक दंगों, जातीय अत्याचार की घटनाओं में अक्सर ऐसी स्थिति का निर्माण हुआ है। अयोध्या की घटना इसका सबसे बड़ा उदाहरण है। फिर उसके बाद आप चाहे जितना प्रचार करें, भ्रामक जानकारियाँ फैल चुकी होती हैं।

राज्यों में उच्चतम स्तर पर पुलिस विभाग और संचार माध्यमों के बीच निकटतम सम्पर्क को सुविधाजनक बनाने के लिए जनसम्पर्क विभाग के वरिष्ठ अधिकारी को पुलिस मुख्यालय में पदस्थ किया जाता है।

आमतौर पर कानून-व्यवस्था के भंग होने की घटनाओं के समय ही यह स्थिति निर्मित होती है। स्वाभाविक रूप से घटना के समय जिला दंडाधिकारी व अन्य वरिष्ठ अधिकारी घटनास्थल पर व्यस्त रहते हैं और अक्सर उनसे तुरन्त सम्पर्क करना सम्भव नहीं होता और सम्भव भी हुआ तो उस वक्त उनकी प्राथमिकता जानकारी देने के बनिस्बत शान्ति-स्थापना में होती है। यही वह समय होता है, जब जनसम्पर्क अधिकारी द्वारा सामान्य दिनों में अर्जित छवि, विश्वास, सम्पर्क की घनिष्ठता और सूझबूझ की परीक्षा होती है। यदि अधिकारियों को जनसम्पर्क अधिकारी की क्षमता, समझ और सलाह के औचित्य तथा समाचार के अविलम्बनीय महत्त्व में विश्वास होगा तो वे उसकी बात सुनेंगे। उसकी सलाह के अनुसार पत्रकारों से मिल लेंगे या उस समय तक उपलब्ध जानकारी देने में हिचकिचाएँगे नहीं।

ऐसी ही स्थिति कई बार बाढ़, दुर्घटना या हैजा आदि की महामारी के समय भी निर्मित होती है।

यह बात स्पष्ट रूप से समझ लेनी चाहिए कि आज की दुनिया में कोई भी बात, घटना, मरनेवालों की संख्या आदि अधिक समय तक छुपाई नहीं जा सकती। आँकड़ों को छुपाना और जानबूझकर गलत जानकारी देना अनर्थकारी, अहितकर और अधिक हानिप्रद होता है। इससे सरकारी पक्ष की बात पर लोगों का भरोसा डिगता है। गुलामी के दिनों में प्रशासन द्वारा क्षणिक लाभ के लिए—ताकि उत्तेजना न फैले—सम्भवतः ऐसा किया जाता रहा हो। इसके कोई प्रमाण नहीं हैं, लेकिन उस जमाने से लेकर आज तक आम जनता प्रशासन द्वारा बताई जा रही मरनेवालों की संख्या पर कम ही विश्वास करती

है—फिर चाहे दंगा हो, रेल-दुर्घटना हो, नाव-दुर्घटना हो या हैजा हो।

प्राकृतिक दुर्घटनाओं—बाढ़ और भूकम्प और आकस्मिक विपदाओं, बाँध टूट जाना, रेल दुर्घटना, बस दुर्घटना के समय मरनेवालों की सही संख्या के साथ ही राहत पहुँचाने की जानकारी का भी विशेष महत्त्व है। ऐसी घटनाओं के कारणों का तो बाद में केवल अन्दाज ही लगाया जा सकता है जो भविष्य में एहतियात बरतने के लिए आवश्यक होता है। किन्तु दंगों या जातीय संघर्ष आदि की घटनाओं के सम्बन्ध में स्थिति थोड़ी अलग किस्म की होती है। अक्सर छोटी-छोटी घटनाओं को लेकर तनाव बढ़ता रहता है। स्थानीय जनता और अधिकारियों की जानकारी में यह बात रहती है किन्तु विभिन्न कारणोंवश तनाव दूर करने के प्रयत्न समय पर नहीं किए जाते। फिर अचानक कोई घटना चिंगारी बन जाती है और हिंसा इतनी फैल जाती है कि हालात पर काबू पाना आसान नहीं होता।

घटना में मरनेवालों की संख्या, उनके नाम, प्रभावित क्षेत्र आदि के बारे में सही और विस्तृत जानकारी के अभाव में उस क्षेत्र में रहनेवाली आम जनता में भय और आतंक छा जाता है। साथ ही उस क्षेत्र में काम करनेवाले कर्मचारियों, व्यापारियों, छात्रों आदि के देशभर में रहनेवाले रिश्तेदारों और परिचितों में भी घबराहट फैल जाती है।

इसी प्रकार विकासशील अर्थव्यवस्था में तरह-तरह के विशाल कारखाने, पुल, इमारतें, बाँध आदि निर्माण कार्य हो रहे हैं। उनमें खतरनाक किस्म के रसायनों का भी उपयोग हो रहा है। इनके सभी पहलुओं की पूरी जानकारी, खतरे और खतरे की आकस्मिक स्थिति से निपटने की पूरी सूचना और जानकारी प्रबन्धकों और कर्मचारियों के साथ, आसपास के क्षेत्रों में निवास करनेवाली जनता को भी होनी चाहिए। इस जानकारी के अभाव के कारण भोपाल गैस त्रासदी के कई दुष्परिणाम भोपाल की जनता को अभी भी भुगतने पड़ रहे हैं।

इस सम्बन्ध में पूरे समाज की चेतना जाग्रत होनी चाहिए। दुर्घटना और खतरों से बचाव और जीवन व सम्पत्ति की रक्षा के उपायों को सर्वाधिक महत्त्व दिया जाना चाहिए। इसमें किसी प्रकार का समझौता नहीं किया जाना चाहिए। एहतियाती कार्रवाई का पूरा प्रचार किया जाना चाहिए। यह किन्हीं एक या दो व्यक्तियों का दायित्व नहीं है। सार्वजनिक जीवन से जुड़े प्रत्येक व्यक्ति को इस दिशा में अपना दायित्व निभाना चाहिए। सही जानकारी के तत्काल प्रसारण का महत्त्व भी सभी को समझना चाहिए।

24

जनसम्पर्क अधिकारी

जनसम्पर्क एक बहुमुखी, बहुकेन्द्रीय, बहुस्तरीय, बहुपक्षीय और बहुआयामी विधा और प्रक्रिया मानी जाती है। इस प्रक्रिया को औसत सफलता के साथ पूरा करनेवाला व्यक्ति निश्चित रूप से औसत व्यक्ति से अधिक शारीरिक, मानसिक, बौद्धिक, चारित्रिक, शैक्षणिक व व्यावहारिक क्षमतावाला व्यक्ति होगा।

जो व्यक्ति किसी अन्य व्यक्ति, संस्था, नीति या कार्यक्रम के सम्बन्ध में सूचित, शिक्षित और प्रेरित कर आकर्षक छवि निर्माण के एक हद तक वायवीय काम में संलग्न है उसमें, उसकी स्वयं की छवि कैसी होगी और कैसी होनी चाहिए ? एक भारतीय जनसम्पर्क विशेषज्ञ ने जनसम्पर्क अधिकारी के लिए संचार माध्यमों के 'पीर, बाबर्ची, भिस्ती और खर' सरीखी कोई अनूठी परिभाषा की आवश्यकता रेखांकित की है। उनके मन्तव्य की पुष्टि जनसम्पर्क अधिकारी के बारे में समाज में प्रचलित विभिन्न धारणाओं से होती है। अनेक बार जनसम्पर्क अधिकारी के लिए यह काम कठिन और उलझनपूर्ण होता है कि किसी नवागन्तुक से परिचय के समय दो-चार शब्दों में वह क्या करता है, यह समझा सके। उस स्थिति में वे अपनी विशेष रुचि के अनुसार पत्रकार हैं या फोटोग्राफर हैं या सम्पादक हैं या कलाकार हैं, लेखक हैं, इस तरह का परिचय देकर बात जल्दी आगे बढ़ाने की कोशिश करते हैं। जहाँ पूरी जानकारी के अभाव में बाहर के लोग 'सरकारी भोंपू' या 'प्रचार करनेवाला', 'डुगडुगी पीटनेवाला' समझते हैं तो वहीं अन्य विभागों के अधिकारी 'राजनीतिक घुसपैठिया' मानते हैं और कुछ ऐसी धारणा बनाए हैं कि 'इनसे दूर रहने में भलाई है।' कुछ उसे 'काले को सफेद करनेवाला', 'गलत को अच्छा बतानेवाला' समझते हैं, नेता उसे 'चमचा' समझते हैं, गरजमन्द 'बिचौलिया' समझते हैं और नए मेहमान पत्रकार उसे 'चाय-पान, जीप आदि की व्यवस्था, रेलवे टिकिट और होटलों में आरक्षण करनेवाला प्यादा' समझते हैं। नौसिखिये पत्रकार उसे देखकर गुर्राते हैं और उसे इतना हेय समझते हैं कि उसकी पत्रज्ञप्ति को बिना पढ़े रद्दी की टोकरी में फेंक देते हैं जबकि पत्रज्ञप्ति में दी गई जानकारी को प्राप्त करने के लिए वरिष्ठ पत्रकार मन्त्रियों के दरवाजे खटखटाते रहते हैं। यह सबकुछ नारदजी की जिज्ञासा

और संवादप्रियता को विघ्न सन्तोषी नाम देने के समान है। यह जनसम्पर्क कार्य के विकास की स्थितियों और स्तरों का तथा सम्बन्धित व्यक्ति को किस प्रकार के जनसम्पर्क कार्य से साबका पड़ा, इसका द्योतक है।

प्रारम्भिक दिनों में सहमति, स्वीकृति तथा अनुकूलता प्राप्त कर छवि निर्माण या 'काम निकालने' की प्रवृत्ति पर ही आमतौर पर जोर दिया जाता था। वास्तव में किसी भी व्यक्ति, संस्था, कार्यक्रम या नीति के प्रति सहमति और स्वीकृति की भावना, बिना जानकारी प्राप्त किए हुए सम्भव नहीं होती। इस दूरी को तय करने के लिए अक्सर लोग विभिन्न प्रकार के शॉर्टकट अख्तियार करते हैं लेकिन ये ही व्यवसाय की छवि बिगाड़ने का कारण बनते हैं। सहमति, स्वीकृति और अनुकूलता के आधार पर जनमत बनाना, उसे बहुमत में परिवर्तित करना और उसे स्थायित्व व दृढ़ता प्रदान करने के लिए किसी शार्टकट या स्टंट की उपयोगिता, सार्थकता व औचित्य सन्दिग्ध बना रहता है। कभी क्षणिक लाभ या सफलता दिखाई दे जाए किन्तु यह क्षणभंगुर और गुब्बारे की तरह होगी जिसकी हवा जरा-सी भी प्रतिकूल स्थिति में निकल जाती है। जबकि जनसम्पर्क का अन्तिम लक्ष्य यह होता है कि सन्दिष्ट जनता को इतना अभिप्रेरित किया जाए कि वह प्रतिकूल स्थिति में भी आपके पक्ष में खड़ी रह सके। जनमत की असली परख, प्रतिकूल स्थिति में भी जनहित के श्रेष्ठ कार्यों में समर्थन प्राप्त होने में ही होती है। जरा-सी प्रतिकूल स्थिति में जनसंचार माध्यमों के द्वारा निर्मित छवि का सारा ढाँचा धराशायी हो जाए तो स्वाभाविक रूप से यह माना जाएगा कि उसके निर्माण में कहीं, कोई बुनियादी कमी रह गई थी।

व्यक्ति से अपेक्षाएँ

जनसम्पर्क अधिकारी से अपेक्षा की जाती है कि वह सर्वगुण सम्पन्न होगा। सर्वगुण सम्पन्न व्यक्ति कम ही होते हैं इसलिए यह जरूरी हो जाता है कि जो भी व्यक्ति जनसम्पर्क कार्य करना चाहता है उसे बहुगुणी होना चाहिए। उसे व्यवहारकुशल, वाक्पटु और आकर्षक व्यक्तित्व का धनी होना चाहिए। हँसमुख व्यक्ति का हर जगह सहज स्वागत होता है। दूसरों की रुचियों और विचारों का ख्याल रखनेवाला आसानी से विश्वास अर्जित कर दोस्त बना लेता है। उसमें उत्कट किस्म की जिज्ञासा होनी चाहिए जो अधिक से अधिक जानने की प्रवृत्ति को बनाए रखने के लिए आवश्यक है। उसमें समाचार सूँघने की क्षमता होनी चाहिए और उस समाचार को सहज भाषा में, आकर्षक ढंग से प्रस्तुत करने का कौशल होना चाहिए। इसके लिए उसे 'शब्द-साधना' कर 'शब्द-शक्ति' अर्जित करनी होगी और उसके सटीक उपयोग के लिए 'शब्द-दक्षता' प्राप्त करनी होगी। एक से अधिक भाषाओं का ज्ञान उसके ज्ञान भंडार और विकल्पों को द्विगुणित बना देता है। न केवल जनसम्पर्क वरन् ज्ञान-विज्ञान या जिस गतिविधि से सम्बन्धित संस्था, व्यक्ति, नीति या कार्यक्रम से वह जुड़ा है उसके बारे में और उसमें

उपयोग में आनेवाली शब्दावली 'जारगन' का भी पूरा ज्ञान उसे होना चाहिए।

शब्द-शक्ति की साधना करनेवाले को अपनी वाणी और व्यवहार पर भी पूरा नियन्त्रण होना चाहिए। उसके शब्दकोष और व्यवहार-संहिता में अपशब्द, वक्रोक्ति, ताना, चुगली, पक्षपात और प्रमाद के लिए कोई स्थान नहीं होना चाहिए। छवि निर्माण के महत्त्वपूर्ण कार्य में संलग्न व्यक्ति को सर्वप्रथम अपनी स्वयं की छवि के निर्माण, उसकी स्थापना और उसमें निरन्तर परिष्कार की ओर सतत ध्यान देना चाहिए।

एक सफल जनसम्पर्क अधिकारी बनने के लिए उसे जितने व्यापक क्षेत्र और विभिन्न विषयों के ज्ञान की आवश्यकता होती है उसकी पूर्ति के लिए उसे 'सबका कुछ-कुछ' और 'कुछ का सब कुछ' जानना चाहिए। एकाधिक विषय या विधा में विशेषज्ञता होने के साथ ही उसे निरन्तर उन्नतिशील जनसंचार माध्यमों की आवश्यकताओं की पूर्ति के लिए कुछ विषयों की विस्तृत जानकारी भी हासिल करनी होगी। सम्बन्धित संस्था, व्यक्ति, नीति और कार्यक्रम के सम्बन्ध में गहरी जानकारी और आँकड़े कंठस्थ होने चाहिए। इस सबके बाद भी बहुत बड़ा क्षेत्र ऐसा रह जाता है जिसमें कुशलता प्राप्त करना हर एक के लिए सम्भव नहीं होता। किन्तु अन्य व्यक्तियों से अलग, जनसम्पर्क अधिकारी को एक विशिष्टता प्रदान करनेवाली बुनियादी बात यह होती है कि जो कुछ उसे नहीं मालूम है, वह कहाँ से मालूम किया जा सकता है, उसके स्रोत क्या हैं और उनका उपयोग किस प्रकार किया जा सकता है, यह हिकमत उसे मालूम रहती है। उसका मुख्य कार्य अन्ततः प्रस्तुतीकरण ही है। समायोजन, समन्वय और प्रस्तुतीकरण का कौशल उसे सीखना ही पड़ता है। इस कौशल में श्रेष्ठता ही जनसम्पर्क कर्मी के रूप में उसके उज्ज्वल भविष्य की सामान्य सीमारेखा निर्धारित करती है और उसे आगे बढ़ाती रहती है।

प्रतिबद्धता

यह स्पष्ट है कि वह अपनी संस्था, व्यक्ति, नीति व कार्यक्रम का प्रवक्ता है। इनका प्रतिनिधि है, इस दृष्टि से स्वाभाविक रूप से उसकी प्रतिबद्धता इनके प्रति होनी चाहिए। सरकार में कार्यरत प्रत्येक कर्मचारी की प्रतिबद्धता संविधान और व्यापक परिप्रेक्ष्य में भारतीय जनतन्त्र एवं जनमानस के प्रति होती है। यही बात जनसम्पर्क अधिकारी पर भी लागू होती है। अनेक बार यह प्रयत्न किए जाते हैं कि जनता से प्राप्त जनादेश के कारण ही कोई दल सत्तारूढ़ होता है और शासकीय कर्मचारियों की प्रतिबद्धता ऐसे जनता द्वारा निर्वाचित, सत्तारूढ़ दल के प्रति होनी चाहिए। यह स्थिति सही नहीं है। प्रजातान्त्रिक समाज व शासन व्यवस्था में सत्तारूढ़ दल बदलते रहेंगे किन्तु सरकारी तन्त्र स्थायी रहता है। इसलिए उनकी प्रतिबद्धता स्थायी रूप से भारतीय संविधान के प्रति रहनी चाहिए, तत्कालीन सत्तारूढ़ दल, मन्त्री या अधिकारी पद पर आसीन व्यक्ति के प्रति नहीं। इस स्थिति के कारण अनेक बार राज्य सरकारों में कार्यरत जनसम्पर्क कर्मियों

के लिए कठिनाइयाँ उत्पन्न हो जाती हैं। समर्पण से क्षणिक राहत भले ही मिल जाए किन्तु वह राहत स्वयं कर्मचारी, शासन और समाज के हित में नहीं है। सम्प्रेषण और संवाद की कला में दक्ष माने जानेवाले व्यक्ति से यह सहज ही अपेक्षा रहती है कि वह अपनी संवैधानिक सीमाओं को खुद भी समझेगा और अन्य सम्बन्धितों को भी समझाएगा।

सत्कार

जनसम्पर्क का एक महत्त्वपूर्ण अंग सत्कार भी माना जाता है। दोस्त बनाने की कला के अन्तर्गत पत्रकारों के कार्यालय में आगमन तथा संवाददाता सम्मेलन, प्रेस ब्रीफिंग और प्रेस टूर के अवसर पर स्वागत-सत्कार, स्वल्पाहार, भोज आदि की व्यवस्था अक्सर समय और स्थान के अनुसार की जाती है। यह सब सामान्य शिष्टाचार के अन्तर्गत किया जाता है।

इसी प्रकार कहीं-कहीं विशिष्ट अवसरों पर स्मृतिचिह्न स्वरूप कुछ भेंट करने की भी परम्परा है। सामान्य तौर पर कैलेंडर, डायरी या अन्य कोई आकर्षक चिह्न भेंट किए जाते हैं, नववर्ष तथा अन्य त्यौहारों पर शुभकामना सन्देश आदि भेजे जाते हैं। कुछ भेंट देने की परम्परा भी विकसित हो रही है। यह सम्पर्क घनिष्ठ बनाने में सहायक होते हैं लेकिन कहीं-कहीं इस बहाने अधिक मूल्यवान वस्तुएँ भेंट करने का भी प्रयास किया जाता है।

शिष्टाचार के अन्तर्गत स्वल्पाहार, भोज या स्मृतिचिह्न भेंट किए जाने में किसी को कोई आपत्ति नहीं हो सकती किन्तु इसके पीछे पत्रकार को खरीदने या मूल्यवान भेंट देकर उसकी कलम को प्रभावित करने का उद्देश्य हो तो निश्चित समझिए कि ऐसा करनेवाले बहुत बड़ी गलतफहमी में हैं। ऐसा करना सुरसा का मुँह खोलना होगा और किस-किस को और कब तक खरीदेंगे ? किसी भी स्वाभिमानी और अपने व्यवसाय के प्रति निष्ठावान पत्रकार को खरीदने या प्रभावित करने की बात सोचना भी उसे अपमानित करना है। यह स्थायी दुश्मन बनाने का सीधा और सरल मार्ग है। यह बहुत ही खतरनाक खेल है जो अच्छे जनसम्पर्क और छवि निर्माण के प्रयत्नों की सफलता के लिए घातक है। यह पत्रकारिता और जनसम्पर्क के श्रेष्ठ सिद्धान्तों और उच्च मापदंडों के विपरीत है। इस प्रकार के कार्य नैतिकता के विरुद्ध और सभी सम्बन्धितों को हीनता और अपराध-भावना से ग्रस्त बनानेवाले हैं।

भयादोहन और किसी कथित रूप से शक्तिशाली नेता, अधिकारी, उद्योगपति या दादा द्वारा अपने पक्ष में समाचार छपवा लेने या खिलाफ समाचार नहीं छपने देने के इक्के-दुक्के उदाहरण दिए जाते हैं, किन्तु ये अपवाद ही हैं। निष्ठावान पत्रकारों द्वारा ऐसे तत्त्वों के आतंक और प्रलोभन का निर्भयतापूर्वक मुकाबला कर, उनका भंडाफोड़ किया गया है और पत्रकारिता के श्रेष्ठ आदर्शों की रक्षा करते हुए प्राणोत्सर्ग तक कर देनेवाले पत्रकारों की प्रेरक गाथाओं से पत्रकारिता का इतिहास भरा पड़ा है।

प्रशिक्षण

गत तीन दशकों से राज्य व केन्द्रीय शासन, सार्वजनिक उपक्रमों तथा निजी संस्थानों में जनसम्पर्क कार्य को विशेष महत्त्व दिया जा रहा है। इसी के अनुरूप जनसम्पर्क अधिकारियों की माँग भी बढ़ी है। इतनी बड़ी संख्या में जनसम्पर्क अधिकारियों की उपलब्धता बनाए रखने के लिए आवश्यक संख्या में और गुणात्मक श्रेष्ठतावाली प्रशिक्षण सुविधाओं का विकास नहीं हुआ है। इस दिशा में व्यापक प्रयास किए जा रहे हैं।

विभिन्न राज्यों और संस्थानों में जनसम्पर्क अधिकारियों की सेवा नियुक्ति के लिए चयन की अलग-अलग अर्हताएँ एवं पद्धतियाँ हैं। आमतौर पर स्नातक स्तर की शैक्षणिक योग्यता तथा पत्रकारिता के अनुभव को न्यूनतम अर्हता के रूप में स्वीकार किया गया है। विभिन्न विश्वविद्यालयों द्वारा स्थापित पत्रकारिता एवं जनसंचार माध्यमों से सम्बन्धित पत्रोपाधि को भी स्वीकार किया जा रहा है।

जनसम्पर्क एक विशिष्ट विद्या और कौशल है जिसमें समुचित प्रशिक्षण सफलता के लिए अनिवार्य शर्त है। अधिकतर व्यक्तियों को जनसम्पर्क विभागों में कार्य करते हुए अच्छा अनुभव प्राप्त होता है किन्तु उस स्थिति में पहुँचने में कुछ वर्ष और अनेक कठिनाइयों को पार करना पड़ता है। यदि प्रारम्भिक दिनों में ही किसी जनसम्पर्क कर्मी को असफलता का सामना करना पड़ता है तो वह उसके उत्साह, स्वयं-प्रेरणा से कार्य करने की क्षमता और आत्मविश्वास के लिए घातक होता है। ऐसे कार्यकर्ता अक्सर हीन-भावना से ग्रस्त हो जाते हैं। यह किसी भी व्यक्ति या संगठन के लिए अच्छी स्थिति नहीं होती।

आधुनिक प्रबन्धन विशेषज्ञों की यह निश्चित राय है कि सेवा अवधि में भी शिक्षण और प्रशिक्षण का क्रम जारी रहना चाहिए। यह व्यक्ति और संगठन के व्यापक हित में है कि सेवा अवधि में चार या पाँच वर्ष की अवधि के उपरान्त दो या तीन महीने के दिशादर्शन प्रशिक्षण सत्रों की व्यवस्था की जाए। अखिल भारतीय जनसंचार संस्थान, नई दिल्ली तथा अन्य संस्थानों द्वारा भी इस प्रकार के प्रशिक्षण कार्यक्रम आयोजित किए जाते हैं। इन प्रशिक्षण सत्रों का आयोजन निश्चित कार्यक्रम बनाकर सभी स्तर के जनसम्पर्क कर्मियों के लिए अनिवार्य होना चाहिए। जनसम्पर्क कर्मियों के लिए जनसंचार माध्यमों में होनेवाले परिवर्तनों, नई विधाओं और विचारों से अवगत रहना आवश्यक है। व्यवसाय के प्रति और अपने दायित्वों के प्रति उत्साह और जीवन्तता बनाए रखने के लिए भी यह आवश्यक है।

छवि निर्माण के महत्त्वपूर्ण कार्य में संलग्न व्यक्ति को सर्वप्रथम अपनी स्वयं की छवि के निर्माण, उसकी स्थापना और उसमें निरन्तर परिष्कार की ओर सतत ध्यान देना चाहिए।

'अप्प दीपो भवः'

भूमंडलीकरण के युग में सरकारी जनसम्पर्क

डॉ. महेन्द्र मधुप

भूमण्डलीकरण के युग में सरकारी जनसम्पर्क

भूमण्डलीकरण के दौर में जनसम्पर्क के पुरातन आदर्श खण्ड-खण्ड हो गए हैं। पहले स्थानीय, क्षेत्रीय, प्रादेशिक और राष्ट्रीय हित हुआ करते थे, किन्तु विश्व गाँव की रणनीति के दबाव में विश्व बाजार के प्रभा मण्डल का दबाव और निर्णय सर्वोपरि हो गए हैं। जनसम्पर्क अधिकारी का दायित्व सरकारी प्रचारतन्त्र में संस्था के लाभ और लाभान्वित से समन्वय के साथ लाभ के कारोबार को सही सिद्ध करना भी हो गया है। इसके लिए तौर-तरीके आधुनिक हुए, कार्य-प्रणाली बदली और शतरंजी कौशल तीक्ष्ण हुआ। इस सच्चाई को किताबी ज्ञान से समझना कठिन है। लम्बे अनुभव और आत्मा की सच्चाई से ही इसे जाँचा-परखा जा सकता है। राजाओं और शक्तिशाली लोगों के चारण गान का लम्बा इतिहास है। उस समय भी मौका पड़ने पर आम आदमी को झकझोरने और जगाने के लिए वीरोचित सुर-लहरियाँ गूँजती थी। आज विश्व गाँव में विकासशील और विकसित देशों के मेहनतकश के हित दाँव पर लगे हैं, तब जनसम्पर्क अधिकारी शासन और आम आदमी के बीच सेतु बनाते हुए, सम्भावित खतरों से उसे सावधान भी कर सकता है।

शिक्षा, जनसम्पर्क अधिकारी को कार्य-कौशल दे सकती है किन्तु खुली दृष्टि से अध्ययन, चिन्तन और मन्थन उसे लाभान्वितों के बीच विश्वसनीय बना सकता है। लेखक 1959 में आकाशवाणी प्रसारण से बारह वर्ष की आयु में जुड़ा। लेखन, पत्रकारिता और शिक्षा के सन्तुलन से, मेहनतकशों की पीड़ाओं के महासागर में गोते लगाए और विगत छब्बीस वर्षों में संस्था विशेष के जनसम्पर्क प्रमुख के रूप में लोकशाही के उजियारे और कलुषताओं को देखा; जनसंचार की कलाओं का उपयोग किया और ग्रामीणों से संवाद में इस बात की परवाह नहीं की कि सच बोलने के लिए दंडित भी होना पड़ सकता है। राजस्थान के गाँव-गाँव में आयोजित 'कृषक संवाद' कार्यक्रमों में घंटों सवाल-जवाब के बाद भोले-भाले ग्रामीणों की प्रतिक्रिया होती, "आप पहले क्यों नहीं आए। आज यहीं रुको ना।"—आकांक्षाओं के सवाल बँधते तो अप्रिय प्रतिक्रिया होती—"एका करो। नहीं तो मरोगे। जागो, नहीं तो आत्महत्या करोगे। आज हम हैं, कल अकेले आपको संघर्ष करना है।" 'कृषक संवाद' का यह अनुभव उन जनसम्पर्क अधिकारियों के लिए आदर्श है, जिनकी आत्मा कई बार उन्हें आम आदमी को भटकाने के लिए धिक्कारती है। यह

स्पष्ट संकेत है कि जनसम्पर्क अधिकारी संस्था के हित के साथ जन-जागरण अभियान को पूर्ण गति दे सकता है। शासन-प्रशासन को सोचने को विवश कर सकता है कि मेहनतकश सदैव मूक और ताली बजानेवाला नहीं रहता। उसे एक सीमा से अधिक पीड़ित करने पर वह गतिशील होकर मुखर हो उठता है। भीड़ को समूह में बदलकर नेता, शासक बन बैठता है।

जनसम्पर्क के मायने

ढाई दशक के अनुभवों की परछाइयों में जनसम्पर्क को जनसंचार विशेषज्ञों के नजरिये से समझें। अन्तर्राष्ट्रीय जनसम्पर्क परिसर के संस्थापक सेम ब्लैक के अनुसार, 'जनसम्पर्क विभिन्न विज्ञानों का सम्मिश्रण है जो व्यक्ति और समूह की प्रतिक्रिया से अवगत कराता है तथा सम्प्रेषण का वह विज्ञान है जो तनाव रहित सम्बन्धों की स्थापना कर सहमति का निर्माण करता है।' बर्टेण्ड आर. केनफील्ड और एच. फ्रेजियर मूर के विचार ब्लैक की तरह हैं। उनका मानना था कि अपनी जनता के साथ पारस्परिक सहमति और साख बनाने के लिए अपनी नीतियों और कार्यव्यवहार सम्बन्धी द्विपक्षीय सम्प्रेषित प्रबन्ध व्यवस्था का सामाजिक दर्शन ही जनसम्पर्क है।

विश्व बाजार का वर्तमान में स्वघोषित बादशाह अमेरिका है। वहाँ जनसम्पर्क के जनक कहे जानेवाले एडवर्ड एल. बर्नेज की जनसम्पर्क कला पर सोच थी—'जनसम्पर्क का उद्देश्य है व्यक्ति, समुदाय और समाज में परस्पर एकीकरण। व्यक्ति और समाज में समायोजन करने और जनभावनाओं को प्रभावित करने का जनसम्पर्क एक मुख्य साधन प्रणाली 'प्रतिस्पर्धा प्रधान' है। इसमें अपना अस्तित्व बनाए रखने के लिए हमें एक-दूसरे की भावनाओं को समझना और सबकी सहायता लेना अनिवार्य है। हम सबके (जनसम्पर्क कर्मियों) के लिए जरूरी है कि दूसरे लोगों के साथ मिल-जुलकर अपना काम करें। बर्टजोलो ने इस विश्लेषण में यह अनुभव जोड़ा—'जनसम्पर्क वह चेतना-प्रयास है, जिससे बिक्री में बढ़ोत्तरी तथा संस्था एवं उसके उत्पादन के प्रति जनता में ऐसा वातावरण बने कि संगठन का सन्देश बिना विज्ञापन के उचित विधि से, उचित समय पर, उचित श्रोताओं तक पहुँचे।'

आधुनिक सरकारी और गैर-सरकारी जनसम्पर्क के बारे में डॉ. बलदेवराज गुप्त की स्पष्ट धारणा है—'मानवीय सम्पर्क कला द्वारा जनसम्पर्क किसी संगठन या संस्था के लिए सार्वजनिक अनुकूलता विज्ञान है, जिसमें सम्प्रेषण के अनेक माध्यमों का प्रयोग किया जाता है।'

डॉ. महावीर सिंह के अनुसार जनसम्पर्क के उद्देश्य हैं—'संस्था तथा संस्थान की नीतियों का प्रचार-प्रसार के लिए साहित्य का निर्माण करना, प्रचार-प्रसार के लिए समाचार-पत्र, रेडियो तथा टी.वी. से सम्पर्क स्थापित करना, अपनी संस्था की नीतियों के विषय में जनसाधारण को सूचित करना, अपनी संस्था की नीतियों के सम्बन्ध में

जनसाधारण की सद्भावना और जनसमर्थन प्राप्त करना, अपनी संस्था के हितों की रक्षा के लिए आवश्यक अभियान चलाना।'

जनसम्पर्क आचार संहिता

संयुक्त राष्ट्र संघ ने जनसम्पर्क सेवा के लिए निम्नांकित आचार संहिता घोषित की है :

1. जनसम्पर्क अधिकारी प्रत्येक नागरिक के मानवाधिकार को सुरक्षित और सुनिश्चित करे। नागरिक अनुभव करे कि आसपास के वातावरण की उसे जानकारी दी गई है।

2. वह व्यवसाय और जनता के बीच सन्तुलित सम्बन्धों के लिए प्रयास के साथ दोनों के हितों की रक्षा करेगा और सामान्य नैतिकता के सिद्धान्तों का पालना करेगा।

3. नागरिकों को स्वैच्छिक निर्णयों के लिए प्रेरित करेगा। कोई दबाव नहीं डालेगा।

4. नागरिकों की बातें सादर सुनकर, उन्हें निर्णय लेने में सहयोग देगा।

5. विवादास्पद सूचना नहीं देगा। न भ्रम का सहारा लेगा और न भ्रामक सूचनाएँ फैलाएगा।

6. श्रेष्ठ चरित्र और व्यवहार बनाए रखेगा। दोहरे मानदंडों से दूर रहेगा।

जनसम्पर्क की विश्व कांग्रेस ने 1976 में जनसम्पर्क अधिकारियों के वैयक्तिक आचरण के सात सूत्र मंजूर किए। कांग्रेस के अध्यक्ष बेटमैन के नाम पर ये 'बेटमैन के आचरण सूत्र' कहलाए। वे कोटा खुला विश्वविद्यालय के बी.जे.एम.सी. की पुस्तिका 'जनसम्पर्क एवं विज्ञापन' (दो) से उद्धृत हैं–

1. मेरी मान्यता है कि जनसम्पर्क ऐसा व्यवसाय है जिसमें जनता को उकसाकर या तोड़-मोड़ बैठाकर नहीं बल्कि निरन्तर जानकारी द्वारा जागरूकता पैदा करके ही प्रेरित किया जाना चाहिए।

2. मैं मानता हूँ कि जनसम्पर्क के माध्यम से लक्ष्य, समुदाय की अभिवृद्धि का प्रयास होना चाहिए, न कि उनके अधःपतन का। हमारी जानकारी से उनमें तर्क और निर्णय-क्षमता का विकास होना चाहिए न कि भावोद्रेक या पूर्वग्रह का।

3. मेरा विश्वास है कि अच्छा जनसम्पर्क अच्छे कार्य या नीतियों के आधार पर ही किया जा सकता है, न कि केवल शब्दों या बातों के आधार पर और इसका आधार सदा सत्य हो तथा इससे विचारों को स्पष्ट रूप से समझने में मदद मिलती हो, न कि भ्रान्ति पैदा होती हो।

4. मैं यदि अपना एक दृष्टिकोण जनता के सामने प्रस्तुत करता हूँ तो दूसरों का मुझसे भिन्न कहने का अधिकार तभी सुरक्षित रह सकता है जब यह गारंटी सभी के लिए हो। उन लोगों के लिए भी, जिनके उद्देश्य लोकप्रिय नहीं हैं।

5. मेरी मान्यता है कि राजनीतिक और आर्थिक क्षेत्र की भाँति विचारों के व्यवहार में भी लोकतान्त्रिक पद्धति लागू होनी चाहिए।

6. मैं मानता हूँ कि जिसका मैं प्रतिनिधित्व करता हूँ उसके हितों की अपेक्षा सामान्य लोकहित को प्राथमिकता मिलनी चाहिए और जब दोनों के हितों में समानता नहीं हो तो मेरा यह दायित्व है कि मैं जनसाधारण के हितों के अनुरूप ही उनके हितों को, जिनका मैं प्रतिनिधित्व करता हूँ, ढालने में मदद करूँ।

7. मैं मानता हूँ कि मेरे कार्यों का प्रभाव जनता के मस्तिष्क पर पड़ता है और मानव मस्तिष्क में अच्छे और बुरे की असीम सम्भावनाएँ निहित हैं, इसलिए मेरे सारे प्रयास इस दिशा में होने चाहिए कि व्यक्ति के अपने आप निर्णय के अधिकार को मान और प्रतिष्ठा मिले।

आचरण संहिता का हश्र

निजी क्षेत्र का जनसम्पर्क हो या सरकारी जनसम्पर्क, कैसे भी संस्था का हित साधन जनसम्पर्क तन्त्र का लक्ष्य होता है। निजी क्षेत्र में उत्पाद की बिक्री बढ़ाने के लिए जनसम्पर्क तन्त्र का कोई भी खेल और तरीका जायज है। सरकारी प्रचारतन्त्र को विभागीय योजनाओं, कार्यक्रमों और शीर्षस्थ नेतृत्व के प्रचार के लिए मीडिया को 'पटाना' होता है। उससे निरन्तर सम्पर्क और नैकट्य रखना होता है। इसके साथ ही भ्रष्टाचार और कलुषताओं के समाचार मीडिया में छपने/प्रसारित/टेलीकास्ट होने से रोकना, उसकी 'कार्य विवशता' है। ऐसे समाचार छपने पर दोषी अधिकारी को पहले 'टाँगा' जाता है—'क्या करते हैं ? कैसे ऐसा छप गया ? इतना भी काम नहीं कर सकते, तो पद का औचित्य क्या है ? जाइए, खंडन छपवाइए।' स्थिति इतनी बदतर है कि दोषी अधिकारी शर्मिंदा होने के स्थान पर, जनसम्पर्क अधिकारी को घेरता है कि समाचार छपने के षड्यन्त्र में इसी का हाथ है। पहले इसे ठिकाने लगाया जाए। ईमानदार और मेहनती जनसम्पर्क कर्मी नाकारा और विश्वासघाती सिद्ध किया जाता है। ऐसे में आचरण संहिता मात्र छपे शब्द बनकर रह जाती है।

सरकार और जनसम्पर्क

जनसम्पर्ककर्मी सरकार और जनता के बीच सेतु का काम करता है। इसलिए सरकारी जनसम्पर्क तन्त्र गैर-राजनीतिक होता है। जनसम्पर्क अधिकारी से सीमित वेतन और नगण्य सुविधाएँ देकर, निजी क्षेत्र की तरह आशाएँ रखी जाती हैं। वह शासन और जनता के बीच की संवाद शून्यता और सम्प्रेषण-अन्तराल को समाप्त कर दोनों में नैकट्य स्थापित करता है। जब निर्वाचित जनप्रतिनिधियों और मन्त्री, प्रशासनिक सचिव और मन्त्री, विभागाध्यक्ष और मन्त्री/प्रशासनिक सचिव में ठनती है, तो सबके आक्रोश और अपमान का शिकारी सरकारी जनसम्पर्ककर्मी होता है। उसे वहाँ एक ओर इनमें तनाव कम करने का प्रयास करना होता है, वहीं मीडिया में ऐसे समाचारों को रोकना होता है।

इस त्रासदी में लाभान्वित को नाराज होने से रोकने के लिए प्रचार व्यूह रचना का क्रियान्वयन भी सरकारी जनसम्पर्क तन्त्र को करना होता है। बिना सरकारी साधन के इस साध्य को पाना और संवाद-त्रिवेणी बनाना, सफल जनसम्पर्क मुखिया की श्रेष्ठता दर्शाता है।

जनसम्पर्क का कार्यक्षेत्र

डॉ. विजय कुलश्रेष्ठ के अनुसार जनसम्पर्क का कार्यक्षेत्र निम्नानुसार है–

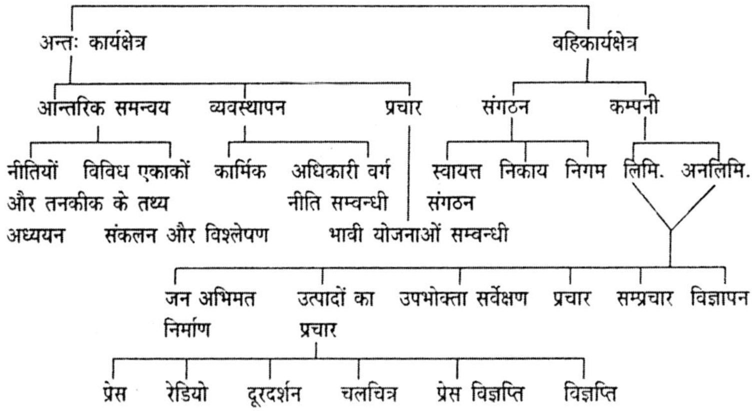

जनसम्पर्क कार्यक्षेत्र में इंटरनेट और पारम्परिक लोककलाएँ भी हैं। अब मीडिया को चित्र और फोटो वैयक्तिक रूप से भेजने के स्थान पर इंटरनेट वेबसाइट पर दिया जा सकता है। दुनिया के हिस्से में इसे डाउनलोड कर मैटर और चित्र का उपयोग किया जा सकता है।

प्रचार एवं जनसम्पर्क के लिए पत्र-पत्रिका, पोस्टर, फोल्डर आदि का मुद्रण मुख्य कार्य है।

प्रिंट और इलेक्ट्रॉनिक मीडिया से गहन और अपनत्व भरे सम्बन्ध जनसम्पर्क अधिकारी की श्रेष्ठता को दर्शाते हैं। डॉ. बलदेव राजगुप्त के अनुसार प्रेस से सम्पर्क की इस प्रक्रिया में कोई भी जनसम्पर्ककर्ता अगर मीडिया का विश्वास और सम्मान अर्जित कर लेता है, तो वह सफल जनसम्पर्क अधिकारी कहलाने के योग्य है।

संचार माध्यमों के प्रकार

जनसम्पर्क अधिकारी को आधुनिक संचार माध्यमों की पूर्ण और यथासम्भव व्यावहारिक जानकारी होनी चाहिए। डॉ. कुलश्रेष्ठ ने संचार माध्यमों के प्रकार

निम्नानुसार दर्शाए हैं–

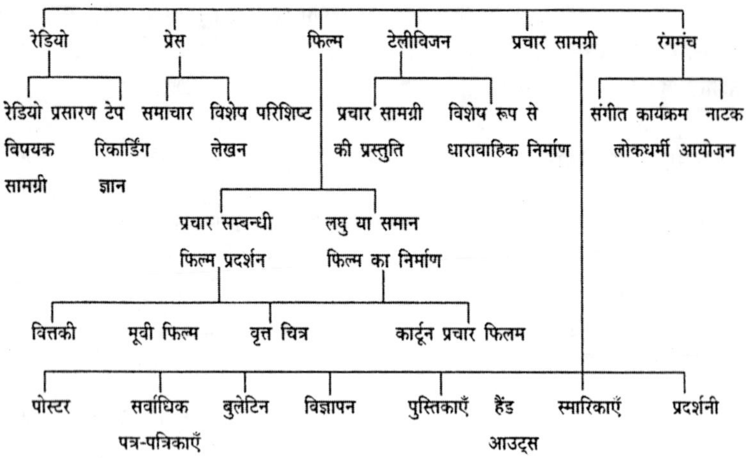

जनसम्पर्क अधिकारी को संचार माध्यमों के विभिन्न उपकरणों टेपरिकार्डर, प्रॉजेक्टर, कैमरा, टाइपराइटर, कम्प्यूटर, फैक्स, ई-मेल, टेलीप्रिंटर आदि की पूर्ण जानकारी होनी चाहिए। उसे मुद्रण तकनीक की भी पूरी जानकारी चाहिए।

जनसम्पर्क तन्त्र

भारत सरकार, प्रादेशिक सरकार, विभागों, निगमों/बोर्डों आदि के स्तर पर अलग-अलग जनसम्पर्क तन्त्र होता है। ये पारस्परिक समन्वय और मीडिया सम्पर्क से अपने-अपने क्षेत्रों के सम्पर्क/संवाद सूत्र होते हैं।

भारत सरकार के केन्द्रीय सूत्र का और प्रसारण मन्त्रालय के अन्तर्गत प्रचार-प्रसार निदेशालय, आकाशवाणी, दूरदर्शन, फिल्म्स डिवीजन, प्रकाशन विभाग, आर.एन.आई., डी.ए.वी.पी., फोटो डिवीजन, गवेषण और सन्दर्भ विभाग, गीत और नाटक विभाग, फिल्म महोत्सव निदेशालय, सेंसर बोर्ड, राष्ट्रीय फिल्म संग्रहालय, राष्ट्रीय फिल्म विकास निगम, भारतीय चलचित्र निर्यात निगम और फिल्म चित्र निगम करते हैं।

राज्य सरकारों के स्तर पर सूचना और जनसम्पर्क निदेशालय के जिम्मे प्रचार का मुख्य दायित्व है। विभागों, निगमों/बोर्डों के पास भी अलग से जनसम्पर्क तन्त्र है।

सरकार और मीडिया के बीच बनती-ठनती रहती है। सैम ब्लैक के अनुसार जनसम्पर्क परामर्शदाता का सबसे महत्त्वपूर्ण कार्य है कि वह अपने संगठन को प्रेस के प्रति सही दृष्टिकोण अपनाने के प्रयास में लगाए। इसके लिए जनसम्पर्क मुखिया

आत्मशिक्षक और अध्यवसायी, आत्मविश्वासी और विश्वसनीय, प्रशासन की रीति-नीति का ज्ञाता, जनरुचि और जन-व्यवहार का विश्लेषक, समूह मनोविज्ञान ज्ञात और लोकमत निर्माता, बहिर्मुखी व्यक्तित्व सम्पन्न, मृदुभाषी, सत्कारयुक्त, प्रत्युत्पन्नमति और आशुवक्ता, सच्चा मित्र और पथ प्रदर्शक और सुस्पष्ट आत्माभिव्यक्ति की निपुणता वाला होना चाहिए।

सरकारी जनसम्पर्क तन्त्र की सबसे बड़ी कठिनाई यह है कि दबाव के कारण यदि अयोग्य व्यक्ति इसका हिस्सा बन जाए, तो वह उसके लिए सेवानिवृत्ति तक दीमक सिद्ध होता है। अकुशलता के कारण वह विद्रोही और उच्च पदों का आकांक्षी बन जाता है। इससे वास्तविक जनसम्पर्क कर्मियों में नैराश्य आता है। ऐसे बातूनी और अयोग्य जनसम्पर्क कर्मी सरकार/संस्थान को हानि पहुँचाते हैं। इसलिए सेवानिवृत्ति तक नियुक्ति और बारी आने पर अयोग्य को पदोन्नति की सोच को भी जनसम्पर्क तन्त्र से हटाना होगा। मीडिया की तरह जो दौड़ता घोड़ा हो, वही सरकारी जनसम्पर्क तन्त्र में रहना चाहिए।

पत्र-पत्रिका का आकर्षक और सरल भाषा में सूचनाप्रद सामग्री के साथ प्रकाशन सरकार/विभाग/संस्थान की प्रतिष्ठा को बढ़ाता है। जहाँ सजावटी विज्ञापन जारी करना हो, वहाँ 'टारगेट' के अनुसार विज्ञापन कॉपी बनाने और डिजाइन निर्माण में कल्पनाशीलता चाहिए। ये कार्य दूसरे करते हैं, पर मार्गदर्शन तो जनसम्पर्ककर्मी को ही करना होता है।

जनसम्पर्क : अतीत और वर्तमान

सरकारी जनसम्पर्क प्रागैतिहासिक काल से दिखाई देता है; समूह-नेतृत्व, जागीरदार, राजा, सामन्त, सेठ और ऐसे ही अन्य लोग स्वयं के स्तुतिगान; जीवनी लेखन और इसे प्रचारित करने के लिए चारण, भाटों, बुद्धिजीवियों और लेखकों का उपयोग करते थे। ये इनके नाजायज कार्यों को जायज और दुर्गुणों को सद्गुण के रूप में प्रचारित करते थे। युद्ध में जनता को उत्तेजित करने के लिए शौर्य गीत गाते थे। मौर्य काल में सुव्यवस्थित संचार व्यवस्था अपनाई गई। पश्चिमी देशों के राजा भी इसमें पीछे नहीं थे।

कुछ जनसम्पर्क विद्वानों का मानना है कि जनसम्पर्क शब्द का सर्वप्रथम प्रयोग 1807 में अमेरिकी राष्ट्रपति जैफरसन ने किया। जनसम्पर्क का आधुनिक स्वरूप में उदय बीसवीं सदी में हुआ। इसमें भी अमेरिका अग्रणी रहा। सरकारी जनसम्पर्क पर विशेष ध्यान दिया गया। 1917 में राष्ट्रपति विल्सन ने जनसम्पर्क सूचना के लिए 'क्रील कमेटी' बनाई। इसने राष्ट्रपति के प्रचार के साथ जनसम्पर्क को विभागीय स्वरूप दिया। 1948 में लन्दन में जनसम्पर्क संस्थान की स्थापना हुई। यह अमेरिका, फ्रांस, इंग्लैंड, नार्वे, हालैंड आदि में जनसम्पर्क विभागों की स्थापना में सहयोगी रहा। 1955 में अन्तर्राष्ट्रीय जनसम्पर्क संघ अस्तित्व में आया। डॉ. स्काट कटाजिप सरकारी जनसम्पर्क की इस

विकास यात्रा को संक्षेप में इस प्रकार विश्लेषित करते हैं—'आधुनिक अर्थ में जनसम्पर्क का प्रथम चरण 1901 से 1917 तक का है, जिसमें अमेरिका में जनसम्पर्क का बीज रोपा गाया। 1917 से 1933 तक दूसरे चरण में विश्वयुद्ध के कारण विश्व में आर्थिक तंगी के बावजूद आर्थिक राजनीतिक कारणों से जनसम्पर्क माध्यमों ने सामयिक दायित्व का निर्वाह किया तथा जनसम्पर्क गतिविधियों का पर्याप्त विकास हुआ। द्वितीय विश्व युद्ध के अन्तिम चरण में जनसम्पर्क ने विश्वविद्यालयी शिक्षा के रूप में अपने कदम जमाए। 1944 में समाचार-पत्र और पत्रिकाओं के रूप में जनसम्पर्क का पुख्ता विकास हुआ।

जनसम्पर्क विज्ञों का मानना है कि 1912 में टाटा आइरन एंड कम्पनी द्वारा शुरू किए गए सामुदायिक सम्पर्क कार्यक्रम से, भारत में आधुनिक जनसम्पर्क अस्तित्व में आया। 1914 में प्रथम विश्वयुद्ध के दौरान ब्रिटिश सरकार ने केन्द्रीय प्रचार मंडल का 'टाइम्स ऑफ इंडिया', बम्बई के सम्पादक स्टेनली रीड की अध्यक्षता में गठन किया। युद्ध के बाद 1921 में केन्द्रीय सूचना ब्यूरो का गठन हुआ। 1923 में यह नामकरण का निदेशालय बना। 1935 में इसका नाम सूचना और प्रसारण निदेशालय हो गया।

एक निजी कम्पनी इंडियन ब्रॉडकास्टिंग कम्पनी 1927 में भारत में रेडियो प्रसारण सेवा लेकर आई। 1930 में भारत सरकार ने इसका अधिग्रहण कर लिया। जून, 1936 में इसका नाम ऑल इंडिया रेडियो और 1950 में आकाशवाणी हो गया। सितम्बर, 1959 में दिल्ली में दूरदर्शन केन्द्र की स्थापना हुई। स्वतन्त्र भारत में राष्ट्रीय और राज्य स्तर, प्रमुख विभागों, निगमों, निजी उद्योग समूहों में प्रचार एकांश अनिवार्यता बन गया। इक्कीसवीं शताब्दी के शुरुआत में अखबार समूह, टी.वी./केबल चैनल सर्वोच्च प्राथमिकता बन गया। ये उद्योग समूह की ढाल, विस्तार के औजार और प्रतिष्ठा का प्रतिबिम्ब है। देश के बड़े समाचारपत्र समूह और नंबर एक प्रादेशिक दैनिक सेठाश्रित हैं। विदेशी बाजार तन्त्र इस क्षेत्र में कूद चुका है। भूमंडलीकरण के शहँशाह मीडिया के घोड़े पर चढ़कर भारतीय बाजार को अपने जाल में फँसाना चाहते हैं। पहले चारा डाल रहे हैं फिर पंख काटकर पालतू बनाएँगे। इन सबने चतुर्थ सत्ता मीडिया को मिशन से व्यवसाय बना दिया है। कैसे भी किसी कीमत पर लाभ। भले ही बेरोजगार बेरोजगार हों, ग्रामीण और मेहनतकश भूमंडलीकरण की भूल-भुलैया में अनन्तकाल तक सिर फोड़ते रहें, जो सुख सुविधा दे रहे हैं उसकी मीडिया और जनसम्पर्क तन्त्र बजाएगा।

1879 में अमेरिकन रेलवे कम्पनी के अध्यक्ष विलियम वाण्डरविल्ट ने कहा था—'जनता जाए जहन्नुम में। अगर हमें पूरा मुनाफा नहीं मिलता तो हमें क्या पड़ी है कि हम उस रेलवे लाइन को चालू रखें।' तब अमेरिका इतना शक्तिशाली और निरंकुश बाजार बादशाह नहीं था। इंग्लैंड भी उसके जनसम्पर्क अधिकारी के रूप में कार्य नहीं कर रहा था, जैसा उसने 2001 में अमेरिका पर आतंकवादी हमले से शुरू किया। अब स्थितियाँ अविकसित और विकासशील देशों के लिए और कठिन हो गई हैं। विकसित देश अमेरिका, इंग्लैंड आदि अपने नागरिकों को सामाजिक सुरक्षा का कवच देकर,

अविकसित और विकासशील देशों की अनुदान की लंगोटी भी खींचना चाहते हैं। वैश्विक बाजार राजनीति के लिए भूमंडलीकरण की विश्व घोषणा है कि निर्देशों को न मानने का अर्थ है आर्थिक और राजनीतिक मौत। बारूदी हमले और आतंकवादी धमाके। प्रिंट और इलेक्ट्रॉनिक मीडिया को चमगादड़ की तरह विदेशी तन्त्र पर लटकना ही होगा। विनिवेश की आँधी में कौन-सा सरकारी उद्योग चपेट में आ जाए, पता नहीं। ऐसे में सरकारी जनसम्पर्क के वर्तमान और भविष्य पारदर्शी बनाए रखना, आज की सबसे निकट चुनौती होगी जनसम्पर्ककर्मियों के लिए।

●●●